Teen Voices

青少年之声

理解青春期心理问题的家庭视角

[意] 毛里齐奥·安多尔菲 | 著
[意] 安娜·马谢拉尼

陈　珏　姚玉红　彭素芳　魏耀辉　朱睿臻　刘如昀 | 译

上海科学技术出版社

图书在版编目（CIP）数据
青少年之声 ： 理解青春期心理问题的家庭视角 / (意) 毛里齐奥·安多尔菲 (Maurizio Andolfi), (意) 安娜·马谢拉尼 (Anna Mascellani) 著 ； 陈珏等译. 上海 ： 上海科学技术出版社, 2025. 1（2025.2重印）. -- ISBN 978-7-5478-6813-3
Ⅰ. G444; G782
中国国家版本馆CIP数据核字第2024KK6275号

青少年之声：理解青春期心理问题的家庭视角
著：［意］毛里齐奥·安多尔菲　［意］安娜·马谢拉尼
译：陈　珏　姚玉红　彭素芳　魏耀辉　朱睿臻　刘如昀

上海世纪出版(集团)有限公司
上 海 科 学 技 术 出 版 社　出版、发行
(上海市闵行区号景路159弄A座9F-10F)
邮政编码201101　www. sstp. cn
徐州绪权印刷有限公司印刷
开本 890×1240　1/32　印张 9.25
字数 220千字
2025年1月第1版　2025年2月第3次印刷
ISBN 978-7-5478-6813-3/R·3094
定价：88.00元

推　荐　语

生活的不确定性，伴随着对青少年心理问题的关注度越来越高。对于心理健康工作者，尤其是以系统思想为指导的家庭治疗从业者来说，本书给了我们一个应对和扩展临床工作思路与手法的新视角。

它新在既坚持家庭治疗的系统理念，又整合了代际传承和心理发展的理论，用多代视角来定位治疗的焦点和干预措施。采用三元关系的观察和理解框架，治疗师能更多以参与的观察者的角度来身体力行体验式治疗，“放大孩子的声音，善用治疗师自己”。

非英语国家，比如意大利，在家庭治疗的发展中同样建树颇丰。此次由陈珏教授和姚玉红教授等翻译的安多尔菲教授的著作《青少年之声：理解青春期心理问题的家庭视角》为丰富家庭治疗的理论和技术提供了极好的帮助，特此推荐。

陈向一

中国心理卫生协会家庭治疗学组原组长

在青春期这一特殊的阶段，独立与依赖、成熟与幼稚、自律与冲动的矛盾凸显，使得亲子冲突、情绪问题、行为问题成为青春期常见的问题。在这些问题背后，隐藏着孩子们渴望表达却又被频频误解的声音。意大利家庭治疗大师毛里齐奥·安多尔菲的《青少年之声：理解青春期心理问题的家庭视角》呈现了他50年来和青少年家庭工作的经验。倾听青少年的声音，理解青春期的孩子，是帮助家庭走出困境的钥匙。

况利

重庆医科大学附属第一医院精神医学中心主任

中华医学会心身医学分会副主任委员

中华医学会精神医学分会常务委员、儿童学组组长

当下学生心理健康问题凸显，青少年抑郁、自杀、成瘾、暴力、进食障碍等问题是学校教育和家庭教育面临的严重挑战。《青少年之声：理解青春期心理问题的家庭视角》呈现了家庭治疗师如何透过家庭系统和关系视角，看见并理解青少年心理问题——他们经常以矛盾和挑衅的方式来寻找个人的自主控制感和关系的归属感。所谓看见，就是疗愈！穿插其中的家庭治疗实录犹如一幕幕实景大片，真实而珍贵，令人击掌赞叹。陈珏教授、姚玉红教授两位领衔译者携家庭治疗的深厚素养，精准传递了其中的韵味，赞！

李正云

上海学生心理健康教育发展中心教授

中国心理卫生协会大学生心理咨询专业委员会副主任委员

中国心理卫生协会青少年心理专业委员会副主任委员

这是一本蘸着浓烈且炽热的爱的墨汁，用冷峻的文字书写出的有关青少年心理问题的学术专著。这是一本用经典的家庭治疗概念，巧妙解析新世纪青少年心理问题的著作。这是一本理论与临床完美结合的案例集。这是一本既适合青少年本人或其家长阅读，更适合与青少年打交道的所有专业人士或行政人员深入研读的案头书。

胡赤怡

医学硕士，哲学博士

深圳市康宁医院精神科主任医师

香港中文大学（深圳）应用心理学教授

内容提要

青春期是家庭生命周期的关键阶段。越来越多的青少年及其家庭因为青春期问题来到心理治疗室，这些问题不仅影响青少年的个人成长，也对家庭和社会的稳定构成挑战。

本书由国际家庭治疗领域的权威专家毛里齐奥·安多尔菲和安娜·马谢拉尼所著，聚焦于家庭关系中青少年重要问题的解决，是心理治疗大师安多尔菲关于家庭治疗的系列图书之一。本书基于多代家庭治疗的理论和方法，结合大量临床案例，对暴力、病理性依赖、进食障碍、抑郁与自杀企图等青春期问题进行了分析。书中重点阐述了如何将青春期问题放在家庭系统和家庭发展历史的框架中来理解，并将家庭作为解决问题的主要资源进行治疗，为深入探讨青少年发展难题及家庭治疗方法提供了实用指南。

本书案例丰富，引人入胜，实践性强，不仅从事家庭治疗和青少年咨询与治疗的专业人员会从中得到启迪和思考，广大青少年及其家庭也将从中获益。

本书的出版得到国家精神疾病医学中心（上海市精神卫生中心）的大力支持。感谢国家精神疾病医学中心（上海市精神卫生中心）心理治疗学院陈珏主任积极组织翻译工作，协调各方资源，为本书的出版做出了重要贡献。感谢所有专家和译者在临床和教学工作之余，以极大的热忱投入本书的翻译和审校工作。

译　　者

陈　珏　姚玉红　彭素芳　魏耀辉　朱睿臻　刘如昀

作者简介

毛里齐奥·安多尔菲（Maurizio Andolfi）是一位享誉国际的大师级家庭治疗师和社会精神病学家。

安多尔菲1942年出生于罗马，1968年毕业于罗马大学，专攻医学和儿童精神病学，获医学博士学位。20世纪70年代初，他移居美国纽约，在阿克曼家庭治疗研究所和费城儿童指导诊所与萨尔瓦多·米纽庆（Salvador Minuchin）、杰伊·海利（Jay Haley）、詹姆斯·弗拉莫（James Framo）、默里·鲍文（Murray Bowen）和卡尔·惠特克（Carl Whitake）等多位重要的家庭治疗先驱建立了密切的专业联系，并在南布朗克斯和南费城为不同族裔的弱势家庭提供治疗。返回意大利后，他投身于家庭治疗的实践、教学和督导中，任罗马大学临床心理学教授、意大利家庭治疗协会主席、意大利罗马家庭心理治疗学院院长、意大利家庭治疗领域杂志《家庭治疗》（*Terapia Familiare*）主编等职，为欧洲家庭治疗协会联合创始人、西尔瓦诺·安多尔菲（Silvano Andolfi）基金会创始人。安多尔菲现移居澳大利亚西部，并创立珀斯（Perth）家庭治疗促进协会，在澳大利亚，以及亚洲和欧洲各地开展讲座和培训。

作为一位环球旅行的跨文化家庭治疗师，他的工作在全球范围内产生了深远的影响。自2014年起，安多尔菲前往亚太地区，推动亚洲家庭治疗的学科发展和人才培养，出席了2017年于吉隆坡举办的国际家庭治疗协会（International Family Therapy Association, IFTA）会议，以及2018年于中国台湾和2023年于中国香港举办的亚洲家庭治疗学院（Asian Academy of Family Therapy, AAFT）大会。2021年，安多尔菲家庭治疗中心在马来西亚吉隆坡成立，该中心积极传播安多尔菲的理念并大力开展多代家庭治疗。在安多尔菲的带领下，家庭治疗国际大会于2023年7月在意大利阿西西召开，会上发布了业界重要的家庭治疗宣言——《阿西西宣言》。

在50余年的临床和教学生涯中，安多尔菲因在儿童精神病学、家庭心理治疗和社会精神病学领域的杰出贡献，先后被授予1999年美国婚姻家庭治疗协会（American Association for Marriage and Family Therapy, AAMFT）伴侣和家庭治疗特别贡献奖、2016年美国家庭治疗学院（The American Family Therapy Academy, AFTA）终身成就奖、2023年AFTA荣誉会员称号及2023年世界社会精神病学协会（World Association of Social Psychiatry, WASP）荣誉院士称号。

安多尔菲有多部著作，包括《家庭治疗：一种互动方法》（*Family Therapy: An Interactional Approach*；1979年）、《家庭治疗的维度》（*Dimensions of Family Therapy*；1980年）、《家庭面具背后：僵化家庭系统的治疗性改变》（*Behind the Family Mask: Therapeutic Change in Rigid Family Systems*；1983年）、《阿特拉斯的神话：家庭和治疗故事》（*The Myth of Atlas: Families & The Therapeutic Story*；1989年）、《请帮助我与这个家庭》（*Please Help Me with This Family*；1994年）、《青少年之声：理解青春期心理问题的家庭视角》（*Teen Voices*；2013年）、《多代家庭治疗》（*Multi-generational Family Therapy*；2016年）、

《跨代伴侣治疗》(*Intergenerational Couple Therapy*;2021年)和《心理治疗中的真意:心理治疗师的心灵之旅》(*The Gift of Truth: The Inner Journey of the Therapist*;2022年)等。这些著作展示了安多尔菲的治疗理念,为后来的心理治疗师提供了宝贵的资源和持续的指导。

安多尔菲的治疗思想具有系统–关系的特点,他认为家庭是儿童和青少年最好的"药"。他建立了多代家庭治疗模型——一种以创造力和人性为中心的干预体验模式,旨在与处于危机中的家庭建立联盟并进行工作。安多尔菲将儿童的问题置于家庭发展的背景下,将儿童视为解开家庭问题的关键,而不是症状的携带者,他甚至邀请儿童作为协同治疗师来一起帮助家庭。在治疗实践中,他重视心理治疗师的创新性、跨文化意识及对自我的使用,通过家谱图、家庭雕塑等治疗工具探索家庭过去三代的发展历史和家庭功能,发现过去的创伤与当前的问题之间的联系。

毛里齐奥·安多尔菲的工作不仅在学术上具有开创性,更在实际治疗中展现了巨大的影响力。他对家庭治疗的贡献,特别是在多代关系和系统关系方面的研究,使他在全球心理治疗领域中占据了重要的地位。

陈珏

国家精神疾病医学中心(上海市精神卫生中心)
临床心理科主任、心身障碍临床诊疗中心负责人
中国社会心理学会婚姻与家庭心理学专业委员会副主任委员
中国心理卫生协会婚姻家庭心理健康促进专业委员会副主任委员

陈依苓

国家精神疾病医学中心(上海市精神卫生中心)心理治疗师

参考资料

[1] Amorin-Woods D, Andolfi M, Aponte H J. Systemic practice in the time of COVID: conversations among culturally diverse therapists[J]. Aust N Z J Fam Ther, 2021, 42(1): 7–20.

[2] Andolfi M. The gift of truth: the inner journey of the therapist[M]. Italy: Accademia Press, 2022.

[3] Barletta J. An uncommon family therapist: a conversation with Maurizio Andolfi[J]. Contemporary Family Therapy, 2001, 23: 241–258.

[4] Cron E A. An interview with Dr. Maurizio Andolfi[J]. The Family Journal, 2000, 8(4): 419–425.

[5] Nicola V D. A relational dialogue with Maurizio Andolfi: master family therapist and social psychiatrist[J]. World Social Psychiatry, 2024, 6(1): 6–13.

中 文 版 序

让家庭成为处理青少年问题的“最好的药”

第一次见到毛里齐奥·安多尔菲的真人，是在2023年10月，在中国香港举办的亚洲家庭治疗学院第八届年会上。他的大会主旨演讲无论是形式还是内容，都极具感染力，令人印象深刻，他在工作坊的现场演示更是给人一种神来之笔的心灵震撼与冲击。仰慕于这位家庭治疗大师的风范，我们狂热地抢光了现场签售的他的图书和视频光盘，遗憾的是，它们全部是英文的。令人感慨的是，国内的家庭治疗师、心理治疗的专业爱好者及需要帮助的家庭，都少有一睹大师风采的机会和途径。好在中国心理卫生协会婚姻家庭心理健康促进专业委员会副主任委员陈珏教授和姚玉红教授，以及刘丹博士、徐文艳博士等优秀同道们联手，以最快的速度把这些图书翻译成了中文，并将在上海举办的亚洲家庭治疗学院第九届年会上与广大读者见面，这真是一大幸事。《青少年之声：理解青春期心理问题的家庭视角》就是其中的一本。

青春期一直是非常热门的话题。

青春期是处于儿童期和成年期之间的发展阶段，是个非常特殊的阶段。青春期孩子身体的早熟与心理的晚熟所导致的身心失衡，使得青春期心理发展呈现独立性与依赖性、成人感与幼稚感、开放性与封闭性、渴望感与压抑感、自制性与冲动性、幻想与现实等六大矛盾，青春期也成为一个令孩子和家长都烦恼的时期。著名的家庭治疗师萨提亚曾在《家庭如何塑造人》一书中写道：“我经常对那些有青春期孩子的父母说，只要你的孩子不是非法的、非道德的或导致罪恶的，那就乐享其成吧。”在处理父母和青春期孩子之间的冲突时，萨提亚给出的最成功的方式便是“给予每个人原有的人性与关怀，在彼此之间建立正向的关系”。

确实，对于青春期孩子问题的处理，任何经由控制或者威胁去改变对方的企图，几乎都是徒劳无功的。

青少年需要与其信任的成人建立并发展出有敏感度的、有弹性的关系。毛里齐奥・安多尔菲的这本书，非常与众不同。本书选取了他50年来在世界各地、与来自不同社会文化背景的问题青少年和他们的家庭一起工作的经验，尤其是针对青春期的棘手问题，包括暴力行为、欺凌、药物酒精成瘾、进食障碍、反应性抑郁症和自杀企图等进行的工作。书中，作者以青少年的症状为向导，在家庭和社会的大背景下，通过直接的、真实的共情，贴近来访者的痛苦和绝望；通过积极地回应，迅速地与青少年建立治疗联盟，帮助来访家庭种植改变的希望和唤起渴望；通过对其症状或病理表现的描述和重构，用多代人的视角来定位治疗的焦点和干预方案；通过观察家庭内部的关系模式和代际障碍，让家庭成为处理青少年问题的“最好的药”。

这位来自意大利的家庭治疗大师传授给我们的家庭治疗的手艺与绝活，既继承了各位家庭治疗先辈的经验与智慧，又创新发展了更加系统性、人性化的方法，帮助每一个困难的家庭发掘韧性、重拾力量、走出困境。

正如萨提亚所说：“如果一个人进入成年时，带着一份强烈的自尊，有能力建立亲密关系，能一致性沟通、担当责任、甘冒风险，那么，青春期的目的就达到了。”

孟馥

同济大学附属东方医院临床心理科主任医师

中国心理卫生协会婚姻家庭心理健康促进专业委员会主任委员

2024 年 7 月 30 日

白发少年心

我眼中的毛里齐奥·安多尔菲

“在马来西亚吉隆坡市中心的饭店大厅里，我遇到了走出屏幕的大师Maurizio Andolfi。他穿着绣花白衬衫，脚踩布鞋，轻快地四处找人聊天。我几乎停止呼吸地在一旁盯着他，享受他在场的空气凝结感……”这是2015年我在脸书（Facebook）上的一篇文字，纪念第一次遇到毛里齐奥·安多尔菲（Maurizio Andolfi）时难以忘怀的震撼感。

在挤满人潮、争睹大师风采的大厅里，安多尔菲略为沙哑的意大利腔英语，配上极简风格的讲义（通常整个画面只有一幅漫画配上一行字，但其中的信息非常抢眼），很有视觉冲击感。

他放了一段他在南美洲国家哥伦比亚进行家庭会谈的录像。片中的单亲妈妈从头到尾哭个不停，十几岁的哥哥和妹妹誓不两立、死不交谈，父亲据说自哥哥出生就跑了。影片中，安多尔菲的座位靠哥哥很近，他直捣黄龙地问哥哥:“你认为爸爸希望你出生吗?”“你认为你的出生让爸爸妈妈分开，还是在一起?”一开始，哥哥当然说不知道父母怎么想；然而，当安多尔菲再问一次，哥哥竟然回答他认为爸爸不希望他出生，他害他的父母离婚……

我在心里默默倒抽一口冷气！

不是不可以问，作为一个家庭治疗师，我知道这正是哥哥心里想的事情；然而在一个陌生国家，第一次会谈，越过翻译，这么自然又直接地提问，仿佛这个问题是天底下最自然的问题，让人打从心底里佩服治疗师的气魄。更令人大跌眼镜的，当然是哥哥的直率回答，仿佛我心里的犹豫，通通都是小家子气的多虑。

接着，安多尔菲要哥哥当场打电话给父亲，约他出席会谈。哥哥二话不说打了电话，下一个镜头就是爸爸出现在门口。爸爸看起来很斯文，一点不像妈妈口中的负心汉。安多尔菲站起身和爸爸握手，爸爸坐下来加入会谈，很快表示他愿意做点事来帮这个家庭走出低潮。

妈妈的眼泪自爸爸进门后就没停过，但当安多尔菲要爸爸在一张纸上写下他愿意努力帮这个家庭的“合约”时，戴着棒球帽的哥哥从眼角流出一滴泪，被摄影机的特写逮个正着。随着哥哥的眼泪，我的眼泪也开始不听使唤。我从逐渐模糊的眼角余光，看到坐在我旁边的日本女教授忙着找纸巾。不过我决定依男人的风格，动也不动地坐着，默默让眼泪在脸上风干。

20世纪中期，当米纽庆（Minuchin）在费城儿童医院为刚刚崛起的家庭治疗奋战、争取专业定位时，年轻的安多尔菲就坐在前排，见证家庭治疗的崛起。他说当时他们深入连出租车都不敢去的地区，与最贫困的家庭工作，与家庭一起经历一般人无法想象的苦难。

2023年7月，我和同事们飞越半个地球，在意大利美丽的古城阿西西（Assisi）再次见到安多尔菲。现场一千多位与会者既有他的学生与同事，也有来自世界各地、和我一样的迷妹与迷弟，大家一起为他疯狂。当安多尔菲穿着红色西装穿梭在晚宴会场，我看到的是白发大师的外表下，一颗情感丰富的少年心。

“每个熟成的大师，就像陈酿的酒，一开瓶就满室生香。安多尔菲的风格混合着南欧意大利强烈而直接的情感，以及阅历全世界后练就出的深思熟虑的极简语言，使得他的治疗仿佛一记正中下腹部的太极柔拳，无可闪躲，直抵丹田。然后，累积多年的淤结突然化开，全身气脉随之通畅，全家人哭成一团，连看影片的观众都为之震撼、动容。”

如今他的书被翻译成中文，更多人将有机会认识这位家庭治疗瑰宝，谨以此文，在此向他致敬。

赵文滔
台北教育大学心理与咨商学系教授
心理咨商师、伴侣 / 家庭治疗师
若水学堂 / 台北关系研修学院讲师

译者前言

青少年的声音：独立和归属需求的激烈矛盾

人生充满矛盾，青春期则因为生理上的巨大变化而让矛盾显得更为集中和剧烈。青少年经常以一种矛盾和挑衅的方式，在急切寻找自主控制的同时时刻寻找归属感，他们发出的声音或者让人听不见，或者让人听不懂。

译者在多年的家庭治疗临床实践中发现，很多遭遇身心困难的青少年属于典型的“不讨喜”类型：明明很需要外界的帮助，也迫切渴求外界的帮助，但他们满口都是拒绝和疏离——“我才不稀罕！”；更有甚者，硬着脖子与好心好意的家长、老师或者专业助人者搞各种口是心非的斗争，属实让人困惑和头疼。到底要怎么呵护和陪伴这些遇到困难的青少年呢？

本书第一作者、意大利著名家庭治疗专家安多尔菲在本书开篇就提出一个重要问题：青春期是一种“疾病”，还是家庭生命周期中最容易被误解的阶段？带领家庭一起重构青春期的叙事，将症状/病理表现与关系模式紧密结合，这是翻译此书的过程中，我们的最大感触。书中每章都有实践案例的治疗逐字稿，而无论什么样的疑难案例，安多尔菲都能从问题表面深入，庖丁解牛般地听到青少年隐藏的真实自我——那些平常被弱化或被误解的声音。当心理治疗师和青少年建立牢固的关系联盟后，症状成为大有用处的指引，帮助快速切入家庭的困境和冲突，即使问题不能马上化解，相应的痛苦也可以不再那么难以忍受，个人和家庭的成长也因此找到新的选择。

本书以青春期的暴力、成瘾行为、抑郁、自杀、秘密和谎言等常见难题为例，不但从理论上加以梳理、重构，而且以实践案例予以有力佐证，共情地倾听着青少年每一种充满矛盾的声音：他们的言语信号和非言语信号常常是复杂而矛盾的。青少年需要矛盾性，这样他们能不断练习如何站在独立和归属这个对立轴的两端，来寻求自洽的平衡。如果一个青少年表现出强烈的自信，那很可能在哪里藏着他完全相反的另一面，即强烈的不自信。如果一个青少年对家人大声排斥，那治疗师需要听到他大声渴求的是哪一部分。

书中对青少年的父母的理解也很有新意。比如父母要接受青春期孩子“翻天覆地”的新变化，并不意味着他们一定需要成为孩子的朋友，“这是一个相当令人困惑和无用的角色”。父母应该作为观察者，进入青少年新变化的那部分，而这部分之前是不为人所知的，因为它只在家庭以外的外部世界中表现出来。又比如，父母面对患有心身疾病的子女，有时会因为要发挥保护或支持的养育功能而变得有话不敢讲，容易被诟病为“虚假的”“含糊不清的”“自相矛盾的”等。这样的保护是一种潜在的问题关系模式，是一种避免面对情感关系中出现冲突和问题的防御，不如更真实的家庭互动方式让子女有安全感。

安多尔菲的治疗过程极富创造性，常常不走寻常路地运用隐喻、雕塑、幽默、悖论处方等方式来让家庭在耳目一新中获得顿悟。这也是本书在第一章开篇就提及的两种家庭治疗模式的整合：既有体验派的风格，又有认知策略派的精华。

感谢安多尔菲在青少年心理健康问题愈发凸显的当下给我们带来这本实用的著作。感谢本书翻译团队成员彭素芳、魏耀辉、朱睿臻和刘如昀出色的翻译工作。感谢上海科学技术出版社对青少年家庭治疗的关注，并支持引进、出版本书。

相信本书对我国青少年家庭治疗的临床实践有所裨益。限于译者水平，加之时间仓促，错漏之处在所难免，恳请各位读者多多批评、指正，期待与大家持续交流。

姚玉红

同济大学心理健康教育与咨询中心教授

中国心理卫生协会婚姻家庭心理健康促进专业委员会副主任委员

上海市高校心理咨询协会副理事长

陈珏

国家精神疾病医学中心（上海市精神卫生中心）

临床心理科主任、心身障碍临床诊疗中心负责人

中国社会心理学会婚姻与家庭心理学专业委员会副主任委员

中国心理卫生协会婚姻家庭心理健康促进专业委员会副主任委员

2024 年 9 月 1 日于上海

献给洛雷娜、乔纳森、卡洛和朱莉娅！

英文版前言

在一个家庭破碎、单亲家庭、父亲缺席日益成为常态的时代，养育青少年意味着什么？当父母一直争吵不休，或者在离婚后长期处于敌对状态时，青少年如何培养归属感和信任感？青少年如何学会在新的继亲家庭中获得安全感？父母如何学会处理青少年的矛盾心理和愤怒情绪？当父母对青少年感到担忧或困惑时，如何获得家人和朋友的支持？青春期什么时候开始，什么时候结束？青春期是一种“疾病”，还是家庭生命周期中最容易被误解的阶段？青少年暴力和攻击行为的背后是什么？为什么当他们感到孤独、被冷落、被三角化时，或者当家庭中没有人关注他们的真实需求时，他们就会做出这样的行为？他们用愤怒的声音和身体语言表达的是什么？为什么许多青少年无法在家庭中发展出健康的依恋关系，反而是用酒精、毒品、食物或电子产品成瘾来替代呢？我们如何处理他们在突然的丧失或戏剧性的家庭分离后的悲伤，而不给这种行为贴上病理性抑郁症的标签？为什么我们更信任药物治疗，而不是家庭资源？我们如何倾听青少年的声音，尤其是当他们谈到绝望和孤立的时候？我们如何才能抱持他们的痛苦和困惑，并将青春期的自杀企图视为一场充满表现力的发展危机？他们的极端行为传达了什么信号，又传达给了谁？家庭的秘密和谎言如何在青少年的生活中回荡？

以上是在本书中提出的一些关于青春期的基本问题，我们试图通过心理学理解和临床经验来寻找答案。

我们不会将青少年问题视为个体特征，因此我们避免关注与医学模型相关的个体诊断。作为家庭治疗师，我们不参与个体（“一对一”）治疗。相反，我们相信扩大系统，并将家庭视为“来访者”和解决孩子问题的主要资源。我们坚持传统家庭治疗的理念，而这一理念70多年来为心理健康和心理治疗行业带来了革命性的成果。我们的方法是跨越代际的，旨在整合系统和发展理论。因此，家庭的发展史和生命周期是我们用来理解和评估青少年不当行为和症状的框架。我们感兴趣的是，通过揭示过去的创伤、家庭破裂、伴侣危机、意外丧失与青少年现在的症状和行为之间的联系，将青少年表现出的问题与相关的家庭事件联系起来。在此过程中，我们受到默里·鲍文（Murray Bowen）、弗吉尼亚·萨提亚（Virginia Satir）、詹姆斯·弗拉莫（James Framo）、唐纳德·威廉森（Donald Williamson）、卡尔·惠特克（Carl Whitaker）、萨尔瓦多·米纽庆（Salvador Minuchin）等人开创性工作的极大启发，这里仅列举了几个最杰出的跨代治疗师和临床治疗师，他们几十年来影响了家庭治疗运动。

我们用多代人的视角来定位我们的焦点和干预措施，观察家庭内部的关系模式和代际障碍，以处理青少年的问题。与个体治疗中通常将焦点缩小到二元关系不同，我们将三元关系视为观察单位，以理解不断发展的家庭关系。

最主要的三角关系（母亲–父亲–孩子）及其扭曲，首先被米纽庆描述为“僵化的三角”，然后被海利（Haley）描述为“错位的三角”。许多杰出的治疗师，如鲍文、惠特克、塞尔维尼·帕拉佐利（Selvini Palazzoli）、安多尔菲等，已经阐述了角色反转的三角和由此产生的亲子功能。

如果说依恋理论是描述儿童发展过程主要需求的最基本观点，那么系统–关系理论则为儿童的早期观察增加了一个三角的维度。菲瓦–德佩尔辛格（Fivaz-Depeursinge）的开创性研究工作“洛桑三方对话游戏”（The Lausanne Trialogue Play）引入了母亲–父亲–婴儿的发展–系统观。

我们倾向于一种体验式的治疗模式，它支持治疗师和家庭在一个安全和积极的环境中共享特殊的个人或专业经历。在此方面，我们深受萨提亚和惠特克的影响，他们很久以前就提出了一种“象征性经验式”的干预模式；最近又受到了丹尼尔·斯特恩（Daniel Stern）的影响，他是一位非常有启发性的精神分析学家，对这一领域做出了巨大贡献，提出了主体间体验和内隐认知的概念，而这些概念包含并丰富了许多系统原则。

治疗的目标不仅是症状的缓解，还包括对产生这些症状的代际扭曲的改变。治疗师扮演着积极的角色：他是直接的、真实的、共情的，能够贴近来访者的痛苦和绝望，同时能够积极地回应来访者对改变的希望和渴望。他首先探索青少年在家庭和社会背景下的发展，并通过对其症状和（或）病理表现的描述与重构，非常迅速地与青少年建立治疗联盟。因此，他将消极、破坏性的行为重新转化为与家庭成员的积极联系。通常，出现心理相关症状或精神障碍的青少年在代际功能障碍和创伤从未得到解决的家庭环境中长大，并且这些创伤被埋藏多年，不为人知。

治疗师在治疗过程中让家庭参与到建设性的过程中，先减少或转化彼此的责备和愤怒，再让父母表达他们的痛苦和悲伤，讨论对孩子的责任，最终让青少年能在健康的家庭氛围中改变和成长，重新建立更有功能性的代际边界，形成更清晰、更有成效的家长共同养育联盟或兄弟姐妹的支持系统。

书中每章都包含了几个实践案例，以帮助读者充分理解主要的治疗干预措施。特别是，它们展示了如何在治疗中建立信任和安全，如何与家庭建立联盟，从而产生重要且稳定的变化。案例片段取自安多尔菲50年来与来自不同社会文化背景的问题青少年和家庭一起工作的经验，以及在世界各地进行的治疗和咨询。

家庭治疗的过程以同样的开放态度和同情心来处理各类青少年常见的症状行为，包括暴力行为、欺凌、药物酒精成瘾、进食障碍、反应性抑郁症及自杀企图等，从问题表面深入核心，“主动触及”青少年隐藏在外表背后的真实自我。症状是有用的指引，可以帮助我们进入家庭困境和冲突，克服消极或痛苦的事件，并为个人和家庭的成长找到新的选择。主要的治疗工具包括激发（provocation）、支持、隐喻、好奇、幽默、嬉闹、自由联想、自我表露及雕塑等，用来探索家庭生命周期、寻找资源和新出路。原生家庭、兄弟姐妹、朋友、宠物，以及社区成员和医院工作人员等，都可以参与治疗过程，以扩大家庭的社会资源，寻找情感支持和团结。

我们在书中收录了几份非常详实的家庭治疗长期随访资料。我们还特别了解到，即使是严重的紊乱和疾病，如厌食症、抑郁症、自杀企图等，也可以在青少年中得到成功治疗，不需要或只需要非常有限的药物治疗和住院治疗。我们可以间接地处理症状，而不是只关注症状表现并给他们贴标签。相反，我们通过关心青少年和倾听他们的声音，获得意想不到的资源和关系技巧。但更重要的是，我们明白，当鼓励家庭从被动、无助的角色转变为积极的角色时，在安全的治疗舞台上作为一支专家团队发挥作用时，家庭就会成为“最好的药”。相互关爱总是会产生强大的治愈效果，青少年的不良行为和症状很快就会消失。

我们首先将本书推荐给青少年及其家庭，不管其有没有具体的问题表现。他们可以在本书提供的简短治疗案例中发现有所共鸣之处，这将有助于识别阻碍和僵局，对个人和人际关系的健康带来希望和关怀。其次，当然，本书是写给那些在心理治疗专业领域工作的“专家们”——精神病学家、心理学家、心理治疗师、心理咨询师、社会工作者、护士及其他护理专业人士，他们可以享受这本发人深省的书，找到非常有用的工具并将它们添加到专业工具箱中。但更重要的是，如果他们有勇气拒绝给青少年的失控行为贴标签，走出刻板的诊断和治疗方式，那就可能获得一种创新、创造性和人性化的方式来看待家庭的困难、力量和韧性。爱和关怀，不仅是美好生活的家庭指南，也是健康、丰富的专业工作的基本要求。

毛里齐奥·安多尔菲、
安娜·马谢拉尼

作者特别希望强调他们对所有性别的尊重，但出于本书的目的，代词“他（He）”用于指代所有性别，无意冒犯。——作者注

致　谢

衷心感谢学院出版社（Accademia Press）允许我们在智慧月亮（Wisdom Moon）出版社停业后重新出版本书，同时感谢安德烈亚·斯卡沃内（Andrea Scavone）负责新版的制作。特别感谢纳瑞娜·西杜（Narina Sidhu），她是安多尔菲在珀斯的长期受训者，多年来已成为澳大利亚最有经验的多代治疗师之一。她翻译并编辑了安多尔菲之前的几本畅销书，包括《多代家庭治疗》《跨代伴侣治疗》《心理治疗中的真意：心理治疗师的心灵之旅》。

本书已更新并丰富了更多的最新案例和后续随访，增加了一个非常重要的新章节——“家庭的秘密和谎言”。最诚挚的感谢献给出现在本书的许多家庭和青少年，是他们让本书变得生动。多年来，他们都是毛里齐奥·安多尔菲的来访者。他们的故事讲述了其痛苦和苦难，以及力量和韧性，正是这些故事塑造了本书。

目　录

案例清单

1. 青春期：家庭生命周期的关键阶段

系统模型内的发展与对立：家庭治疗的两面

在过去的50年中，系统-关系心理学共享的理论参考框架还不足以描绘出一个共同的概念和操作模型。家庭系统和治疗模式概念化的根本区别在于如何看待个体、历史和主观方面的价值，包括治疗师的价值。随着时间的推移，家庭治疗临床实践的发展概述了干预方法的实质性差异，这些差异在最初阶段存在于美国东海岸和西海岸，后来又出现于欧洲，尤其是意大利，在罗马和米兰之间都可以找到不同的操作模式。

20世纪60年代，在新生的家庭治疗运动中开始出现两个派系：一派是指挥家，治疗师使用自己的个性，包括直觉和创造力，作为评估和干预工具，如阿克曼（Ackerman，1958）、萨提亚（Satir，1964）、惠特克（Whitaker，1989）、米纽庆（Minuchin，1974）；另一派是系统纯粹主义者，治疗师将家庭作为一个关系系统来研究，并将自己置于一个相对远离个人卷入和情感共鸣的位置，如帕洛阿托小组（Watzlawick，Beavin Bavelas，Jackson，1967）、海利（Haley，1973）、斯卢茨基（Sluzki，Ransom，1974）、霍夫曼（Hoffman，

Haley，1967）和处在最初研究阶段的米兰学派（Selvini Palazzoli，Boscolo，Cecchin，Prata，1975）。

20世纪80年代初，随着一系列文章在《家庭过程》（*Family Process*）上发表之后，这场争论变得更加激烈，其中主要的问题是治疗师应该从实用主义还是美学的立场来实践治疗。第一种假设是，治疗应该解决最初呈现的症状，并有明确定义的目标。相比之下，第二种取向认为治疗是一个创造性、有机进化的过程，旨在促进家庭及其生态系统的发展。多年来，这场辩论促使许多家庭临床治疗师选择了其中一种方法，而没能设法将治疗师的角色与治疗师本人和谐地整合起来，并承担起解决症状的责任，同时促进家庭及其关系世界的发展。近代以来，这种对立似乎愈发明显。我们可以从叙事家庭治疗的强劲发展中窥见一斑，许多学者和家庭治疗师在接受后现代理论，特别是运用社会建构主义的观点理解家庭时就遇到一些麻烦。

萨尔瓦多·米纽庆（Salvador Minuchin）在1999年《婚姻与家庭治疗杂志》（*Journal of Marital and Family Therapy*）上发表的一篇文章中曾批评了这种看待现实的方式，文章的标题是《家庭在叙事家庭治疗中的位置在哪里？》（*Where's the family in narrative family therapy?*）。他对社会建构主义的基本假设进行了辩驳，质疑如果治疗主要关注个人和社会环境，那作为两者之间中介的家庭的治疗作用就消失了。此外，米纽庆对叙事治疗师最新的中立立场——治疗师不应该在治疗情境中有任何影响或个人参与，持高度批评态度。作为对米纽庆那篇挑衅性文章的回应，卡洛斯·斯卢茨基（Carlos Sluzki）强烈反驳道，家庭已不再是系统治疗师关注的唯一焦点，个人在治疗过程中可以获得更有意义的位置。从那时起，所谓的系统式个体治疗（individual systemic therapies），以及在一个人出席的情况下开展家庭治疗——个体内心承载着家庭的表征，开始蓬勃发展！

文森索·迪尼古拉（Vincenzo Di Nicola，1990）考察了米兰模式之间的差异，其中一种是由塞尔维尼·帕拉佐利（Selvini Palazzoli）及其合作者发展的，另一种是由博斯科洛（Boscolo）和切金（Cecchin）开发的，并在家庭治疗的主要流派中描绘了两种对立的治疗模型：**技术专家模型**和**现象学模型**。第一种模式（其中海利和策略派治疗是很好的例子）侧重于治疗，倾向于使用技术，并将干预建立在家庭系统组织其行为的原则和精确规则之上。治疗师的情感共鸣和反移情被完全排除在治疗场景之外。另一方面，现象学治疗师时刻关注着家庭所承受的痛苦和家庭的应对方式，并且治疗焦点集中在理解家庭的本质，而不仅仅是家庭的功能和功能失调上。研究在很大程度上并不是完全由头脑来指导，而是源于治疗经历中所产生的经验。这两种模式并没有太多的共同之处，治疗师需要选择是以聚焦修正行为的方式来干预，还是设法聚焦理解家庭的情感世界并改善其表达的方式来干预。

象征性体验式治疗：惠特克的模式

20世纪60年代初，卡尔·惠特克（Whitaker，Keith，1981）开始实践和教授一种被称为象征性体验式治疗的模式。这种模式的诞生主要是为了治疗精神疾病患者及其家庭，后来被用于治疗那些受到压力事件和不稳定环境（如战争）严重影响的家庭。这种新的治疗模式需要创建处理强烈移情反应和退行行为的方法。这类症状需要能够从更近而不是更远的治疗位置与患者的情绪产生共鸣，以便能够在情感上涵容和安抚患者。

在象征性体验式治疗的发展历史中，情绪情感特征对治疗师所扮演的角色产生了相当大的影响，并将该模型与假设治疗师应保持更远距离和中立位置的模型区分开来，特别是由系统派和策略派提出的模型。该模型首次应用于经历过创伤性战争的焦虑人群，之前学者的假设由此受到很大影响，开始改为宣传另一种观点，即在生活事件中，“主要的情绪情感的象征性体验来自每个个体独特的感知、脆弱性和局限性”（Whitaker，Keith，1981），在不同的社会、文化背景和特定的时代下都是如此。

情感体验在治疗中的核心作用是要求治疗师愿意将自己包含在内，并在情感上参与家庭，而家庭被看作是一个资源丰富的重要有机体。治疗师要记住，在纵向的维度上，家庭是由子系统铰接而成，治疗过程中可以帮助其改写发展历史。在任何特定的单节治疗中，无论有哪些人参与，三代家谱图都可作为参考网格来指导治疗。象征性体验干预的目标不仅是症状的缓解，还是产生症状代际动力的变化（Whitaker，Keith，1981）。

在象征性体验式治疗中，“虽然治疗过程中面临着真正的困难、关系僵局、个体病理、精神疾病，但包括治疗师在内的每个人都可以接触到自我的某些部分，这些部分往往被伪装或压缩成重复、无效的关系模式，在那里没有创造力和成长的空间。治疗能够允许自己以一种至关重要的方式保持存在，会产生精神的扩展，从而在自己和他人之间创造一种新的和谐。”（Andolfi，2002，pp. 68–69）

本着这种思路，惠特克利用自己的认知、情绪和情感资源，广泛运用自身的自我。尽管他从未使用过“自我表露”（self-disclosure）这个词，但毫无疑问，他经常使用治疗经历的片段、个人的想法、发作的例子或“疯狂的想法”来突出家庭的扭曲，并创造出与家庭的痛苦和困难有深刻联结的时刻。赫尔姆·史第尔林（Helm Stierlin）创造了“通过相遇治愈”（cure through encounter）的术语来概括治疗过程；在此过程中，治疗师不是通过重组家庭关系，而是通过某种参与性的观察来诱导改变（Stierlin，1981）。

治疗过程中与家庭共享经验

1971年，吉姆·弗拉莫[①]（Jim Framo）回到祖国意大利，在罗马展示其临床工作时，他于众人面前采访一对家庭治疗师伴侣，从中表现出的深厚的人性关怀和温暖让观众感到惊讶。尤其令人惊讶的是，他对这对伴侣的痛苦所表现出的情感参与；他们经历了几次流产的痛苦，却从未成功生下孩子。他似乎可以不使用任何特殊的技巧，以一种直接而真实的方式进入他们丧失的深处。

他对“治疗是一种体验！”的宣称给人留下了深刻的印象，但也因为他看似简单的工作让人们对他产生了一些怀疑。在没有任何隐私保护的情况下，将如此痛苦和私人的伴侣矛盾暴露在专业观众面前，这是不寻常的。直到几十年后，我们才重新发现**治疗过程中与家庭共享经验**的价值，它是整个治疗框架的基本前提。

安多尔菲与惠特克有15年临床上的密切接触，这使得他们许多关于治疗关系的想法得以融合。比如，扩大家庭系统以寻找家庭发展史中的有用资源，将患者症状正常化，以及**成为**治疗师而非**扮演**治疗

---

① 詹姆斯·L. 弗拉莫（James L. Framo）是家庭治疗的第一个先驱，他来到意大利讲述其工作。他是意大利后裔，20世纪80年代前在费城和伊凡·博佐门尼-纳吉（Ivan Boszormenyi-Nagy）一起工作，随后去了美国加利福尼亚州圣地亚哥市。

师的价值。尽管如此，要描述作为治疗师的本质意义是非常困难的，不能将其最深刻的含义琐碎化；或者，更糟糕的是，冒着另一种风险把一切都变成宗教教条；那就失去了作为一个人性关怀职业的工作本质。早在1999年，姬蒂·拉佩里埃（Kitty La Perriere）就在《伴侣危机》（*La crisi della coppia*）一书中写道："家庭治疗师经常被改变个体、改变功能失调的关系和行为的需求所诱惑，从而失去了帮助家庭忍受痛苦、煎熬和无力的精神价值。"

也许，正是对个人最高层面的追求，以及与人保持最深层情感联系的能力，使得这种正常化的过程得以实现，在此过程中，个体失去了精神病理学的边界，在家庭的纵向历史中，寻求对每个人内心世界的理解。

惠特克在其最后一部作品《咨询师的内心生活》（*The Consultant's Inner Life*）中宣称，他正在寻找那些尚未被揭示或消化的来访者过去经历的片段。当这些经历被带到我们意识的光芒下，它们给之前在治疗中所说或所见的东西投下了阴影。惠特克说："很自然地，我也会把自己过去治疗的背景阴影带到治疗中，这种新的体验对我来说是一个发现自我新部分的机会。"（Whitaker，Simons，1994）

治疗空间可以成为一起体验个人内心深处和创造性事物的地方，这一想法多年来一直影响着我们的临床工作。家庭寻求帮助的期望，以及家庭在进入治疗之前所经历的无力或失败的感觉，是建立治疗联盟的第一个重要因素。这就是为什么我们需要问自己："治疗师需要带来自己的什么，来创造这种共享的体验？"如果答案是"他的专业能力"，那就太容易，也太冒险了，因为这会使关系的平衡偏向治疗者角色，并会剥夺它最真实、最个人的一面，而这一面无法在此角色中充分表达出来。

"角色"与"人"之间的两难，一直存在于包括心理治疗在内的所谓助人职业中。毫无疑问，基于强烈的依赖性元素的治疗，如个体治疗，倾向于在更有层级和不对等的基础上组织会谈。在这种情况下，治疗师可能会感到必须要扮演父母的角色，而这是由一种明确定义的设置引起的。在团体治疗（尤其是家庭治疗）中，依赖的概念是绝对不合适的；一个家庭可以在几次接触后决定不再来参加治疗，实际上，只要他们愿意，随时都可以这样做，就像小组成员在治疗期间，只要他想就可以“砰”的一声关上门离开一样。此外，患者会选择接受个人治疗，而家庭则永远不会这样做，因为这个小团体要做出选择和达成一致，会在过程中不断受到妥协和矛盾的影响。家庭治疗师的第一个目标是创造一种共同的动机来建立一个治疗系统。这并不容易，因为通常父母、伴侣或问题青少年来接受治疗时，对问题的看法并不相同，寻求的解决方案也不同。在之前的许多作品中，我们已经广泛地讨论了如何激励各种家庭成员，本书的前几章中也将进一步探讨这个问题（Andolfi et al.，2007；Falcucci et al.，2006）。

本书中，我们将探索治疗师在最初接待家庭个案时，他的思想和内心发生了什么。在很短的时间里，两个家庭世界之间发生了一次相遇，一个是在会谈中带着所有困难出现的家庭，另一个是治疗师“**内心的家庭**”。治疗师可能会从来访者那里接收到无数的刺激，可以在当下重新激活与他自己内心的家庭世界或与以前的治疗经历有关的图像、表情、手势、言语、问题、笑话、感觉或身体反应。更不用说家庭带进治疗的生活事件，如丧失、分离、分娩、疾病，这些事件可能与治疗师在自己的生活经历中的类似事件重叠。一些学者，如莫尼・埃尔坎（Mony Elkaim，1990），将这种情况表述为**治疗共鸣或情绪反应**。惠特克所说的**背景阴影**，是指治疗师倾听家庭当下的问题描述时，与自己以前的经历产生的非常特殊的共同性，这种现象对治疗过程产生影响。

米纽庆在他的经典作品中创造了“**加入**家庭”这个词（Minuchin，1974；Minuchin，Rosman，Baker，1978），但完全把它当成某种令人安心的开始或社交礼仪，对减少家庭的焦虑似乎是不够的。治疗一开始对家庭的观察，包括每个成员的就座、与他人互动的方式，可以帮助治疗师评估家庭的运作方式，以及（更重要的是）感知困难的领域，这些困难往往隐藏在**家庭面具**背后，并且是来访者症状的基础。所有这些都可以鼓励治疗师去探索那些不显眼或无法评估的问题，试图触及让家人不安的真正核心。在寻找家庭中痛苦的标记时，治疗师让家庭成员（通常是被指定的患者）指导自己是很有用的。通常会是一个孩子或青少年，从一开始就有可能与他建立一种非常牢固的联系，这种联系总是基于对尚未言说或隐含的东西的观察，并坚信整个家庭的感受和情绪都与之相关。

因此，一方面，我们可以与索引患者建立强大的治疗联盟，将整个家庭情感世界的各个方面锚定在他身上；另一方面，我们可以开始与自己进行内心对话，旨在理解我们探索家庭时不可避免的情感反应。这种对话帮助我们几乎无意识地选择我们自己的家庭经历或以前的治疗片段和图像，并与那些似乎更适合实际情况的感受联系起来，通过问题、隐喻或温和的幽默，含蓄地呈现给家庭。偶尔，为了与家庭的经历建立联系，我们可能会明确地谈论之前在自己家庭或过去治疗过程中的经历。这样就开始共同构建一个谜题，包括治疗师在内的每个人都贡献出部分自我，最终创造出治疗系统。这可能是斯特恩（Stern，2004）所描述的主体间意识（inter-subjective conscience）建构的开始。

也许，正是这些治疗师经验的内化片段，使家庭能够在治疗结束多年后，非常清楚地回忆起治疗中那些由图像、隐喻对象或长期悬而未解的问题组成的感人时刻。同样的事情也会发生在治疗师身上，多年后，他也会记得每次治疗的重要时刻。可能正是这种亲密经历的情感包袱，与家庭的经历，有利于治疗师自己的个人成长，并赋予其职业角色意义。此外，通过经历人类自身的苦难而获得的道德力量给予了治疗师宁静。鲁斯唐（Roustang，2004）曾生动地描述过，宁静（serenity）使治疗师能够接触他人痛苦的深处，而不必承受痛苦。

很明显，当一个人面对许多家庭试图解决他们的冲突和关系问题所感受到的痛苦和无力感时，我们必须非常小心，不要把治疗师自己未解决或未安顿的情绪问题叠加到家庭的求助问题上。更重要的是，治疗师可能没有意识到他自己的**反移情**，从而冒着完全无意识地自我投射到治疗中的风险。这就是为什么在家庭治疗中一直推荐共同治疗和小组工作的原因，以便于始终具有交叉参照和非自我参照的批判性眼光。随着时间和经验的积累，我们就有可能建立所谓的**内部监督者**，这是我们自己的一部分，在与他人或其他家庭成员互动的同时，在**元层面**上观察他人。

在系统理论的世界里，要深化这些我们认为是成为治疗师的基础方面并不容易，从发展的角度观察家庭，也许是因为上述理论仍然显示出很强的技术性和一定的难度，并十分重视**在治疗中重写故事**。丹尼尔·斯特恩（Daniel Stern）的工作对我们个人和职业成长都很有帮助，并且最重要的是其在科学界也奠定了基础。虽然他不是家庭治疗师，但他的工作启发了我们，帮助我们更好地定义了治疗的本质。

丹尼尔·斯特恩的内隐知识和主体间意识

丹尼尔·斯特恩致力于研究内隐知识的价值，尤其是在晚年。在

《当下时刻》（*The Present Moment*）一书中，他强调了构成我们经验世界的短暂事件，并且特别关注“那些由两个人共享、产生意识、转瞬即逝的时刻，因为它们代表了心理治疗中变化的基本经验，并为我们最亲密的日常关系的情节提供了参考点”（Stern，2004，p. xi）。斯特恩提到的基本假设是，变化是建立在现实生活经验的基础上的，在当下时刻所经历的很多东西构成了内隐知识的一部分。他甚至说：“现在和意识是重心，而不是过去和无意识。内隐关系知识的领域是非言语、非象征、未言说及无意识的。它由动作、情感模式、期望及认知计划组成。我们对自己与他人关系的大部分了解，包括移情，都构成了这种内隐关系知识的一部分。”（Stern，2004，p. 200）

内隐知识的现象在心理治疗中是至关重要的。治疗过程中80%的事情发生在现象学层面的意识（phenomenological consciousness）中，这只在我们意识到它发生的那一刻有用，之后它就消失了，不再成为记忆的一部分。但当两个人在当下共同创造一种共享的主体间体验时，其中一人的现象学意识与另一人重叠，一人在展示自己而另一人也收集到此信息，这时才能产生一种同步性。

“这种体验是由两个人共同经历的，从某种意义上说，每个人都直觉性地参与了另一个人的体验。双方都掌握了他们相互体验的主体间分享，而不必用语言表达出来，这成为他们关系中隐性知识的一部分。这在参与者之间创造了一个新的主体间场域，它修正了他们的关系，促进他们一起迈入新的旅程。这一时刻产生了一种特殊形式的意识，即主体间意识，这种意识被编码到记忆中，最值得注意的是，它重写了过去。心理治疗中的转变，或任何其他关系中的转变，都是由我们与他人相处方式的这些突然和不可预测的变化带来的。”（Stern，2004，p. 19）

读了丹尼尔·斯特恩的这些观点，我们似乎应该借用他的话来描述40年来家庭临床工作的本质。虽然内隐知识的概念是基于经验的系统–关系治疗的遗产，但斯特恩所阐述的主体间意识和在当下重写过去的概念是非凡的。我们之前仅凭直觉认为，在家庭治疗中起疗愈作用的是**故事**。但现在看来，斯特恩让我们超越了直觉，打开了一个非凡的学习和研究领域，极大地拓宽了系统–关系模型的参数。

弗吉尼亚·萨提亚（Satir，1964）提出的**家庭雕塑**是一种非常有效的、通过行动在体验层面上理解未言说的方式。雕塑由一个或多个家庭成员在会谈中通过视觉和空间表征来呈现家庭关系；“家庭戏剧”，带着各种层次的情感表达，通过身体在空间中的排列、姿势和面部表情、近与远之间的游戏、凝视的方向等，变得栩栩如生。通过对家庭关系的雕塑，有可能绕过语言，克服理性逻辑的限制，允许更深层次地探索更强烈、更无意识的情感，以及拓宽对现实的解读。

青春期的三代理论

继默里·鲍文（Bowen，1979）和詹姆斯·弗拉莫（Framo，1992）的开创性研究之后，系统–关系治疗对**自我从原生家庭的分化过程**给予了深刻的重视。换句话说，在归属与分离的动态平衡中，每一个人在其一生中，都应该能够从家庭中独立出来，克服依赖需求。

正如家庭治疗的几位先驱所提出（Whitaker，1989；Bowen，1979；Framo，1992；Williamson，1981），并后来由安多尔菲（Andolfi，2000a，

2003；Andolfi，Angelo，D’Atena，2001；Andolfi et al.，2007）在一些科学出版物中加以阐述的，三代模型需要长期观察家庭关系。三代模型既考虑了结构维度（Minuchin，1974），也考虑了治疗师与之互动的历史和发展维度。这不仅存在于问题青少年的个人史上，也存在于青少年父母、其关系和各自的原生家庭问题上，通过一系列探索的路径，其目标是在纵向上连接起所考察的各个世代之间的平面（Andolfi，Angelo，D’Atena，2001）。

在系统理论领域，许多学者提出以三角关系为单位，测量不断发展的家庭关系（最主要的有：Bowen，1978；Framo，1992；Whitaker，1989；Walsh，1982；Haley，1980；Hoffman，1981；Minuchin，1974；Scabini，1985；Andolfi，1987）；而在研究领域，伊丽莎白·菲瓦（Elizabeth Fivaz）关于初级三角的最新研究（Fivaz-Depeursinge，Corboz-Warnery，1999）非常重要。当三元关系被用作研究人际、研究家庭内部功能模式、（最重要的是）研究家庭成员出现精神病理情况的单位时，关于什么是“真实”的观察与使用二元关系作为透镜的观察有很大的不同。显然，临床干预和研究的模式也会受到不同假设的影响，这促使我们思考，例如基于母子互动观察的依恋理论。

因此，关系三角被理解为所有关系的基本结构，包括那些显然只涉及两个人的关系。我们发现，即使在这种情况下，对于主体中的每一个，都存在作为关系中第三人的参考人物，可能属于不同的空间和时间，或者更常见地属于不同的代际水平。

正如许多书所描述的（Andolfi，Angelo，de Nichilo，1987；Andolfi，2003；Falcucci et al.，2006），我们将“三代”定义为关系三角，其中涉及的人被放置在三个不同的代际水平上，如祖父、父亲、儿子或孙子。通过三代家庭，我们指的是沿着纵向排列的扩大的家庭地图，至少有三个面相交。属于同一世代水平的人被放置在同一平面上，因此从上到下，我们会发现祖父母、他们的子女和孙辈的这代人，分别通过关系三角以各种方式联系在一起，在空间上通过家庭坐标来识别，表明所涉及的人和他们所属的平面。

我们曾多次指出，观察图形的结构使我们更容易理解个人及其发展过程。这个图应该使我们能够将一个人现在的行为视为一种关系隐喻，也就是说，作为过去的需求和情感卷入的间接信号，这些需求和情感卷入在现在的关系中找到具体的表达（Andolfi，Angelo，de Nichilo，1987）。因此，关于今天父亲和青春期儿子之间的关系如何表达的口头或类似信息（我们现在将这些层次称为第二代和第三代），其实包含了隐含和互补的方面，也在告诉我们父母如今是如何看待过去他与自己父亲的关系，从而将信息的情感内容转移到更高的层次，即在第一代和第二代之间。

如果所有这一切都与“做父亲和做儿子”的抽象和理想化的形象联系在一起，那么复杂性就会增加。每个人都或多或少地从自己的文化和家庭背景中接受了这种深刻印象，并且有时会据此来假设真实行为准则的价值。

在个人与文化价值和意义的网络中，研究家庭神话及其在关系“形成”（becoming）过程中的演变可能会很有帮助。神话成为一种图式，通过这种图式，现实得以阐释，现实元素和幻想元素得以共存，这种图式部分继承自原生家庭，部分来自当前家庭结构（Andolfi，Angelo，de Nichilo，1987）。家庭或个人生活的特定事件，特别是在关键阶段（出生、死亡、结婚、离婚、患慢性病、经济危机、意外事故等），可以引起强烈的情感反应和巨大的家庭紧张，导致每个家庭成员根据他（她）在特定**神话星座**中的位置承担不同的角色和功能。神话可以在至少三代人的过程中构建和发展，成为知识的矩阵，对相信其真实性的人来说，代表着团结和凝聚力。然而，在其他情况下，家庭神话的重量可能沉重地压在年轻一代身上，使健康和自主的发展过程变得困难。在青春期，这可能导致反应性抑郁症，就像西罗的情况一样。

实践案例：西罗和对名字的选择

西罗，一个15岁的男孩，因抑郁症而接受治疗。在与家人的会谈中，我们得知，他是在长子去世两年后出生的，而长子8岁时在离家不远的湖里淹死了。自从西罗出生以来，他的任务就是填补一个悲惨的家庭空白，即失去的溺水孩子。而且，出生时为他选择的名字，让他的成长变得更加复杂。事实上，西罗是他祖父的名字。祖父是一个杰出的人，是家族所在镇的镇长。为了纪念这位英勇的祖父，就给长孙也取了这个名字。现在，这个名字已经是第三次被传承了，家族对它的期望也随之而来。我们不难想象，在背负着英雄人物和悲剧性丧失重担的同时，西罗三世想要健康成长有多么艰难！甚至完全可以写出一篇关于家族取名的专著，并从中发现大量关于家族神话及其代际传递的内容。

三代关系的观点无疑能让我们把握差异和相似之处，在关系的各个历史维度之间建立联系。正如属于同一代际水平的人之间随着时间的推移建立起来的关系史影响着每个人的选择一样，同时也存在着属于不同代际水平的人之间的关系史，并且这些关系史会对彼此产生相互影响。最常见的错误之一是只考虑横向人际关系。例如，有可能一直认为反复的情感失败是由伴侣关系中的一系列不幸事件造成的，而没有意识到，与父母或与原生家庭其他重要成员的冲突对这种关系造成了多么大的纵向负担。

当我们进入青春期的世界却没有多代际的视角，事情就变得更加复杂了。如果说青春期是第一个在归属感与和家庭根源分离之间动态变化的重要阶段，青少年在这种动态变化中似乎更倾向于选择后者（即分离）；那么，同样真实的是，青少年经常以一种矛盾和挑衅的方式，在寻找自主控制的同时，也在寻找归属感：仿佛是为了测试父母是否可以抵抗他对绝对自由和自主的过分要求（Andolfi，2000b）。例如，儿子和父亲之间的冲突（当前者尝试激怒后者时）对青少年的成长是必要的，当父亲没有退出测试并成功地控制了儿子的分离需要时，儿子会感激父亲。

我们可以肯定的是，许多偏见需要被推翻，因为一般来说，在个体治疗中，这些偏见没有受到充分的质疑；比如，一个陈词滥调是青少年只关注自己和他们通常的物质需求，而对父母或家庭没有兴趣（Andolfi，Angelo，D'Atena，2001）。相反，我们在治疗中观察到，青少年尽其所能地帮助父母面对他们的婚姻问题，为最弱者辩护，在父母之间充满敌意和暴力的情况下，有时扮演调解人，有时扮演壁垒。而正是他们，和治疗师一起，帮助父母了解自己的青春期，回忆起自己的发展过程，包括与自己原生家庭关系中的困难。而回溯记忆的旅程使他们能够以更富有同情心和更现实的眼光看待当前的困难，更重要的是，支持了父母和孩子之间的情感联盟。

最后，我们相信，三代模式是探索家庭发展过程和生命周期的基本视角，并可以帮助寻找那些棘手问题。一旦确立问题，就能允许治疗师，最重要的是允许家庭，使用每个人的资源和技能。这样，青少年的疾病、心理或关系障碍，以及随之而来的痛苦，不仅成为整个家庭不安的原因，而且成为**知识的纽带**，成为恢复“我们”共同体意识、重新发现团结和相互支持价值的重要机会。

青春期是一个充满不安全感和恐惧的时期

另一位致力于青少年研究的学者是比托里诺·安德烈奥利（Vittorino Andreoli）。他的观点更接近于精神病理学的发展理念，认为青春期是一个蜕变的时期；它是急性的、突然的，并且结合了身体变化和情感人格变化（Andreoli，2006）。因此，青春期代表了所有参照标准的彻底转变。躯体蜕变意味着荷尔蒙的变化，这也意味着身体的转变。青少年通常不喜欢自己，因此会用各种方法，通过化妆、打洞和文身来伪装自己不想要的身体。人格的蜕变与自我转化和代际关系有关。归根到底，社会性的转变使青少年与同龄人群体的联系比与家庭世界的联系更紧密。他们与学校的关系发生了变化，聚会场所也发生了变化，如咖啡馆、闲逛场所、购物中心。最后，与成年人的关系也发生了变化，对父母的看法也发生了变化。这些根本性的变化导致青少年陷入认同危机的深渊，在这种危机中，以前已知且稳定的地标失去了价值和功能。

根据安德烈奥利的观点，这种认同危机确定了青春期是一个充满不安全感和恐惧的时期，后者产生了典型的防御机制，如逃避或暴力。逃避可以表现为对家庭的实际逃离，也可以表现为或多或少严重的心理逃避——抑郁是对自我的逃避，在学校的孤立是对他人的逃避，自己的房间是避难所，企图自杀是对世界的逃避。另一方面，暴力可以通过对家庭或社会的破坏性行为（欺凌）来对他人实施，也可以通过吸毒、酗酒、进食障碍或自残等方式来对自己实施。

安德烈奥利的观点对家庭治疗师来说非常有启发性。最重要的是，“家庭关系转变”的概念让我们思考，当孩子经历如此彻底的变化时，父母会有怎样的感受。这是一种戏剧性的经历。实际上，大部分工作应该针对父母，他们需要学会忍受焦虑、恐惧、不安全感，最重要的是，忍受与孩子“不再一样”有关的不适应感！的确，父母把这段时间看作是要付出的代价，是孩子的“考验”，孩子则在留在家里和不留在家里之间左右为难。

青春期的不安全感和恐惧既不构成疾病，也不构成精神病理学，因为它们是成长的基本成分。那些从未经历过这些的人永远都不曾是青少年，因为他们跳过了这一发展阶段，而且很有可能在成年后度过青春期，那时他们将承担更大的风险。

青少年的自我系统

个体在青春期的心理动力变化无疑具有特别的价值：发展过程遵循一条蜿蜒的道路，有直路，有弯路，有加速，有减速。**内在自我**和**外在自我**沿着同一条轴线追求和谐。除了上面提到的几个例子外，如果精神分析错误地低估了个体在这一发展阶段的关系世界，那么许多处理青少年问题的系统临床治疗师和理论家则似乎低估了心理内部和内源性原则的重要性，而只通过关系的视角来审视现实。青春期是由天性预先决定的，而不是由家庭或伴侣互动决定的。

矛盾的是，青春期的特征使其置于将精神分析与系统理论区分开来的灰色地带，即精神分析学家面向内部心理世界，而系统理论家则面向关系。

路易吉·巴尔达希尼（Luigi Baldascini）是一位系统论学者，他试图将青春期的心理内部与关系维度整合起来。在1993年的《青春期的生活》（*Vita da adolescenti*）一书中，他不断努力地将特殊性与普遍性结合起来，追踪青少年在寻找自己身份的过程中与其生活世界之间的联系。“**青少年精神病理学**，”他肯定地认为，“通常位于家庭内部，有时在学校，更经常的是存在于青少年自己内部，但仔细研究，它总是包括所有这些系统。因此，寻找一种解释这种复杂性的理论模型是合理的。”（Baldascini，1993）

根据巴尔达希尼的观点，自我系统是唯一的组织者，它将所有的内部心理系统彼此连接起来，并将这些系统连接到人际关系中。它是一种动态的容器，承载着由学者定义的系统间衔接（inter-systemic articulation）所产生的一切。心理内部子系统包括：**认知系统**，即思维功能；**情感系统**，即感觉、精神驱力、脸红、平滑肌收缩；**自主神经系统**，主要是本能和运动功能、行动的驱力、攻击性、性驱力。人际子系统包括：**家庭系统**，有纽带、灵活性、关系印记；**同伴系统**，允许个人对行动、情感幸福（“我们在一起很好”）和认知共同性（“我们都有相同的想法”）做实验的关系类型；**成人关系系统**，即对建设性竞争的驱动、对他人的关心、对责任的承担，以及对青少年矛盾心理可能演变的承受。

根据这一理论，系统间衔接在从正常到病态的连续体上允许两种可能性。一种是**系统间流动性**，被理解为不同归属系统的共时性衔接。这种流动性使青少年能够根据其功能特征，以和谐发展为目标，利用源自其各种参考系统的资源。另一种可能性是**系统间不流动性**，它导致了几种形式的精神病理学。

理解青春期的关键点

青春期不是一种疾病

对许多父母来说，当孩子还没有进入青春期时，他们对青春期的看法更像是对疾病的恐惧，而不是对进入一个新成长阶段的喜悦。“当他成为青少年时会发生什么呢?”，这是他们在孩子还小的时候经常问自己的问题。在该情况下，对未来的担忧优先于当前事件，并且倾向于将孩子身上发生的事情解释为以后几年将发生的事情的指征。虽然这种态度并不妥当，但我们必须承认，青春期通过夸大一切来表达自己，因此就像一颗随时准备爆炸的炸弹一样令人恐惧。

同伴群体在青少年的成长中起着至关重要的作用，父母常常怀着忧虑的心情看待这个群体，而且通常认为孩子有可能误入歧途。简言之，这种偏见与对失去孩子的恐惧以同样的速度增长，因此增加了对青少年行为和友谊的控制。大众媒体也不断地报道青春期发生的令人震惊的现实，如欺凌、使用化学兴奋剂、吸毒和酗酒、周六晚上猝死等，这使得父母担忧的情况变得更加糟糕。

青少年并不是一个长得过大的孩子

个体的进化过程并非对应于阶段的重叠，相反，每个阶段都应该被视为一个单独的过程，彼此并不一定连续。如果说孩子不是成年人的缩影，那么同样正确的是，青少年也不是一个长得过大的孩子。通常，当一个问题青少年的家庭来接受治疗时，家庭成员会认为青少年是不想长大或不知道如何长大的孩子。但事实并非如此，甚至儿童也是具有能力的主体（Andolfi et al.，2007），尽管他的语言更简单、直接，而青少年的能力建立在强烈的矛盾情绪基础上，与儿童的能力完全不同。父母和治疗师应该能够欣赏这种二元性，并观察一个阶段和另一个阶段之间的每个时期，因为问题可能恰恰在这些关键时刻出现。然而，重要的是要记住，青少年转变期间的退行性波动完全是生理上的和可预测的，应该被理解为在飞跃之前的倒退。青春期不是个体化的时代，因为青少年对分离的需求与他对归属的需求一样强烈。

杰伊·海利（Jay Haley）在《离开家：对心理不安的年轻人的治疗》（*Leaving Home: The Therapy of Disturbed Young People*）（Haley，1980）中，把青春期说成是个体化的阶段。他在美国的背景下谈到了这一点，即在美国，18岁的年轻人离开家去上大学。在我们的国家（意大利），很少有年轻人离开家去其他地方学习，即便如此，与家庭分离去其他地方学习也不能被认为是彻头彻尾的个体化，因为来自家庭的经济依赖仍然存在，往往还伴随着情感依赖。就日常生活的管理而言，最多只能将与父母的身体分离视为一种自主性的锻炼，即从组织和管理家务开始。

在最原始的文化中，通常会有重要的和解仪式，与个人生活中的成人仪式相对应，特别是在男性的青春期。而在我们的文化中，不再有侧重于童年和青春期之间的过渡，以及之后过渡到成年的仪式。曾经有一段时间，婚礼是一种成人仪式，因为人们很早就结婚了。如今，青春期的时间太长了，以至于在30岁之前结婚不能作为一种成人仪式。在北欧，年轻人实际上在18、20岁就搬出去住了，这在我们的文化背景下是不可想象的。没有庆祝脱离家庭的仪式可以被认为是一个社会问题，因为我们文化背景下的父母有着关心、控制和纠缠的特点，往往会把孩子留得更久。就在国界的另一边，如法国，成长模式完全不同，而在意大利，变化从来都不是很快的，这也是由于当今不稳定的经济形势影响了年轻人。

鲍文和威廉森与海利一样，都住在美国。相比之下，他们两人都认为，个体化发生在35～45岁之间，而不是18岁，这是个体化完成的时候，即威廉森（Williamson，1981）所描述的代际威胁（inter-generational intimidation）失去了力量。重要的是，要认识到，与原生家庭的身体分离与个体进入成年期的发展有很大的不同，因为后者需要更长的时间尺度。在治疗中，我们经常会发现，一些人在这个年龄或更晚的年龄段根本没有实现个体化。让我们想一想，有多少成年人仍然以一种羞辱和警醒的方式，受制于家庭的情感和情绪规则，或者有多少成年男性在伴侣分居后，回到了母亲身边。在现实中，个体化实际上应该按照巴尔达希尼（Baldascini，1993）的系统间理论（inter-systemic theory）①来表征，即是在情感、情绪和经济等各个层面上的分离。

在治疗中，我们经常会看到兄弟姐妹彼此疏远，因为他们不知何故被困在了自己对家庭的依赖中，并最终被操纵！做孩子是一种纵向的代际关系（即父母是如何安排我们的），而做兄弟姐妹是另一种建立在横向上的关系。如果我们成功地发现了同代联盟，并把自己从父母的命令和压力中解放出来，这就获得了一种真正的成就。

另一个需要牢记在心的重要概念是关于搬出家的授权：不是父母应该给孩子授权，而是孩子必须承担起责任来做。个人自主的实现被

① 该理论主要关注个体心理发展过程中的各种系统之间的相互作用和影响。该理论认为，个体的发展不是由单一系统（如家庭、学校或朋友圈）所决定的，而是由多个系统之间的相互作用共同塑造的。——译者注

定义为“**一项成就**”（Williamson，1981），因为这是一项要求很高的任务，尤其是当父母想要留住孩子更长时间的时候。自主性是区分自我与原生家庭的一部分（Bowen，1978），也是意识到如何在世界中安置自己完整人格的一部分。

一个好的治疗师能够理解，每当一个青少年高喊着他的独立，对家庭及其规则采取轻蔑的态度，肯定外面的东西更好时，他实际上是在说相反的话：他对成长的恐惧是如此之大，以至于他最大的需要是感到他必须修复自己的归属关系。从症状学的角度来看，我们应该扪心自问，年轻人经常表现出来的病理性依赖，是不是在绝望地试图取代现在缺失的健康依赖。有多少家庭，有多少父亲，被一瓶酒、一根针或一款电子游戏所取代？在治疗中很容易看到，一旦恢复家庭意识，酒精和毒品就能迅速减少。在治疗结束后的几次随访中，我们问青少年：“是什么让你改变了？”。他们的回答是：“很简单，是父母的爱！”思考这种观察结果很重要，因为虽然分离和自主的概念更显而易见，在社会上也更明显，但归属的概念同样是基本的，但却更加隐蔽和含蓄，所以可能对家庭、教育工作者和治疗师来说更难理解。

家族史铭刻在青少年的内心深处

父母通常认为孩子的生活与家庭中已经发生和正在发生的事情无关。关于父母和家庭，有许多事情是孩子们所不知道的，尤其是那些发生在他们出生前的事情。但是，现实情况并非如此，青少年总是对他们出生前的家庭事件非常好奇，尽管他们可能表现得完全漠不关心。青少年实际上是自学成才的家庭专家，他们一生都在“研究”父母，观察他们的关系、情绪状态，正如我们所知（Andolfi，2003），这些都是两个家庭历史交汇的结果。澄清一下：青少年对自己家庭的过去以及由此对家庭现在的了解，与其说是一组事实或事件，不如说是这些事件赋予的意义在家庭中产生的关系产物。从这个意义上，我们可以说，孩子是家族历史的保管人。在治疗过程中，我们应该把青少年当作一个有能力了解自己家庭世界的人来倾听。

治疗师很少有兴趣以家庭专家的身份倾听青少年的意见，因为他们忙于治疗他的疾病，控制他的攻击性或越轨行为。那么，我们该如何把声音还给那些被带到治疗中心来解决问题的青少年呢？精神病理学是我们的知识框架，还是青少年的实际成长发展过程是我们解释精神病理学所需要的框架？这是一个非常重要的治疗问题。大多数专业人士在不知不觉中更感兴趣的是了解心身、情绪或行为障碍的表现，并在尽可能少的会谈内对其进行治疗，而不是寻找青少年的关系能力。因此，倾向于使症状消失的个体认知行为干预或短程聚焦治疗是非常常见的。在这些情况下，重点是改变功能障碍，而不是寻找一种现象中的家庭和关系成分。

青少年是家庭冲突的主力军

青少年表现出来的暴力往往与父母隐蔽的尤其是未表露出来的暴力联系在一起。我们经常会看到一些家庭前来接受治疗，因为他们非常关心自己具有攻击性的孩子，但父母完全否认孩子的攻击性与自己的伴侣冲突有关。我们把这些情况称为变相的伴侣治疗（Andolfi，Angelo，D'Atena，2001），即孩子通过自己的一些问题，把父母带到治疗中，让他们面对自己的伴侣问题。

在家庭中，人们很难意识到，冲突往往是在父母层面上发生的，而青少年的障碍是确凿的证据，反映着上一代正在发生或余烟未尽的冲突。这是一场青少年也参与的战争，其具体表现方式也是一种反映整体的产物。有许多治疗师，就像警察一样，直接对施暴者进行干预。人们很容易想当然地认为，既然他是那个施暴者（strong-arm），那么他也是最危险的！

青少年的言语信号是矛盾的

青少年说话时，更重要的是倾听隐藏在他所说内容背后的东西，而不是简单的话语内容。如前所述，我们永远不应该忘记，矛盾性是青春期最典型的特征，也是最常见的交流方式。青少年需要矛盾性，以便能够练习不断地站在**归属/个体化**轴的一边或另一边，以寻求正确的平衡。我们不要忘记，从他开始发展自己身份认同的那一刻起，在调节人际距离和接纳自我之间保持和谐就是他的目标。当我们和青少年交谈时，应该时刻记住这个概念，这样才不会失去觉察，即青少年所说的只是他能够说的话，以符合他在家庭中扮演的角色。为了了解真实的情况，对治疗师来说，倾听青少年没有说的话可能会更有用；比如，如果一个青少年说到强烈的自信，我们首先要考虑的是，他在哪里隐藏了完全相反的一面，即他的不自信。如果一个青少年对家庭成员的情感需求大喊“不”，我们也应该问问自己，他可能在寻找“是”的哪一部分。

青少年的非语言信号是复杂而矛盾的

与上面所说的一致，非语言信号也可能是强烈矛盾的，即对关系和亲密的需求，很容易被传达蔑视和距离的对立行为所掩盖。青少年的肢体语言往往强调的是他更乐意展现的挑衅性态度，而不是有助于他表达渴求感情和亲密关系的理性关系模式和姿态。在过分追求独立的过程中，青少年常常被驱使去否认自己的需求，因为他认为这些需求是阻碍他的脆弱部分。这并不意味着治疗师也应该通过否认这些部分来帮助他。相反，倾听他们是我们的责任，欢迎他们，让他们在家庭中得到更多的理解和看见。在此过程中，为了不错过与青少年相遇的机会，能够同时看到矛盾性的两个极端是非常有用的。

对于青少年，同伴群体是一个学习基础知识和经验的实验室

父母往往没有意识到，如果他们允许孩子们大声听音乐、邀请朋友来家里做客，那么他们面对孩子已经改变时的恐惧感就会减少，他们会允许自己去理解想象中具有威胁性的现实，因为他们从来没有直接遇到过这样的经历。这样做将使他们掌握更充分的技能，面对这个家庭极不稳定的时期。这并不意味着父母需要成为孩子的朋友，即成为一个相当令人困惑和无用的角色。相反，这意味着他们应该（作为观察者）进入青少年的那一部分，而这部分是不为人所知的，因为它只在家庭以外的外部世界中表现出来。在青少年时期，与同龄人交往是至关重要的，因为这构成了现实的另一极，与家庭一样是发展所必需的。

根据罗素·哈伯（Russell Haber）的亲身经验——在《请帮助我与这个家庭》（*Please Help Me with This Family*）（Andolfi，Haber，1994）中有很好的描述，当青少年的困难成为问题的时候，我们经常在家庭治疗中加入与子女朋友的特别会谈。这些与同伴群体的接触是一种重要的资源，可以让我们观察青少年的其他维度，这些维度在家庭治疗中很难接触到。我们将在后面的章节中对此进行描述。

社会中的“帮派文化”与父亲的缺席直接相关

人们普遍认为，在帮派内部表现出来的男性暴力，与现代家庭和社会中父亲的缺席成正比。暴力来自恐惧和不安全感。父亲，尤其是对男孩来说，是重要的安全感来源，他的缺席增加了不安全感和恐惧，这往往会转化为暴力。我们的社会如此热衷于讨论青少年的问题，却似乎对父亲的缺席所造成的问题不那么感兴趣，而这是一个确凿且不争的事实。社会并不认为父亲的缺席是一个问题，只是被动地接受了这一事实。

如果父亲能重新拥有称职家长的职能，我们发现情况会发生很大的变化，尤其是在养育男孩方面，否则他们只会受到母亲的影响。从生物学的角度来说，母子关系的本质是融合和激情。如果这种关系没有在儿童时期适当的时候发生改变（最重要的是在青少年时期），对孩子来说将会有显著的风险。从这个意义上，父亲在母子关系联结减弱时，对孩子具有保护功能。

避免对青少年行为的病理性污名化：必须根据发育标准对病理学进行诊断和分类

仅仅依靠医学–精神病学模式来理解和帮助有困难的青少年家庭效果非常有限，而且往往是有害而无用的。显然，诊断在我们的工作中非常重要，但这并不是指静态、分类的DSM–V诊断，而是一种结构性和发展性的诊断。结构性诊断将告知我们在家庭背景下当前问题的严重程度，其主要的评估依据是清晰或可渗透的代际界限和冲突偏差的概念（Minuchin，1974）。发展性诊断将在家庭和生活事件的发展周期内，评估青少年当前的精神病理学（Scabini，1985）。

这种收集和处理知识的方式（诊断）具有关系价值，承载着深刻的意义。如果理解了这些意义，它们将为克服心理问题所造成的**僵局**提供一切必要的资源。因此，我们应该把注意力集中在整个人身上，尤其是当主体还在发展，一切都具有很大的可塑性和强烈的变革性。一个有恐惧症、吸毒成瘾、存在自杀倾向的青少年，并不能完全被这些形容词所描述。相反，他是一个正在成长的人，只是在许多潜在的资源中呈现出一个特定的问题。

通过青少年，与家庭建立治疗联盟

治疗联盟是每一种临床干预中的必要和主要成分。如果没有建立治疗联盟，治疗就不会发生。在信任基础上建立关系很有必要，然后通过治疗本身的经验来巩固这种关系。既然我们谈论的是一个群体，那么建立关系的过程必然是多重的。我们在许多著作中提到（Andolfi，Angelo，de Nichilo，1987；Andolfi，2003；Andolfi et al.，2007），和求助的问题儿童或青少年建立治疗同盟的方式，与个体治疗联盟中二元的患者–治疗师构成不同，在群体情况下，事情变得更加复杂。

那么，我们如何与整个家庭建立治疗联盟呢？起点始终是被要求进行干预的那个人，在这种情况下，就是青少年。我们一直认为，治疗师对单个患者进行的直接干预，对所有家庭成员都会发生重要作用，并彼此关联。因此，进入家庭情感世界的大门是通过青少年打开的。

用三元模型来理解人际关系

使用三元模型是治疗师与青少年在二元维度内建立联系的基础。恰恰相反，当整个家庭通过与青少年的关系参与进来时，联盟就建立起来了。从出生时形成的初级三角形开始，我们的成长过程中形成了许多关系三角，并伴随一生。在《阿特拉斯的神话》（*The Myth of Atlas*）（Andolfi，Angelo，de Nichilo，1987）中，我们清楚地描述了伴随发展的代际网络。正是在治疗中看到重新激活或修改关系模式的可能性，改变才有可能随后发生。

将“直接”作为“保护”的解药

在照顾未成年人时，保护是必不可少的。另一方面，保护是一种隐藏的关系模式，是一种避免面对情感关系中出现冲突和问题的防御。直接（being direct）与指示（being directive）是截然不同的，后者隐含着一定的专制和强制。相反，“直接”暗示着一种真实的能力，能够直击问题的核心，而不是拐弯抹角。这是一种关系模式，其目的是用真正的好奇心和开放性与每个人建立联系，通过开放我们自己的观点和直觉，毫不犹豫或毫无偏见地触及来访者的冲突和痛苦。

“直接”并不意味着治疗师应该成为治疗的主角。相反，治疗师代表了一位安全的向导，让每个家庭成员都能尝试以一种不同的、更真实的方式与他人互动。也许，这样做可能会失去一些系统治疗师很喜欢的循环因果关系，但可以肯定的是，这种直接的态度是在关系中产生的，代表了个人对源自治疗过程中的情感需求的回应。从这个意义上，“直接”确实是一味对“保护”的解药，而“保护”被理解为在表达思想和感受时的自我检查，因为害怕威胁到对方并使关系处于危险之中。尤其是发生在父母和青春期孩子之间的保护，可能是非常有害的，因为它可能与替代性照料串通。这样做会让主要行为者（如父母）剥夺他们自己扮演积极角色和体验与孩子真正亲密的机会。在这个意义上，治疗师的“直接”成了会谈过程中的一种**模式**，一种对父母的教育模式。

将青少年作为一个人来共情和支持

对青少年的共情和情感支持，构成了所有治疗干预措施的基础。这些因素在与青少年的治疗关系中出现得越多，治疗师就越能更好地使用工具来让来访者易于接受。共情不仅仅是一种用来与他人建立关系的善意，一种可接受的方式，更是一种每时每刻都在互动的创造性方式，包括倾听、观察、提问，以及从不把任何事情视为理所当然。它是关注青少年的言语、姿势和沉默，并根据我们对青少年的理解给予反馈。它是一种能够将自己与某个人紧密地联系在一起，从而掌握其思想、内心最深处的状态和情绪，而不会感到不知所措的能力。

重视青少年的人际关系技巧：青少年作为共同治疗师

识别和使用每个青少年在其家庭中所拥有的人际关系技巧，以此进入家庭历史的方法非常重要。我们认为儿童和青少年常常是有效的合作治疗师，出于这个原因，我们会让他们在整个会谈中移动位置，经常让他们靠近我们，鼓励他们建立身体的碰触关系，从而加强合作的信息。比如：“你真的可以帮助我！”要求他们动一动，也有助于我们检查他们在治疗空间内的意愿和行动的自由度，从而直接告诉我们家庭关系的僵化程度。

当治疗师从第一次治疗开始就知道并使用这些技能时，将会获得进一步的好处。治疗师将能够通过与青少年的直接接触，以一种完全出乎他和家庭预料的方式更容易地建立治疗联盟，而来访家庭往往过于关注导致他们前来接受治疗的问题。

将有症状的青少年纳入其中，并将其视为连接点来触及家庭中存在和发展的困境，这种想法可以追溯到25年前，当时我们第一次考虑将儿童和青少年视为家庭系统的**切入点**（Andolfi，Angelo，1985）。但实际上，将青少年视为真正的共同治疗师，充分发挥他们在家庭中的关系价值的想法，在10年后才得以在实践中运用（Andolfi，Haber，1994）。

放大青少年及其所呈现的问题或病理并给予代际视角的重新定义

你可能会认为，在会谈期间放大一个问题、一项尴尬的议题、一种暴力或非理性的行为，可能会被认为是缺乏尊重，甚至是一种冒险的操作。在现实中，症状的放大代表了它的粉墨登场，帮我们找到最充足的方法来减轻问题所代表的现实意义，而在此之前，这些意义可以说只是“生活尺寸”（life-size）的。通过扩大视角，我们就有可能欣赏到问题的方方面面，直接或间接地重新定义问题，并以均衡的眼光看待其严重性。

我们的治疗经验本身表明，一旦问题被放大，它与家庭其他现实的联系被看到，我们就能够理解它的代际和历史维度。当然，我们以上所说的方法暗示了一种挑衅性的干预程序（Selvini Palazzoli et al.，1975；Andolfi et al.，1983；Andolfi，Angelo，de Nichilo，1987），但这种方法加上对青少年完整性的有力支持，治疗场景才可以向形成新关系和相互承担责任开放可能性。

通过游戏和幽默来重视青少年的矛盾性

正如我们在讨论伴侣动力和最重要的儿童问题时所看到的那样（Andolfi et al.，2007；Falcucci et al.，2006），没有游戏和幽默这两种成分，治疗就无法进行得太远，因为我们会变得无聊，无法建立一个创造性的环境来容纳身体、精神和情感的活动。矛盾性是一种基本的、存在的现实，它存在于成长的各个阶段，与虚伪或欺骗无关。矛盾性是一种经常令人困惑和不确定的方式，以处理生活和大多数重要关系中的选择，无论是在家庭还是社会环境中，它都会随着环境的变化而变化。由于青春期是一个以强烈转变为特征的进化阶段，所以在这一时期，矛盾性也随之加剧。因此，治疗师应该学会和青少年的矛盾心理玩耍，尊重它的两极性。

建立隐喻和“好像”语言

隐喻是一种修辞手法，通过类比将一个物体的适当意义转移到另一个物体上。隐喻的主要特征之一是为个体在系统中的情感、行为和关系类型创造一种意向。隐喻在会谈中被共同构建起来，以表达深深扎根于家庭中的形象或家庭角色。这些符号往往包含了隐藏的情感，允许难以表达的相关内容出现。隐喻不属于引入它的人，无论是家庭成员还是治疗师，而是属于参与**隐喻构建过程**的整个群体（Whitaker，1989）。治疗师引入了一个由他对家庭的理解所产生的意象，他需要验证这个意象对家庭的影响。青春期无疑是一个类比比直接语言使用得更多的发展阶段。因此，使用隐喻作为与青少年交流的一种手段是非常有优势的，就像使用“好像”（as if）语言一样（Andofi，2003），能帮我们绕过青少年的语言防御。

会谈期间的直觉、加入和想象

直觉是无意识的、本能的，很难理智化，因为一旦个体试图将直觉合理化，它就不再是直觉了。教人们如何使用直觉是非常困难的，至少是以一种直接的形式，因为它是我们与生俱来的创造力的一部分。然而，直觉帮助我们与他人建立深刻的联系，因此它是治疗的基础。加入（joining）与说服他人接受我们的推理有关，就像直觉一样，它是情感关系和建立重要治疗联系最重要的因素。这是一条双向的道路：我们不仅需要知道如何进入对方的世界，我们还必须确保对方也能进入我们的世界，这样才能展开富有创造力的交流。

想象力同样是最基本的，但由于面对生活问题时的僵化，想象力往往受到限制。毫无疑问，一个家庭带来的问题越严重（也许是由青春期的孩子引起的），你就越用不了想象力，因为当前的消极现实会消耗每个人的精力。重新激活想象能力是治疗中的一剂良药，使用“好像”语言是促进重新激活的有效技术（Andofi，2003）。

林恩·霍夫曼（Lynn Hoffman，1981）在谈到与家庭的深层联系时指出，惠特克能够从不可思议的事情过渡到无法想象的事情。就好像有不同的层次：已知的、可知的、在更深的层次上无法想象的。能够加入家庭的成员，让无法想象的东西从他们的内心浮现出来，这是一种伟大的资源。当你能够说出那些还无法想象的东西时，就获得了更深层次的知识。

放大镜头，给问题青少年去标签

为了与青少年建立一种特殊的联盟，有必要对其症状进行重构，而不是仅仅给他贴上标签，并应尽快为其问题找到一种关系的意义。其次，治疗师可以发现，一旦青少年的长处得到赞赏，他就可以成为一个进入其家庭情感世界的特别向导，在其真诚帮助下，可以探索相关的家庭事件（丧失、敌对的离婚、背叛、秘密、虐待、断绝关系、强迫移民、慢性病、赌博、成瘾等）。家谱图是**家庭世界的地图**，为开始这段治疗之旅提供了一个绝佳的平台。在接下来的案例中，安多尔菲展示了当我们放大镜头看到家庭中的“**其他黄色标签”时**，问题儿童的黄色标签是如何被去掉的。要做到这一点，有必要超越偏见，去处理家庭中仍未愈合的伤口。

法特玛的黄色印记

安多尔菲在法国曾经做过一次家庭治疗，当地治疗师带来了一位年轻的突尼斯女孩法特玛和她的家人。法特玛一直患有严重的恐惧症，被家人当作**问题儿童**。当地的治疗师为这次咨询准备了她的家谱图，在家谱图中，法特玛用一个大黄点来代表，以表明她是被标定的来访者。为了放大她在家庭中的问题地位，安多尔菲在治疗开始时象征性地玩着这个黄色标签，对女孩说：“这是你的标签；你是黄色的，因为你和其他人不一样？”然后，安多尔菲建议他们一起探索她的家庭故事，看看家庭中是否还有其他“**黄色标签**”。在1个小时的时间里，他们发现了家庭中的许多其他问题和戏剧性事件。他们发现，在被迫移民到法国的过程中，父亲失去了工作，家庭失去了一切，母亲患上了慢性厌食症。此外，法特玛的哥哥姐姐们已经失去了对父亲的尊重，而父亲也因此感到失去了个人尊严，自觉十分羞愧。

在治疗结束时，安多尔菲对她说："在治疗结束时，你画的黄点看起来已经变得很小，而在开始时，它似乎是家庭的大问题。"她看着安多尔菲，感到倍受支持，非常安心："你说得对！"至此，治疗师和其他家庭成员对家庭的历史和动力、法特玛作为家庭问题的替罪羊的方式获得了新的理解。

2. 暴力与家庭危机

行动与知识

是思想决定行动，还是行动改变思想？对于儿童发展和家庭关系的研究人员，这往往是一个有争议的问题。丹尼尔·斯特恩（Stern，2004）在其杰出著作《心理治疗和日常生活中的当下时刻》（*The Present Moment in Psychotherapy and Everyday Life*）中，将行动描述为通往知识的主要途径。虽然斯特恩因给予行动（而非思想）以首要价值，并受到精神分析学家的批评，但最近认知科学的范式转变表明，思想并没有与身体分离。更确切地说，思想在身体感觉、运动和行动中产生和发展（Clark，Fairburn，1997；Damasio，1999；Varela，Thomson，Rosch，1991）。正如斯特恩补充的那样："在治疗中，当下时刻的主体间相遇发生在两个融合的心灵之间，他们在身体和精神上相互作用"（Stern，2004，p. 146）。其方法的创新之处在于，当下时刻是治疗探究的关键。更重要的是，通过认识**内隐认知**，考虑行动和语言间关系的方式上发生了变化。平衡向着**非语言**交流的层面转移，从而可能恢复由系统性和格式塔导向方法发展起来的知识和治疗经验。

著名的犯罪学家加埃塔诺・德莱奥（Gaetano De Leo，1989）已经清楚地概述了行动的价值，他将其定义为在社会、交际和关系维度上形成和创造身份认同。在系统视角下，行动是一种交际的构成成分。它是一种交际性的“语言”和“会话”，与个体和自我、家庭、其他关系系统及观察者的复杂系统之间的关系联系在一起。

鲍尔比与家庭暴力

在《家庭暴力》（*Violence in the family*）一文中，约翰・鲍尔比（John Bowlby，1984）超越了自己专业领域的界限，对家庭中的一系列常见行为提供了颇具建设性的解释。通过考虑行为系统，观察关系和互动（尽管主要在二元层面上），以及提及“家庭态度”，他非常接近于家庭治疗方法。鲍尔比认为家庭暴力是一种扭曲和夸张的潜在功能行为；一方面是依恋行为，另一方面是照顾行为。他颠覆了对暴力行为更显而易见的解释，如争夺权力、表达攻击性本能、对挫折的反应等，并将暴力与重要纽带和对依恋需求、分离和哀悼的观察联系起来。

因此，暴力是对关系中当事人行为的一种回应（由于其强度而被扭曲，但从性质的角度来看是自然的），只要这种行为被认为威胁到关系本身，或威胁到做出暴力反应者对依赖的需要。这是一种试图维系纽带或重新获得被某种行为损害的品质的尝试。鲍尔比举了一个例子，当孩子的粗心行为危及生命时，有些母亲会严厉地训斥或打孩子，从而威胁亲子情感联系。从鲍尔比的角度来看，当涉及伴侣、父母和子女等长期情感关系的家庭纽带受到威胁时，就会引发愤怒和暴力。这表明，青少年暴力的表面下可能是一种失落感，无论是真实的还是想象的，而暴力行为只是冰山一角。

青少年的反应性暴力

青少年暴力行为可出现在严重精神疾病中，如思觉失调、酗酒、双相情感障碍、药物滥用、成瘾或反社会。对于与精神疾病相关的暴力行为，我们不能使用与青少年对父母之间反复冲突和敌意反应相同的参数。这种在青少年的家庭和社会背景下的反应性暴力（reactive violence）是本章的重点。

从发展的角度来看，安德烈奥利（Andreoli，2006）将青春期描述为一个不安全和恐惧的阶段，与成长过程中里程碑的不稳定所引起的身份认同危机有关，而这些里程碑在他（她）还是个孩子的时候就已经发挥作用了。面对恐惧，最常见的防御机制之一就是攻击。其可以表现为通过在家庭或外面（学校、街上或酒吧）的破坏性行为来针对他人，而在外面的破坏性行为通常会发展为霸凌。在其他情况下，暴力行为也可能是针对自己的，如通过自残、使用药物、酒精或拒绝进食，而导致严重的进食障碍。

暴力行为并不局限于发泄，它在隐含的层面上表达和传达了其他人际意义。它可以被视为一种挑衅，通常很难解释，有时是绝望和戏剧性的，而青少年用这种方式向世界传达他对关心和欣赏的重要需求。当面临严重的婚姻敌对或代际扭曲时，暴力的男性青少年可以成为家庭的“强力武器”。在其他情况下，这种行为是一种希望得到父母认可的绝望呐喊。他的霸凌或离经叛道的行为也可能传达出一种身份空虚或缺乏家庭和社会支持。男性青少年的身份实际上是在家庭和他所属的社会背景中建立起来的，会采取不同的形式和表达方式，并可能因家庭中存在的角色、性别和代际扭曲而有所不同。

青少年暴力与代际扭曲

我们前述了个人发展中家庭功能和代际网络的各个方面（Andolfi et al.，1987；Andolfi，2003；Andolfi et al.，2007）。在本章中，将通过临床实践案例概述家庭内部关系的三角维度。三角确实是观察儿童或青少年发展的一个基本的、结构良好的测量单位，而且比二元更完整。二元不可避免地遗漏了第三个因素——实际上排除了父亲或其他家长在照顾和抚养孩子的过程中作为重要的共同存在。这种排除不仅涉及其他家长对孩子的保护和依恋功能，而且忽视了婚姻维度的质量及其对亲子关系的影响（积极或消极）。与此同时，如果我们再加上一代人，便可以观察到实际伴侣关系的动态是如何与每个伴侣跟自己原生家庭的纽带质量及其分化过程密切相关的，鲍文（Bowen，1978）、弗拉莫（Framo，1992）等人对这一点做了很好的描述。

这些复杂的三代动力提供了一种研究和治疗家庭中青少年暴力行为的手段。家庭功能障碍通常与代际界限和个体所属子系统（子女、父母或祖父母）的混乱有关，青少年表达的暴力行为可能是未解决或被否定的代际冲突的“有力表现”。在每一个僵化和严重功能失调的家庭中，当必须不惜一切代价维护正常的表象时，青少年的傲慢和诋毁行为可被视为寻求帮助和要求家庭改变的强烈信号。

不成熟是一种很容易在家庭中习得的关系模式，正如鲍文（Bowen，1978）所说，这些不成熟的过程可以从一代传递到下一代。因此，如果伴侣俩与其原生家庭几乎没有区别，那么他们的孩子就有可能在他（她）的分化过程中遵循同样有限的路径。然而，在不成熟父母的陪伴下长大的孩子，也可能会产生相反的行动，变得极其成熟和负责任，往往会承担起“父母化”孩子的角色。根据鲍尔比（Bowlby，1984）和德莱奥（De Leo，1989）的观点，暴力行为往往可以在不知不觉中代代相传。有时，这并不容易被识别，因为暴力能以不同的形式表达。这些形式可能隐匿而微妙，但其破坏性和戏剧性并不亚于显性的暴力形式。

实践案例：从奇迹小孩到怪物

我们现在想用一个临床案例来支持这些理论陈述。在此例中，一个家庭开始治疗他们18岁的儿子安德里亚的极端暴力行为，并且父母把他描述为一个怪物。

以下是父亲对儿子施暴行为的部分描述：

随着时间的流逝，几乎是突然之间，大约在两年前，安德里亚的问题出现了：他的行为举止是野蛮、绝对暴力的，没有规则，不尊重自己或他人，更不尊重母亲、父亲或哥哥。在过去的两年里，我的家人一直生活在恐怖和恐惧的气氛中；他对我和对母亲的暴行不计其数，与此同时，他与世界、与生活、与朋友的距离越来越远。他唯一的灵丹妙药就是食物，是的，一直吃到体重达到惊人的136公斤。一个怪物！

第一次会谈由安多尔菲（治疗师）、父亲、母亲、安德里亚及其哥哥詹皮耶罗参加。下面的对话展示了治疗师和男孩之间立即开始的微妙的挑衅游戏。后者仔细审视治疗师，看治疗师是什么样的人，更重要的是，看其是否能毫无畏惧地与他打交道。治疗师用荒谬的问题来挑衅他，就仿佛是开始跳起了一种舞蹈，以赢得自己在治疗过程中的“领舞者”（向导）角色。而男孩被邀请“与其共舞”，并跟随着治疗师的步伐。下面我们引用原文：男孩使用罗马俚语，治疗师模仿他。

你今天为什么带家人来这里？

治疗师： 那么，你今天为什么把全家人带到这里来？

安德里亚： 不知道！

母亲： 不要总是这样说！

安德里亚： 嘿，不知道，他们把我带到这里来了！

母亲： 好吧，接着说……告诉他！

安德里亚： 他们把我带到这里来了！

治疗师： 难道不是你的身体把他们带到这里来的吗？

安德里亚： 我自己来的！

治疗师： 我的意思是说，他们不是因为你的身体来这里的吗？

安德里亚： 哪个身体？

治疗师： 你的身体！爸爸在说你的身体，他们很担心你的身体。

安德里亚： 他们不担心我的身体。

治疗师： 我怎么知道！我是第一次见你。

安德里亚： 但是……我知道！

治疗师： 所以，你希望我对他们做什么？

安德里亚： 不知道！

父亲： 不要考虑摄像机（*指的是会谈的拍摄*）。什么都不要想！这不重要，这不是问题。我已经解释过了，否则我们就得在这里待上好几天了……显然，安多尔菲教授……

安德里亚： 爸爸，我不太明白！

母亲： （*细心周到，仿佛在和一个小孩子打交道；她在整个会谈过程中都将保持着这种态度*）他其实没听懂这个问题！

治疗师： 真的吗？

母亲： 是的。

治疗师： 对不起，是不是你的身体把他们三个带到这里来的？

安德里亚： 不，我们一起来的！

母亲： 不，不是那个！他还不明白，他正在寻找合适的词语来形容……

治疗师： 在我看来，唯一没有出现在病史上的东西，就是你，不怎么聪明。

安德里亚： 不！我觉得是你不太聪明！（*母亲摸了摸他的胳膊，好像是为了安抚他。*）

治疗师： 我不相信你不聪明，我只是告诉你妈妈，我想我完全理解了这个问题。

母亲： （*抚摸着儿子的肩膀*）他不是那个意思。

治疗师： 我不认为这是智力的问题！

安德里亚： （*指着他的父亲*）就是他把全家人带到这里来的！

治疗师： 理论上是这样，但实际上，是你把家人带来的这里！

安德里亚： 好的，是我带来的！

治疗师： 既然你把他们带来了，你想让我做什么？

安德里亚： 我怎么知道？你才是那个应该知道的人！

治疗师： 嗯，实际上我应该知道，但因为我几乎不了解这个家庭，你可以帮我理解！

现代启示录

治疗师： 你是自愿来的还是他们强迫你来的？

安德里亚： 他们强迫我！

治疗师： 啊！现在我明白了！（治疗师拿着一个橡皮球，并把它扔向这个男孩，男孩马上把它扔了回去。然后，治疗师把它扔向他的哥哥，哥哥也把它扔了回去。）有某种问题！

安德里亚：（笑得很开心）我们在这里做什么？足球比赛？（大家笑。）

治疗师： 我们怎么做呢？他们为什么强迫你来？他们以为你不会来吗？

安德里亚： 当然，我不会！

治疗师：（又把球扔给他，男孩立刻把它扔了回去）为什么？

安德里亚： 不知道！

治疗师： 你是个大男孩了，为什么让他们逼你来这里？

安德里亚： 我来……

治疗师： 谁逼得你最紧？

安德里亚： 每一个人！

治疗师：（指了指兄弟）他也是吗？

安德里亚： 他也是……不，不是他！他们也让他来了！

治疗师： 他们也让你来的？

詹皮耶罗： 是的，但是我要工作，所以……

治疗师： 你在工作？

詹皮耶罗： 是的。

治疗师： 当你在家看一部好看的战争电影的时候……

安德里亚： 不，我在睡觉！

治疗师： 日本的吗？

安德里亚： 我不看日本电影。

父亲： 美国电影。

安德里亚： 什么？

治疗师： 美国电影，牛仔？

安德里亚： 不，是那些杀人的。

治疗师： 有些塞尔希奥·莱昂内（Sergio Leone）的电影是关于杀戮的。

安德里亚： 我不喜欢那些！

治疗师： 达里奥·阿尔真托（Dario Argento）的电影，里面有血和东西滚来滚去……

安德里亚： 我不喜欢那些！我喜欢那些有刽子手的，他们杀了所有人……

治疗师： 啊！像《现代启示录》（*Apocalypse Now*）？

安德里亚： 我家里有！

挑衅还在继续，治疗师还增加了一些男孩完全没有预料到的非语言行为，目的是为了与安德里亚建立治疗联盟。这是一场球类游戏，之后也会牵扯到哥哥。这在兄弟之间产生了一种相当意想不到的体验——一起玩耍。男孩用自己的挑衅回应治疗师，当治疗师微笑时，他似乎变得软化了。男孩有着巨大的身体和圆圆的笑脸，这让他看起来像一只愤怒的大狗……他看起来就要咆哮了，但他的暴力似乎更像是一张掩饰深层感情的面具。然而，他无疑是在以暴力为食。他整晚都在看充斥着屠杀场面的血腥电影，玩暴力电子游戏，即使哥哥也睡在同一个房间里。他收集武器，但最重要的是，他体现了处决者的角色，即消灭世界上所有恶棍的角色。

你什么时候决定要成为巨人的

一旦破冰，治疗师就开始放大症状，挖掘其关系功能。这是一个复杂的症状：暴力行为与相当严重的肥胖有关，而在当地医院被误诊为内分泌疾病，即肥胖生殖无能综合征。

治疗师： （对母亲说）他什么时候决定成为巨人的，他几岁了？

母亲： 为此我带了一些照片给你看。

治疗师： 在什么年龄？

母亲： 15 岁。

治疗师： 那么，当他 14 岁的时候，他还是一个正常的男孩？

母亲： 是的，他总比一般人高，但总的来说还是正常的……

父亲： 他从来不想看那些照片！

治疗师： 哪些照片？

父亲： 每当我们把这些照片拿出来，让他看看曾经有多帅、多与众不同，他不想看，他甚至撕了一张！

母亲： 他把它撕了，他第一次圣餐仪式的那张。

治疗师： （对安德里亚说）你曾经是什么样的？

安德里亚： 我曾经什么样？我曾经是个小男孩，你小时候什么样？

治疗师： 我很瘦。我有一套老式的圣餐服，你知道吧？

安德里亚： 我不知道老式的服装是什么样的！

治疗师： 嗯，它们是白色的……

安德里亚： 我怎么知道我那时穿的是什么！

母亲： 你穿了黑裤子！

安德里亚： 我穿了一件夹克，一条裤子和一件衬衫，和其他人一样！

治疗师： 还有一件汗衫！

安德里亚： 我想是的！

治疗师： 每个人都穿汗衫！

安德里亚： 我想是的！

治疗师： 你扔掉它是因为它是一张圣餐照，还是因为你不喜欢自己？

安德里亚： 什么？

治疗师： 我的意思是，你是因为那是圣餐照就把它扔掉了，还是因为那时你人很小而你不想显得小？

安德里亚：（微笑）嗯，我不想看起来显小！

治疗师： 那么，你喜欢当家里的凶巨人？

安德里亚： 当然了！

谁最怕你

现在重点是暴力症状。治疗师通过挑衅，深刻而直接地触及了恐惧这个主题，作为男孩暴力行为的一种关系效应。

治疗师：（向其他三位家庭成员做手势，对男孩说）你能告诉我，谁最怕你吗？

安德里亚： 我怎么知道？他们不怕我！

治疗师： 如果他们做错了什么，你会打他们的头吗？

安德里亚：（恼怒地）但是我不打他们！

治疗师： 为什么呢？你可以的！

安德里亚：（生气地）不可以！那你也可以打你爸爸！

母亲：（抚摸他的手臂阻止他）嘿！！

治疗师： 嗯，但是……我没有你那么强壮！

安德里亚： 那并不代表什么！我不打他们！

治疗师： 我明白，但也许他们还是怕你！

母亲： 说实话！

安德里亚： 嗯……那并不代表什么！就因为我体型大，就得打别人吗？

治疗师： 不，我只是说，也许他们害怕；（*对其他三位家庭成员说*）有人害怕吗？

安德里亚：（*看着其他家人*）不，这不是真的！

父亲的忧虑

父亲： 就我个人而言，我身体上并不害怕他。我只是……我对这次治疗有很高的期望，我不知道这样的推理是否……我认为……这是我们最后的机会了。我们什么都试过了。

治疗师： 所以，这是至关重要的！你在担心什么？会发生什么？

父亲： 他的未来……显然他认为他的爸爸会长生不老。很明显，我在考虑未来和我需要做的事情……

治疗师： 你是否担心他找不到工作、结婚或生孩子？你担心什么？

父亲： 我经常想说为什么一个男孩……他总是在聚光灯下，是所有朋友的参照目标，有很多兴趣爱好；然后，突然之间，他变得无精打采、冷漠，不再关心学校了，现在只关心武器，总是谈论那些该死的枪——COP.45，Beretta.45S，他变成了枪支百科全书！

哥哥的恐惧和安德里亚的威胁

（*治疗师让两兄弟坐在一起。*）

治疗师：（*对詹皮耶罗*）你刚才说到你的恐惧，你害怕弟弟安德里亚吗？

詹皮耶罗： 是的，每天晚上我回家的时候，还有睡觉前。

治疗师： 从什么时候开始的？

詹皮耶罗： 从他长得这么大个开始！每个人都害怕！

治疗师： （指着父母）他们会担心你骚扰别人吗？

安德里亚： 他们没有！他们担心的是其他人的喉咙，其他人可能会死！

治疗师： 所以他们担心你可能会攻击别人！

安德里亚： 就是这样！但我不会一时兴起就攻击别人！

治疗师： 所以？

安德里亚： 一定是有原因的！

治疗师： 告诉我你割了多少人的喉咙！

安德里亚： 我还没有割过，不然我就进监狱了！

治疗师： 那他们在担心什么呢？

安德里亚： 我可能会伤害别人，在打架的时候我可能会做得太过火！

治疗师： 啊！这意味着他们很高兴你待在家里，因为这样你就不会割别人的喉咙。

安德里亚： 好吧，但这不是唯一的杀人方式！

治疗师： 好吧，你可以踢别人的蛋蛋，然后把他们踢断！

安德里亚： 嗯，踢爆蛋蛋……我可以抓住你的脖子，在两秒钟内扭断它，就在这里（他做了掐人的手势）！

治疗师： 啊！

安德里亚： 如果不行，我可以打断你的鼻子、胳膊；杀人似乎太过分了！

治疗师一直在谈论同一个主题，并放大了症状。治疗师问家庭内外谁可能会害怕，男孩描述了非常强烈的画面，与其说是直接威胁，不如是在说：“如果你加大赌注，我会加的更大！”尽管如此，安德里亚觉得治疗师并不害怕；他怎样才能继续当恐怖分子呢？他得不断威胁、不断加码：割喉、扭断脖子，等等！在房间里，破坏性的能量是显而易见的。

詹皮耶罗比安德里亚大4岁，他似乎和一个“火星人”住在一起。两兄弟之间没有默契，也从来没有过：从第一次会谈开始，很明显，詹皮耶罗个子小，没有吸引力，没有安全感，在家庭中一直不如安德里亚，所有的期望都指向了第二个孩子。随着治疗的进展，我们发现两人之间还有另一个兄弟，他在出生几天后就去世了。这次死亡严重影响了家庭的情感平衡。几次治疗后，母亲透露，这么多年过去了，她仍然会定期去死去孩子的坟墓。于是，出生时美丽健康的安德里亚成了一个奇迹小孩！

父亲显然很担心现在的情况，尽管他和安德里亚之间的感情联系仍然很强烈，但母亲却一点也不担心巨人儿子，至少从身体的角度来看，她把他当作一只小狗一样关在笼子里。有一句话让治疗师觉得很重要：这位母亲在治疗快结束时说，她的婆婆和安德里亚“在暴力方面是一样的”！

有没有人帮助爸爸成长？

现在让我们来看看，一旦被治疗师控制住，所有这些能量是如何获得不同意义的。它不再是被压缩和消极的，而是能够以一种建设性的方式与家庭的历史联系起来。

治疗师： （对安德里亚说）你认为爸爸有一个帮助他成长的家庭吗？

安德里亚： 嗯，没有。

治疗师： 发生了什么？

安德里亚： 我知道什么？他上了寄宿学校。

治疗师： 你去过那种学校吗？

安德里亚： 你去过吗？

治疗师： 我没有。

安德里亚： 所以呢？我为什么要去那里？

治疗师： 他为什么去那里？

安德里亚： 因为他们把他送去了！

治疗师： 所以，没人送你去那里！他们为什么把他送到那里？

安德里亚： 因为他的爸爸去世了！

治疗师： 难道他妈妈不能养他吗？

安德里亚： 不知道。

治疗师： 那时他没有爸爸，于是上了一所寄宿学校。哪个寄宿学校？

安德里亚： 我怎么知道？那离这里很远。

治疗师： 在哪里？

安德里亚： 佩鲁贾（Perugia）附近。

治疗师： 你去过那里吗？

安德里亚： 是的，有一次我经过那里。

治疗师： 它看起来像监狱还是像酒店？

安德里亚： 我不记得了，那是座方形建筑……

治疗师： 一个类似监狱的建筑，还是？

安德里亚： 不，那是一栋普通的建筑……它现在一定已经关闭了！

治疗师： 爸爸在那里待了多久？

安德里亚： 不知道，大概有10年。

治疗师： 10年！

安德里亚： 10年，11年。

治疗师： 这很久！一直在寄宿学校待了11年！为什么？没有足够的钱让他留在家里？

安德里亚： 不知道。他一直待在那里！嘿，我为啥应该了解他？我又不在场！

治疗师： （微笑）你是个聪明人。所以我觉得你其实知道很多事情。你爸爸的妈妈爱他吗？

安德里亚： 如果她把他留在那里，那她就是不爱他了！

治疗师： 她经常看他吗？

安德里亚： 没有。

治疗师： 所以，她不是很爱他！

安德里亚： 是的。

治疗师： 所以，他的童年很艰难！

安德里亚： 嗯。

治疗师： 他从来没有一个在他害怕的时候安慰他的爸爸？

安德里亚： 没有，他死了！

治疗师： 他小时候也没有一个照顾他的妈妈，甚至没有妈妈。

安德里亚： 没有。

治疗师： 也没有姐妹？

安德里亚： 没有！她比他小，而且也很笨！（父母和弟弟笑。）

治疗师： 所以，他实际上是在没有人帮助他获得安全感的情况下长大的。他能让你有安全感吗？

安德里亚： 我应该知道些什么？

治疗师： 嗯，你是知道的！

安德里亚： 免受什么伤害？

治疗师： 一切，对黑暗的恐惧，对死亡的恐惧……

安德里亚： 我不害怕死亡！

治疗师： 生病的恐惧……

安德里亚： 我不怕生病……

治疗师： ……被抛弃的恐惧。

安德里亚： （接过话头）我不怕！

治疗师： 有很多恐惧！

安德里亚： 我才不怕死！

治疗师： 你害怕什么？

安德里亚： 没有什么！

治疗师： 你从来不怕黑吗？

安德里亚： 不！

治疗师： 你难道不担心你的父母可能会抛弃你吗？那你就没有人帮你了？

安德里亚： 不，我不是那种会想这些的人！

治疗师： 没有恐惧，从来没有？

母亲： 没有，他小时候也不害怕。

治疗师： （对詹皮耶罗说）那你呢，你小时候有什么恐惧吗？

詹皮耶罗： 我还是害怕一个人在家。如果晚上我一个人在家，我会打开所有的灯！

治疗师： （提高语气）这么说，你替全家承担了所有的恐惧，而他承担了所有的力量！

治疗的目的

在这次治疗中，故事的重点是母亲这边的外祖父的死亡，他是家庭中重要的存在。然而，这种丧失似乎没有在母亲身上留下任何痕迹。在安德里亚之前出生的孩子的死亡似乎是唯一激活她情感的事件：她在钱包里寻找她如此喜欢的孩子照片，他是如此漂亮，却在出生后就夭折了。安德里亚是一个奇迹小孩，他不得不填补巨大的空白，却失败了。今天的愤怒和暴力是绝望的呐喊，来自一位从出生起就被父母严厉管教的青少年。所有的期望都寄托在他身上，直到14岁，他都表现得很好；现在，两年过去了，他成了一个怪物般的孩子。

父亲似乎更容易接受，也更善解人意，但他的出发点是一个极其谨慎的立场，其作用是成为和事佬。他否定了自己的个性、需求和为人父母的技能。一切都围绕着他庞大的儿子，儿子越是咆哮就越难被控制住。

安德里亚的故事是一个带有巨大代际扭曲的家庭故事。他的父母，保拉和詹尼，在很年轻的时候就结婚了，当时保拉已经怀着詹皮耶罗。詹尼的母亲极力反对这桩婚事，并且从未原谅保拉把她的儿子从她身边夺走。正因如此，婆媳关系在不断的紧张和片刻的休战中发展，直到两年前最终决裂。（安德里亚的问题也是在那个时候开始的，而且他的母亲说他和婆婆一样暴力，这是巧合吗？）

那么，治疗的方向应该是什么？安德里亚的暴力行为应该如何用作理解家庭暴力关系的向导？如何恢复孤儿父亲的信任和自尊？唯一引导他个人成长的是寄宿学校，而他母亲的占有欲与在情感层面的缺位一样强烈。我们如何帮助保拉关闭她心爱孩子的墓穴，并重新找回她与两个儿子更真实和直接的联系，将安德里亚从填补巨大情感空白的沉重责任中解放出来？如果所有这些目标都能通过治疗成为可能，那么青少年的极端暴力行为不仅会消失，还将通过帮助家庭找到新的生活道路而具有更大的价值和意义。

经过两年密集的家庭心理治疗，安德里亚不再是一个怪物了。他是一位英俊的年轻人，家里也发生了很多变化。在祖母参加了几次会谈后，这对伴侣终于能够与她建立明确的界限。与此同时，祖母也有机会在会谈中描述独自抚养两个孩子的困难，以及当她把儿子詹尼送到寄宿学校度过童年的大部分时间时，她所承受的个人痛苦。当她想起自己周日去学校的情景，想起自己经常给小男孩烤的蛋糕，她不禁潸然泪下。安德里亚很享受这种家庭动力的转变，他在夏天和祖母一起过了几个周末，他们的愤怒转化为了积极的联系。当安德里亚开始表现出积极变化的迹象，尤其是在语言和行为上，父亲也逐渐转变为一个更自信、更有爱心的人，成为孩子们的好榜样。他的律师生涯得到了改善，妻子也成了他办公室里称职的秘书。保拉也能够结束失去孩子的悲伤篇章，更多地享受现在的生活。与此同时，詹皮耶罗结婚了，在经历了一些困难之后，他终于有了一个孩子，搬进了自己的房子。几年来，安德里亚在晚上看了数百部英语电影，学会了说一口流利的英语。我们在罗马的后续治疗结束两年后，他搬到了加利福尼亚州，和女朋友住在一起，并建立了自己的公司。

在治疗接近尾声的时候，安多尔菲被邀请参加全国青少年和家庭治疗会议，正如在其他场合多次做过的那样，安多尔菲邀请安德里亚参加并联合发言——安多尔菲作为该主题的专业专家，安德里亚作为个人经验的真正专家。听到安德里亚描述他和家人所经历的噩梦，以及他们在自己身上找到的难以置信的资源来改变他们的生活，这对每个人来说都是一次非常感人的学习经历。

他的父母也想参加这次会议，而且不仅仅是作为听众。他们记录了治疗前、治疗中和治疗后的家庭经历，并将录像分享给了会议的参与者。安德里亚在演讲结束时得到的长时间掌声是他一生中最好的良药，也是对父母在那段艰难岁月里所做的一切表示感谢的伟大标志。几年后，安多尔菲在巴黎机场偶然与保拉和詹尼进行了其他非正式的、计划外的会面，加深了这个家庭与安多尔菲之间的纽带，再次证实了家庭的进步，并见证这对伴侣在一起度过周末的乐趣。

实践案例：父子互换帽子

19岁的约翰来自一个多元文化的家庭。他母亲的家庭是意大利人，父亲的家庭是从克罗地亚移民到意大利的。母亲黛西和父亲保罗育有两个孩子，大儿子约翰和小女儿苏。他们和祖母安一起参加了安多尔菲的家庭治疗会谈。安在家里很重要。她带来了很多资源，但也带来了很多情感上的痛苦，这些痛苦源于她的出生国。实际上，安带全家去接受心理治疗，是为了帮助解决约翰在家庭中的言语和肢体攻击行为，尤其是对他父亲的。母亲被女儿苏占据了全部心神，因为她生来就患有遗传病。而苏则严重依赖母亲，兄妹俩之间的关系也非常疏远。祖母安一直是照顾约翰的人，也是唯一一个能让他放松的人。在治疗室里，一家人一坐下来，他们之间的关系立刻突显了出来，苏坐在母亲旁边，母亲坐在父亲旁边，父亲坐在约翰旁边，约翰坐在祖母安旁边。约翰和父亲都戴着帽子，约翰还戴着一副深色的太阳镜，这样就可以遮住他的眼睛。

安多尔菲：（对约翰）我看到你看起来很生气！我的上帝！你甚至都不想用眼睛去看你爸爸了，是吗？你用眼镜遮住眼睛！今天，我想探讨一下你的愤怒。你知道愤怒从来不是一个人的吗？你愿意帮我吗？

安多尔菲：（对约翰和安）你们能交换一下座位吗？

（他们这样做了，现在约翰坐在安多尔菲旁边。）

安多尔菲：（拿着地球仪问约翰）我知道你父亲的家人来自巴尔干半岛……来自克罗地亚。你能告诉我克罗地亚在哪里吗？（约翰照做）你知道 20 世纪 90 年代那里发生了什么吗？发生了一场大战……我不知道你祖母是否跟你说过？我知道你祖母在战争中失去了她的丈夫……你知道吗？（祖母开始轻声哭泣。）

安多尔菲：实际上，在那次可怕的事件之后，全家都移民了，所以如果我必须理解你的愤怒，我们就必须去了解愤怒的来源。

也许它不只是属于你的……你的祖母还在那里，带着她的痛苦。所以，她与你很亲近且关心你，但我认为你也关心她。她是你最能分享爱的人。这很好……所以，一个愤怒的男孩仍然可以有敏感的一面，对吧？

你知道吗，有时候我觉得青少年，通过他们的身体，通过他们的行为，想要向他们的家人传递一些信号。你也想向你的妈妈发出什么信号吗？你需要她的爱和关心，你知道吗？她所有时间被妹妹苏占用了……自从她出生以来，她一步一步地夺走了你妈妈所有的爱……所以，也许妈妈可以学会如何在帮助妹妹的同时帮助你。这样不好吗？这就可以是我们的计划。结束前，我们能做最后一件事吗？你们能再换一下座位吗？

（他们这样做了，现在约翰又坐在他父亲旁边。）

安多尔菲：（对约翰）我想让你把你的帽子和爸爸的帽子交换一下，还有太阳镜。（他们这样做了。）现在，也许，你能透过帽子去感受爸爸，爸爸也透过帽子和太阳镜去感受儿子，也许有什么东西可以在这个家庭中转变。祝你们好运！

婚姻危机与分居中的青少年暴力

当父母无法处理他们未解决的婚姻冲突、将关系“三角化”时，儿童和青少年往往是婚姻危机和家庭破裂的见证人或积极参与者。如上所述，在这些情况下，青少年的暴力行为可能会出现，并在家庭环境中具有不同的功能和意义。

转移婚姻冲突

当婚姻中的紧张关系爆发时，儿童和青少年都可能积极参与其中，变得对父母非常保护，并试图将家庭紧张重新集中在他们自己身上。儿童可能会表现出退行性行为或心身障碍，而青少年可能会通过针对自己或他人的破坏性行为来制造父母之间的敌意。

自残是对父母间蔑视的一种反应

当沉默或蔑视成为父母关系中首选的交互方式时，青少年可能会将重心转移到家庭之外，利用同伴作为支持。在青少年中，当家庭中没有依恋对象时，我们经常观察到抑郁、自残、吸毒等现象。

敌对父母分居的情感勒索

如果父母强迫孩子在他们离婚期间或离婚后选择一方，青少年尤其可能会报复，使父母的日常生活变得困难，尤其是在新组建的继亲家庭中。这在敌对的分居婚姻和离婚中很常见，因为“赢家和输家”的逻辑会占据主导地位，而法院程序和对抗性的法律立场往往加强了这一逻辑。正常情况下，青少年在成长过程中会有一种系统正义的感觉，但他（她）无法容忍父母逾越代际界限。当这些健康的原则被搁置一旁，不公正的现象盛行时，他们就会倾向于支持父母中的一方（有时是“失败者”），往往会做出暴力和破坏性的行为。例如，当生父“输了”，不得不离开家和孩子时，就会发生这种情况。一些青少年，尤其是男性，可能会报复他们认为不公平的事情，让母亲的新家庭无法安生。如果青少年在家庭分裂中不被视为有能力、受尊重的一方，而更多地被视为必须从一所房子搬到另一所房子的“包袱”，那么情感勒索就会更大，给每个人带来难以置信的情感痛苦。

当孩子被迫选边站队的时候

兄弟姐妹之间的自然联盟常常受到成人三角关系的威胁，父母往往会在一方对抗另一方的战斗中分裂他们。这是青少年成长发育过程中最危险、最痛苦的扭曲，因为他不仅要站在父母一方的对立面，还要站在一个或多个兄弟姐妹的对立面。兄弟姐妹之间的情感距离或公开敌意可能是功能失调家庭破裂的长期结果。

实践案例：卡米拉在父母离婚后的攻击性行为

卡米拉今年15岁，她有一个7岁的妹妹加布里埃拉。她们和母亲贝特西住在圣多明各[①]。这对父母，贝特西和佩德罗，6年前因为父亲去美国纽约工作而分居。圣多明各是一个经济相对落后国家的城市，父母中的一方在另一个国家找工作来养家是很常见的。贝特西觉得丈夫背叛了她，因为本来计划让她和孩子们去纽约与他团聚，但他却和她离婚，与他在纽约认识的一个人再婚了。在与安多尔菲的咨询中，母亲透露，父亲甚至没有和女儿们道别就突然离开了。在他搬到纽约后不久，父亲就会打电话给卡米拉，也会给她送礼物，如卡米拉的母亲不希望她拥有的滑板。通过这种方式，他展现了他对卡米拉的占有欲，卡米拉在父母冲突中总是站在父亲一边。随着时间的推移，父亲

---

① Santo Domingo，多米尼加共和国的首都，是北美洲最古老的城市。——译者注

与卡米拉结成了反对母亲的联盟。贝特西的父母对她和她的女儿们变得过度保护，他们的行为掩盖了这样一个事实，即他们不相信贝特西没有他们的帮助就能独自照顾好孩子。3年前，他们鼓励贝特西和孩子们搬到他们隔壁，这样他们就可以帮助她照顾孩子们。由于父母关系的三角化，卡米拉变得非常愤怒，对母亲没有任何尊重。她被激活为家里的武器，尤其是在父母之间的战争中。最近，卡米拉开始把她对母亲的愤怒发泄出来，变得非常有攻击性，偶尔还会打母亲，有一次甚至想把母亲推下楼梯。最重要的是，卡米拉被诊断出患有甲状腺疾病，医生给她开了严格的饮食处方。正因如此，卡米拉开始从母亲那里偷钱买垃圾食品偷吃，这导致她变得非常肥胖。母女俩在这些问题和其他问题上经常发生冲突。

与安多尔菲的咨询是在当地治疗师奥马尔治疗几个月后进行的，奥马尔与母亲、两个女孩，以及一名英语兼西班牙语翻译一起出席了会谈。安多尔菲在会谈上的第一个目标是与卡米拉建立联盟，并通过让卡米拉介绍安多尔菲给她的家人，以及询问她的家庭是如何组织的来做到这一点。

安多尔菲： 我能请你帮个忙吗？

卡米拉： 可以。

安多尔菲：（指着桌子上的家谱图）你能把我介绍给你的家人吗？

当卡米拉把安多尔菲介绍给母亲、妹妹和外祖父母时，她变得非常兴奋。她还提到了父亲，并非常准确地说出了他在纽约的确切住所，尽管她从未去过那里。这表明父亲对她有多重要，尽管存在物理距离，但她觉得父女关系非常紧密。

卡米拉： 他住在皇后区的科罗娜……在曼哈顿和长岛之间。

安多尔菲探索了父亲去纽约之前的生活。

安多尔菲： 爸爸是多少年前去纽约的？

卡米拉： 6 年前。

安多尔菲： 你当时和妹妹现在的年纪差不多吗？

卡米拉： 是的。

安多尔菲： 爸爸和你住在一起的时候，他离开之前的生活怎么样？你能给我举个美好的例子吗？

卡米拉： 我们经常出去，一家人一起度过了一段美好的时光。

安多尔菲： 所以，一家四口都很好。

安多尔菲探讨了父亲去纽约后发生的事情，以及这对家庭动力的影响和改变。

安多尔菲： 所以，在分开之后，你成了妈妈最重要的支柱？也许妈妈当时觉得很难过，很孤单，也许她哭了……

卡米拉： 我不记得了……

安多尔菲： 也许，她能够隐藏这些感觉？

这时，母亲插嘴，谈起了父亲的离去。她说，父亲走得很突然，甚至都没跟女儿们说声再见。一段时间后，他开始给卡米拉打电话，随着时间的推移，卡米拉与父亲形成了紧密的联盟来反对母亲。她觉得卡米拉得到了父亲的大力支持。她举了一个例子，如果卡米拉与母亲有分歧，她会告诉母亲，父亲会把母亲送进监狱，“因为你不可以这样对我”。

安多尔菲： 那么，告诉我你现在最不喜欢你家庭的什么？

卡米拉： 我们都互相虐待。我的外公外婆、妈妈和我……我们都互相争吵。

安多尔菲把注意力转向了与外祖父母的家庭动态，他让卡米拉在房间里放两把椅子，放在她认为如果外祖父母在场的话会坐的位置。卡米拉在她旁边放了一把椅子说那是她外祖母会坐的地方，在她母亲旁边放了一把椅子说那是她外祖父会坐的地方。

安多尔菲： 所以我的理解是，外婆和你关系很好，外公和妈妈关系很好？（母亲和卡米拉都点头表示同意。）那么，在离婚之前，你们是一个和睦的四口之家，然后爸爸离开了这个家。他当然关心你，但他离开了，住在另一个国家。在那之后，你们三个人和外公外婆发生了什么事？

卡米拉： 我妹妹很小，我比她大。爸爸真的希望我和他更亲近，以反对我妈妈。因为我还小，很容易受到影响，所以我会表现得很糟糕；但是当爸爸让我报警时，我没有，我不想让妈妈发生任何不好的事情，因为我爱她。

安多尔菲： 那太好了！太好了！你知道吗？（对妈妈说）你的孩子真棒！让我更好地理解爸爸走后，你们三个人和外公外婆发生了什么。

卡米拉： 因为我不想听妈妈的话，所以外婆会给我很多建议，这样我就能和妈妈相处得更好。

安多尔菲： 她也很了不起……我们来谈谈外公。目前，他是家里唯一的男人吗？他一定很负责任。太负责任了，所以，他是那种认为没有他的帮助，你就没有足够的责任感去关心和抚养孩子的父亲？

母亲： 不是这样的，他只是过度保护。加布里埃拉还是婴儿的时候，我父母会在我上班时照顾她。我会给出指示，不过外公也会发号施令，这就产生了层级冲突。3 年前，外公建议我们搬到他们隔壁，因为他担心我们的安全。他担心我下班晚了，要开车去接孩子们，然后再开很久的车回家。

安多尔菲： 所以，在很多方面，你有着非常关心你的父母。你喜欢这样吗（分别问母亲和卡米拉）？

卡米拉和母亲： 是也不是……

安多尔菲： 你为什么去找奥马尔（治疗师）？

母亲： 卡米拉变得对我很有攻击性，即使我要求做一些简单的事情，如整理床铺。卡米拉有甲状腺问题，医生给她开了药，要她严格控制饮食，然后她开始偷钱买食物，偷偷吃。另一起严重事件是，卡米拉抓起两把刀，开始砍墙。外婆、小女儿和我都非常焦虑，我们恳求她停下来。她爸爸给她寄了一个滑板，我告诉他不要送，但他还是送了。我把它藏在我的车里，卡米拉从车里拿东西时看到了，她说她要用，但我告诉她不能用。卡米拉非常生气，开始打我。（这个时候妈妈情绪很激动，开始哭。）让我伤心的是，我不敢相信女儿会打我。我做的一切都是为了女儿，我承担一切开销，带她去任何地方，但有一天她甚至想把我推下楼梯。

安多尔菲： 你必须了解一些关于青少年的事情。青少年开始更多地走出家门。一般来说，青春期的孩子需要做一些愚蠢的事情。你必须学会区分什么是青少年的正常行为，什么是真正的问题。比如，爸爸送她一个滑板，而没有送她一把枪来杀你。也许，他不认为滑板会有危险，但青少年喜欢冒险，所以她要了滑板。

随后，安多尔菲通过一些物理性的举措来阐明母亲和女儿之间的情感距离，并探索了“圣多明各”和“纽约”在她们的问题动态中如何以及在何处出现隐喻性并置。安多尔菲让母亲挪到卡米拉旁边坐。

安多尔菲： 你能坐在她旁边吗？（母亲动了动，照做了。）我想你们错过了你俩之间最重要的东西。告诉我你在这段感情中最怀念的是什么？如果有爱和支持，她的行为就不会那么危险，但是你们要能够告诉对方好的东西，我觉得你们做得还不够。

（安多尔菲跪在母女之间的地上，用手势示意她们之间的距离，并告诉她们。）

安多尔菲： 纽约在你们之间就像一堵墙。纽约不在这里，虽然很远，但你们都把纽约放在了中间。你们必须明白，你们都生活在圣多明各，彼此相爱，互相支持，而你的爸爸……

（安多尔菲站起来，在房间的另一边放了一把椅子，离母女俩有一段距离。）

……爸爸住在纽约那边。你们都必须接受爸爸住在那里，而且已经离婚。卡米拉可以和纽约联系，但这种联系必须是父女之间的，不能进入父母的关系。当把纽约放在你们中间时，总会有冲突，纽约对你们的关系干扰太大了。

最后，安多尔菲试图重新点燃母女之间爱的联系。

安多尔菲： （对卡米拉）你最喜欢妈妈的什么？

卡米拉： 她很担心我们。即使发生了这么多事，她还是很关心我们。

安多尔菲： 你能用身体接触告诉我，你多么喜欢她为你做的事吗？

（卡米拉笑得很开心，给了母亲一个大大的拥抱，并亲吻了她的脸颊。）

卡米拉： 她是我的神奇女侠！

安多尔菲： （对母亲）你最喜欢你女儿的哪一点？

母亲： 她很深情。

安多尔菲： 你们都需要感受到彼此之间的爱和支持。你们需要告诉对方美好的事情，而你们做得还不够。

在这次咨询中，安多尔菲与这位母亲合作，让她明白，她需要在自己和纽约及她父母之间划定更多的界限，这样，卡米拉就会更加尊重她。给卡米拉开出的处方是，与父亲建立更多的界限，与母亲建立更积极、更有爱的关系，这可能会对她的肥胖产生积极的影响，使得体重可能会大幅下降，因为肥胖含有保护性的心理机制。在这个精彩的案例中，安多尔菲努力改变了情况的背景，把倔强暴力、不可救药的孩子，变成可以体贴母亲的孩子。

实践案例：儿子是我的肿瘤

在一次电话会谈中，一位资深医生说出了这句戏剧性的话语：儿子是我的肿瘤。他和15岁的独生子相处非常困难。这位父亲要求进行一次家庭会谈，他穿着得体，与他的角色相称，明显很烦恼。安娜，这位母亲，已经把所有的初步联系委托给了丈夫（电话、接收表格等），她出现在会谈中，但却“没有在那里”。她坐在一旁，好像正在发生的事情与她无关。马里奥穿着黑色皮夹克和黑色靴子，“浑身布满了钉子”。他在每件衣服上和身体的可见部位（脸、手）上都戴着棱角分明的饰钉。显然，他也很烦恼。父亲是个老派的人，他描述了马里奥的邪恶：他不学习，结交坏朋友，和其他“金属头”挤满屋子，父亲说什么都不听。说起儿子，父亲又重复了一遍：“他是我的恶性肿瘤！”

马里奥没有表现出敌意，可能是因为他知道如果他把父亲束缚住了，可能会让他的生活成为一场噩梦。他看不出，这种“情感报复”也在浪费自己的生命。儿子形容父亲是一个“全天候医生”，一个即使在睡觉的时候也“穿着白大褂”的人。父亲和儿子似乎是两个绝望的人，都非常孤独，被迫面对截然相反的生活方式和自我表现形式。父亲是个工作狂，儿子却在浪费时间；父亲穿着优雅，儿子却蓬头垢面。也许，他们唯一共享的是安娜，这个家庭的妻子和母亲。

乍一看，父子之间的冲突是这个家庭的戏剧性焦点。事实上，更令人不安的是安娜在会谈期间缺乏参与。在父子之间的对话中，她既没有说话，也没有情感上的参与。在后来的谈话中，她透露自己很讨厌丈夫，因为丈夫嫁给“医学”，除了经济上的财富之外，从来不给她任何东西，觉得丈夫把她当成“无名小卒”，因为她年轻时就放弃了学业。

马里奥似乎一直是母亲的情感伴侣。他从小就填补了她的孤独，长大后的种种行为体现了母亲对丈夫深深的蔑视，并为此付出了非常高昂的代价：在一个扭曲的环境中成长，角色完全颠倒。他的“豪猪综合征”，用身上的尖钉“把人拒之门外”，在家庭语境中获得了新的意义。父亲通过职业角色掩盖了他作为丈夫和父亲的绝望，对男性来说，这往往代表着一种“抑郁等效物”。那么，“肿瘤”在哪里，又该如何根除呢？

从父亲缺席到父母共同育儿

当今，随着社会的发展，性别平等和父母共同育儿得到重视，但在这一背景下，有些男性在定义自己作为丈夫和父亲的身份时仍感到困惑。

多位学者的研究（Pietropolli Charmet，2000；Cigoli，Giuliani，1997；Lamb，Pleck，Charnov，Levine，1987；Marsiglio，1995；Hawkins，Christiansen，Sargent，Hill，1995；Lamb，1981；Sullivan，2000；Parke，2002），以及我们40多年在世界各地所做家庭治疗临床工作的经验都表明，公众对父亲角色的期望已经发生了变化。

在现代工业化社会中，父亲在家庭中的缺席被视为一个严重的结构性问题。甚至在父亲在场的情况下，他们也往往以缺乏权威和自信的方式与孩子相处。现代男性如何找到一个更合适的父亲角色，脱离那种严厉、专制、与孩子疏远的传统父亲形象？这关系到如何将育儿变成父母双方共同参与的过程。其中，母亲和父亲平等地承担起对孩子的责任，形成新的家庭互动模式。

对于那些处理严重家庭问题的治疗师，他们面临的挑战是为家庭提供转变和成长的机会。如果治疗师在过程中能够用一种系统性和发展性的视角来观察家庭成员，可能会大有裨益。父亲在家庭治疗中的缺席可能是因为他们参与不多，也可能是因为治疗师更倾向于与完整、单亲或继亲家庭中的母亲和孩子们打交道，也可能两者兼有之。

这一点在下面的临床案例中得到体现。一位单亲母亲因为儿子胡安的攻击行为来寻求帮助。然而，因为治疗师从未邀请胡安的父亲参与，所以他从未出现在治疗中。父亲在家庭生活中的缺席，以及在治疗过程中的缺位，都说明了这位青春期男孩缺少了一位重要的人生榜样。

实践案例：胡安的绝望暴力

这个案例向我们展现了单亲家庭面临的一些两难问题：父亲与孩子们关系疏远且没有监护权，而母亲则被多年来不断增加的责任和义务压得喘不过气来。孩子们过度卷入到母亲的绝望和父母间未解决的冲突中，感到迷茫不已。

16岁的卡梅拉活成了母亲伊莎贝尔的样子，两人共同承受痛苦，为家庭做出牺牲。而18岁的胡安如同南美文化中的典型男性，通过对母亲和妹妹的暴力行为来表达对所有人的绝望情绪。

在拉丁国家，“男子汉”文化仍然盛行：权威的男性与顺从、自我牺牲的女性相伴，后者在家以外的自由受到严格限制。在孩子教育中，谩骂和偶尔体罚非常普遍，并且这些行为被社会所接受，很少被视为家庭暴力。只有当某些行为超出了社会认可的“可接受”范围，才可能被视作身体虐待。

因此，当伊莎贝尔谈论孩子们父亲的某些行为时，她实际上是在描述一种被拉丁文化视为“正常”的言语和身体虐待，尤其是他对胡安的行为。自从父母分开，父亲离家以后，胡安以一种非常不合理的方式扮演着“家长”的角色。他对卡梅拉大喊大叫，使用粗俗的语言，并偶尔对她动手。他认为自己有权干涉她的社交生活，控制她与谁出去，何时回家，甚至违背她的意愿并命令她回到自己房间等。卡梅拉经常向母亲抱怨，用眼泪让哥哥感到内疚。这一切都让伊莎贝尔感到不堪重负。

在母亲伊莎贝尔和两个青少年孩子接受家庭治疗的过程中，父亲从没有出现。遗憾的是，在治疗这个家庭的过程中，哥伦比亚麦德林精神科门诊的女治疗师们甚至没有考虑到父亲的存在。她们不但从未邀请他参与治疗，而且还把他描述成一个缺席且难以联系的人物。以下是我2003年在麦德林进行的一次家庭咨询中记录的对话。出席的有母亲、两个孩子、当地治疗师，以及作为顾问的我本人。

家庭历史：唯有泪水才能凝聚

在治疗的最初几分钟里，顾问迅速察觉到兄妹间的距离，并提出一项"实验"：让胡安把椅子从门边移过来，坐到妹妹卡梅拉身旁。胡安接受了这个建议。

顾问： （手中拿着粉笔并向他们伸出手，邀请他们共同绘制家谱图）谢谢。我们来做另一项实验，你们（兄妹俩）能帮助我了解一下你们家庭的成员构成吗？

（兄妹俩几乎同时摇头拒绝。）

顾问： 坐到卡梅拉旁边的实验可以接受，但合作绘制家谱图就不行吗？你们有多少次能够像兄妹一样合作？

卡梅拉和胡安： 从没有过。

顾问： 你们什么时候出生的？

（母亲和孩子们明显感到动容。）

顾问： 你们唯一共同的反应就是，每当我们提及出生，你们三个就开始流泪。告诉我，谁先出生的？

（胡安指向自己。）

顾问： 卡梅拉是几年后出生的？

卡梅拉： 两年后。

顾问： （转向胡安）那么，妈妈怀你的时候，家里发生了什么？

胡安： 我还在妈妈肚子里，我怎么可能知道？

顾问： 是的，但这毕竟是实验……你可以尝试想象一下。你觉得你在肚子里的时候，家里有谁？

胡安： 只有妈妈！

顾问： 那么，你在妈妈肚子里的时候，妈妈是独自一人。那爸爸呢？

胡安： 我不知道。

顾问： 他是临时出现的爸爸吗？

卡梅拉和胡安： 对！

顾问： 所以……一位让妈妈怀孕后就离开的爸爸？

卡梅拉和胡安： （笑着）不是！

在这个敏感的话题上，顾问通过幽默的方式来缓和气氛，孩子们也跟着笑起来。顾问所说的“他是临时出现的爸爸”这句话本来可能显得很尖锐，但在轻松的语气中反而听起来像是一个玩笑。同时，他引导兄妹回想起他们出生时的情景，以及他们情感开始产生距离的时刻，让在场的每个人都潸然泪下。在这个家庭中，不仅成年人的关系出现了裂痕，孩子们之间也是如此。这就是胡安和卡梅拉关系中的伤口仍然隐隐作痛的原因。正如我们稍后将看到的，胡安对妹妹的攻击性行为近期才发生，但进一步加深了他们之间的隔阂。卡梅拉始终与母亲长期的绝望紧密相连，而胡安却始终被排除在她们俩的关系之外。

孩子的降生带来团结还是分离？

现在，我们将探究藏在胡安内心深处那些鲜为人知的痛苦。顾问带着平静而温和的态度，坚定地邀请这位男孩通过描述家庭历史，让他展现出内心的脆弱。尽管胡安和卡梅拉之间存在着强烈的隔阂，但他们却能同时回答问题。作为兄妹，他们的关系长期被三角化。然而，除了明显的隔阂，也可以感觉到他们之间有一种强烈的内隐联系，即使他们主观上刻意否认这种联结。

顾问： 你是一个让父母团结还是分离的儿子？

胡安： 我让他们分开了。

顾问： 你确定吗，还是你只是猜测的？

胡安： 我猜测的。

顾问： 我们可以问问妈妈这个问题的答案吗？

胡安： 好的。

顾问： 你想亲自问她吗？

母亲： 如果我和爸爸分开了，那都是我的错！

顾问： “错”这个词是怎么进入房间的？是从窗户外飞进来的？还是从门外走进来的？我没提过“错”。我说的是“团结”和“分离”。我只是在问，他是否在猜测自己让你们团结或是分离。

母亲： 他让我们团结在一起，然后在卡梅拉出生后，我们就分开了。

顾问： 那么，他的猜测是错误的！

胡安： 我从没问过自己这个问题，我也不想知道答案！

顾问： （对卡梅拉）你在妈妈肚子里的时候，你们家里发生了什么？

卡梅拉： 我在妈妈肚子里的时候，家里有很多问题，爸爸妈妈之间有肢体上的冲突，经济状况也很糟糕……

顾问： 你认为你是一个让他们团结还是分离的女儿？

卡梅拉： 分离！

顾问： 你确定吗？

卡梅拉： 他们在我出生两年后分开了。

顾问： 那么，你认为你帮助了他们分开？

卡梅拉： 是的。

顾问： 我问你俩，爸爸想要你们吗？你们知道吗？你们问过他吗？他是那种可以沟通的爸爸吗？

胡安： 是。

卡梅拉： 有时候他因为我们而生气。

顾问： 他会变得暴力吗？

卡梅拉： 他只打过我一次，因为我做了某件事，但他总是骂人。

顾问： （对胡安）你呢？他打过你吗？

胡安： 哎呀……很多次！

顾问： 他为什么只打她一次，却打你很多次？

胡安： 因为我和他生活在一起的时间更长！

顾问： 妈妈想要你吗？

胡安： 不想！

顾问： 确定吗？妈妈在这里，你可以问她，如果你愿意的话！

胡安： 我不想问，因为她会说“想”。

顾问： 你认为那是谎言？

胡安： 或者是幻想！

顾问： 幻想比谎言更好吗？

胡安： 是的。

顾问： 但你从未确信过妈妈想要你？

胡安： 从来没有！

顾问： 那很难受！

胡安： 是的！

多年的临床经验表明，在咨询中使用惠特克所描述的“时间跳跃”技术很重要（Whitaker，1989）。通过让来访者运用想象和提出清晰且直接的问题，治疗师能够回溯起源，重新审视每个孩子的个人成长和家庭孕育孩子时的动态。如“我的父母想要我吗”这种问题的真实回答，常常被掩盖或混淆，有时还裹挟着父母和家庭成员在时间长河中构建的偏见和秘密。在这一探索过程中，可以用更真实的回答代替不完整或所谓“政治正确”的答案；让孩子们在今天感受过去被拒绝的痛苦，这有助于构建自我认同，避免他们继续对自己的出生抱有疑问。这对成年人也是有益的，因为他们有机会在一个安全的环境（如治疗环境）中让自己和孩子更清楚地了解情况。

邀请父亲加入咨询

顾问： 你爸爸叫什么名字？

胡安： 劳尔。

顾问： 你为什么没有想过今天把他带来？

胡安： 我不知道，我觉得他不想来。

顾问： 可能吧，但你问过他吗？

胡安： 没有。

顾问： （对卡梅拉）你想过邀请他来吗？

卡梅拉： 今天不想。

顾问： 治疗师考虑过邀请他吗？

治疗师： 我们认为他不想来。我们考虑过打电话给他，也许将来他可以自己或和孩子们一起来。

顾问： 那今天呢？

治疗师： 今天不行。

顾问： （对母亲）你觉得今天让我见见爸爸可能会有帮助吗？

母亲： 对治疗吗？

顾问： 对我，不是对治疗。

母亲： 对我来说，他与我的一切事情都不再有关系……

胡安： （非常担忧）他们俩没法待在一起。

顾问： 你愿意现在打电话给他，邀请他过来吗？我们可以做个实验吗？

胡安： （积极地）好的！

顾问： 我们对他说什么呢？

胡安： 让他马上来！

顾问： 让我们告诉他，有一位来自意大利的医生想见他，因为他仍然是你和卡梅拉的爸爸。他还有孩子们的抚养权么？

母亲： 没有。

顾问： （对母亲）你对孩子们有监护权吗？

母亲： 对。

顾问： （对孩子们）他还配做你们的父亲吗？

胡安： 配。

顾问： 卡梅拉，你同意胡安给他打电话吗？

卡梅拉： 同意。

顾问： 这是你们第一次达成一致！看到了吗，妈妈？也许，邀请他来是个好主意。

母亲： 如果能有所帮助的话。

胡安和卡梅拉： （笑着）好的。

顾问： 那就打电话吧，告诉他马上过来！

（胡安拨打了几个电话号码，家里、公司、秘书等，最后他终于和父亲通了话。他强烈鼓励父亲来参加治疗。虽然父亲需要从城市的另一边赶过来，他仍然同意了。）

在咨询中制订协议

在治疗中，我经常采用这种方法，即邀请家庭成员给不在场的成员打电话。这种即兴行为代表了一种强烈且具体的邀请，可以激发对方参加治疗的意愿并有力地激励那些缺席的人，特别是在离异家庭中常常缺席或“置身事外”的父亲。父亲通常会感到被鼓励，并愿意冒险尝试，特别是在孩子的邀请下，父亲会更加愿意跨越对婚姻的怨恨和敌意。如果打电话的是因为暴力行为而接受治疗的青少年，我们可以清楚地看到，他在治疗中的角色从制造困扰和伤害的人转变为采取积极行动的人，从而促使父亲承担起更大的责任。

此外，从胡安看到他的父亲可能来参加治疗的那一刻起，他可以做出更多符合他在家中身份的行为。实际上，如果父亲参与并重新承担起作为孩子们父亲的角色，胡安可能会不再扮演那个笨拙且咄咄逼人的“一家之主”，而是重新回归到哥哥和儿子的角色。例如，他可能会尝试不再控制卡梅拉的日常生活，不再干涉她的外出、回家时间和交友，或者不再像一位专制的父亲那样对她大声呵斥。

在等待父亲到来期间，我们探讨了母亲的绝望。卡梅拉回忆起母亲近些年常常哭泣，觉得自己在当前的经济压力下太脆弱，没有能力独自抚养两个孩子。尽管母亲描述孩子们的父亲总是对她和孩子们大声喊叫，但她坚称劳尔并不是个坏人，只是他们无法一起生活。她害怕胡安的暴力行为，但对此又持有矛盾态度——他有时是个坏孩子，但有时也是个好孩子，并担心他的未来。胡安看起来是行为激进、冲动的青少年，但实际上，他的表现体现出了家庭中未解决和扭曲的旧冲突，由于缺乏家庭方向而感到痛苦，以及深深的被遗弃感。

父亲来到咨询中，为我们提供了更加深入了解家庭历史的机会。就像在许多家庭离异后经常发生的情况一样，家庭的情感平衡被打破，而家里的父亲出于各种原因疏远了家庭。母亲和孩子们建立了一种高度融合的关系，角色和代际边界变得模糊。卡梅拉成了绝望母亲的知己和情感支持。胡安被视为家中的男性角色，最初得到了家里女性的支持，但当他进入青春期，由于他的攻击性，逐渐被她们排斥。

因此，家庭中界限分明，一方是“哭泣和失落”的女性，另一方是“暴力”的父子组合。胡安的暴力行为实际上显露了家庭中的多种问题，包括父母婚姻中未解决且扭曲的冲突和离异，以及兄妹之间长期争夺关注和爱护的问题。

父亲接受了孩子们的邀请并立即赶来，两个孩子对他的到来做出了积极的反应。这些互动创造了一个良好的开端。母亲伊莎贝尔也因劳尔的到来而显得更有活力。我们了解到，正是劳尔因为胡安的攻击行为和伊莎贝尔的低自尊而建议进行家庭治疗，但他从未考虑参与其中，同时也从未被邀请。他的积极参与和对治疗过程的积极影响，使顾问有信心改变治疗计划，并将父亲纳入后续治疗中。

顾问首先向治疗师提出了这个想法，然后向家庭建议在咨询中签署一份协议，以确保父母和孩子们的参与及承诺。每个人似乎都已经准备好了，并对这份协议持积极态度。劳尔起草了协议的内容，目的是促进家庭重建和停止胡安的攻击性行为。同时，每个人都承诺不对过去的分歧和冲突进行指责。在这次咨询中，伊莎贝尔似乎首次感到了一种宽慰，好像家庭中父亲的到来和承诺代表了新的希望。她同意在未来与劳尔合作，这也是存在希望的迹象。

咨询结束时，每个人（包括治疗师）都签署了协议并互相握手。整体氛围非常积极。父亲拥抱了胡安，母亲拥抱了卡梅拉，但孩子们拒绝握手。接着，顾问握住了孩子们的手，指出这才是核心问题所在，因为只有这两只手握紧的那一刻，兄妹俩才真正地联系在一起。他们之间的疏离和缺乏积极的关系表明了这个家庭正在经历的深层不适和痛苦。

家庭和专业人员的相互分享

第二天，我应邀在麦德林大学为专业人士举办一场研讨会。在这个家庭咨询结束时，我征得了他们的同意，可以在研讨会中展示咨询的视频，并邀请他们参加，目的是让专业人士更深入地了解家庭认为哪些方法是有效的。这个家庭同意了，并令我们惊讶的是，他们全天都在场，认真聆听了治疗师的讨论和评论。在研讨会结束前，我询问家庭成员是否愿意分享他们对这一天的看法，父亲走上讲台，感谢了专业人士对他家庭和苦难的真诚关注，并建议治疗师们“更多地倾听家庭的声音”。

从安德森（Andersen，1991）开始，已经有很多关于使用反馈小组的论述。书中论述了从家庭中获得治疗工作反馈的不同方法，并在此过程中给家庭赋能。现在，因为害怕在专业场合暴露他们，很少有家庭被邀请参加各种大小的专业会议。不过，我相信，我们可以从家庭的反馈中学到很多东西，尤其是当我们与家庭一起探讨工作中的一些环节时，家庭成员会因为承担了顾问或专家的角色，而感到更有力量。胡安的家人出席研讨会，也让在场的治疗师能够更多地从情感层面而非仅仅理智层面进行交流，从而缩短了帮助者和被帮助者之间的距离。

和离婚家庭一起工作

在结尾，我想分享一些关于如何更有效地与离婚家庭工作的心得。当遇到分居或离婚家庭中青少年表现出严重的问题（如暴力行为）时，我不仅会努力让母亲和青少年参与治疗，也会尽可能让父亲参与进来。除非存在性侵或家暴等风险，或者当少年法院系统已经介入这些父亲缺席的家庭，否则我会尝试打破固有偏见，尽最大可能让他们参与治疗，并发挥积极作用。我可能会让孩子或前伴侣邀请，有时我也会直接发出邀请。例如，我可能会在治疗过程中让孩子传递一张纸条给父亲，或如胡安的案例，直接让儿子打电话邀请父亲。

我深信父亲能对家庭资源做出贡献。就像胡安的家庭一样，我希望每个家庭成员都能全心投入，并愿意一起签署治疗协议。这是一种可以让家庭为了共同目标而合作的方式。当然，如果家庭已经离婚，我就不会像他们共同生活时那样与整个家庭合作。在这种情况下，我会在第一次治疗后，轮流与母亲和孩子们、父亲和孩子们见面，有时还会单独见兄弟姐妹。这样是为了重建兄弟姐妹间的联系，并解决长期的竞争。在治疗的中期和末期，我会提议全家一起开会，讨论进展情况，并对他们一起取得的成就表示赞扬。

在研讨会结束时，治疗师因为得到专业观众的积极反馈和家庭的积极参与而感到鼓舞和安心。治疗师认识到，在治疗过程中不谈论父亲，不探索邀请他参与的可能性，实际上是一种对父亲的偏见。她欣赏让孩子参与邀请的做法（正如在咨询中发生的那样）：首先，来自孩子的请求往往非常有力；其次，这是兄妹唯一一次真正合作的时刻。

几个月后，我收到了治疗师的来信。她正在按照我们在咨询中签订的协议执行，交替与母亲和孩子们、父亲和孩子们见面。治疗师决定请一位男性治疗师共同加入，为家庭提供一个积极的男性榜样。正如我在咨询末尾指出的，缺乏兄弟姐妹间的合作才是真正的问题。并且，这个家庭需要时间和努力来“解除”孩子们在功能失调家庭中所扮演的角色，如充当攻击性的替代父亲，或成为母亲的密友等。治疗师还决定提供单独咨询，以支持那位长期感到极度沮丧和悲伤的母亲。

总之，有效的治疗结果不仅体现在解决当前的问题上（如胡安的攻击行为），而且反映在家庭成员个人健康和关系健康的转变上。这一点在《阿特拉斯的神话》（Andolfi，Angelo，de Nichilo，1987）和《家庭治疗》（*La terapia narrata dalla famiglia*）（Andolfi，Angelo，D’Atena，2001）中有进一步的阐述。

收养家庭中的青少年暴力行为

被收养的青少年，就像他们的同龄人一样，都在忙于建立自己的新身份和探寻归属感。尽管如此，父母还是经常会请求专业人士帮助处理养子女的暴力行为。随着青春期的到来，那些收养过程中被掩盖的重要事件，也无法继续隐瞒下去。

孩子的身世、早年在福利院的经历、养父母没有生育能力，以及养父母与孩子的初次见面，都是收养故事的一部分。这个故事还涉及领养过程中社会组织和私人生活的互动。不同的社会组织，社会服务机构、法院、国际收养组织等，也在这个过程中扮演了重要角色。在临床工作中，重建这些阶段所发生的事件，往往是治疗过程中的关键突破。

对孩子和养父母来说，这些痛苦而复杂的过程通常持续很长时间，有时甚至长达数年。当收养家庭形成，这些经历往往会被否认和遗忘。就好像在养父母和孩子初次见面时，用一种魔法般的思维将以往发生的一切冰封。一些学者将收养家庭的这一周期阶段称为“蜜月期”，强调其过度理想化和神秘化的一面。

对被收养孩子而言，青春期通常为探究深埋的故事提供了一个机会。通常情况下，青少年通过与家庭处理**内部关系**，以及与同龄人和重要个体处理**外部关系**来建立自己的身份。在被领养的情况下，青少年还必须处理自己的身世故事，即处理从出生到与养父母相遇这段时间内的记忆或所了解到的信息。

在临床工作中，愤怒和攻击行为往往表现出青少年对重建和整合过去经历的迫切诉求。即使从情感的角度来看，收养经历也总是支离破碎的。因此，青少年往往很困惑，进而使他们对被理解的需求更加迫切。

对青少年来说，除了了解与其出身有关的事实外，更重要的似乎是在家庭关系中建立一个情感空间。这个空间只用来接纳我们前面谈到的与收养有关的经历。所有家庭成员对这些孩子被遗弃的经历了解多少？面对痛苦，有多大的可能性是接受它，而不是试图进行一场以“作为父母，我必须抹去你的所有痛苦；若我做不到，便是失败”为信念的救赎使命。

这对父母能否共享因没有亲生子女而产生的与愤怒有关的失落感？这些失落感能否成为家庭情感的过去式，从而缓解情感负担？子女的愤怒往往也体现了父母无言的愤怒。

愤怒本身并不一定是一种负面情绪。通常情况下，青少年以几种非破坏性的形式表达愤怒，有助于青少年成为独立的个体。在与青少年家庭沟通的临床工作中，我们经常看到孩子对父母一方或双方表现出愤怒。这些临床表现唤起了一种深埋心底的愤怒，表达了他们无法言喻的被遗弃之痛。这并不总是一个有意识的过程。相反，愤怒往往与父母的负罪感混杂在一起，他们认为自己让孩子失望了，或对他造成了更大的伤害。或者，孩子害怕让父母失望或“毁掉了”他们，甚至担心唤起养父母对遗弃的想法。

最复杂的情况似乎是这样的：青少年对家庭内部和外部的愤怒被重新构建为对自己想象中关系的攻击。这或许可以通过分析早期被遗弃和创伤的经历来解释。我们指的是在领养儿童生活的早期阶段所学到的关系模式（从各种依恋模型研究中借用），在这些阶段，纽带的概念本身似乎受到了影响。

实践案例：霸凌者塞尔吉奥

塞尔吉奥及其家人是一个极端的案例。这个极端的家庭环境生动地讲述了我们所讨论的一些主题。塞尔吉奥带着恶霸特有的傲慢和漫不经心的态度参加了第一次会谈。他那年17岁，他4岁时在巴西与双胞胎妹妹罗莎琳达一起被一对来自意大利中部城市的伴侣收养。他的养父母曾经在当地的社会服务机构寻求帮助，该机构把他们一家转介给我们。

由于塞尔吉奥的攻击性行为，养父母向社会工作者寻求帮助。这些行为主要针对家中的养母。过去两年来，塞尔吉奥一直拒绝遵守家中规矩。他不仅拒绝接受养父母在家中的职能，甚至不承认他们是他的父母。他对关系纽带的攻击变得越来越剧烈，因为养父母也不承认他是自己的儿子，并用行为表现出排斥。

塞尔吉奥实际上“脱轨”了：他离家出走、辍学、断绝重要人际关系，甚至失去理智。这是一种情感和关系上的“短路”。因为他人的排斥，丧失和被遗弃的主题在他的生活中不断地被重复演绎：“你不是我父亲！”“你不是我儿子！”“你不配做父亲！”“你不配做儿子！”无论是在日常生活中，还是在治疗中，父子俩都是这样互动的。早年被遗弃和被送进收容所的经历所带来的痛苦和抑郁似乎已无处安放，只能将其转化为攻击行为、愤怒的报复和自我攻击。塞尔吉奥对生父的回忆是唤起过去和身世记忆的唯一参照，而生父的形象既模糊又被神话了。

塞尔吉奥只在与养父作比较的情况下才谈及生父，这就形成了一种虚拟的竞争。在这种竞争中，养父始终生活在沮丧、失望和无能为力的情绪中，而这种情绪通过那句充满命运感的话语——“那你就回巴西吧”表达出来。对塞尔吉奥来说，通过自己的黑色皮肤来感受人际关系和生活也是一种戏剧性的尝试。因为他的肤色与养父母以及他所在国家的大多数人不同。他很难从视觉上认同与自己截然不同的父亲。

建立视觉上的联系是领养青少年的一个关键议题，尤其是对于在海外被领养的青少年，养父母和领养子女之间的躯体和文化差异更为明显。如果我们假定这是一种情感和关系的体验，它通过认同相似性（无论是躯体上还是其他方面的），最直接地给人一种归属感，那么我们就不难理解，在收养家庭中，这是一种复杂的体验。如果在养父母和孩子首次相遇的那一刻，也就是构建归属感的基础之时，与孩子的出身、文化和躯体特征有关联的历史被神秘化、否认或不被接纳，就会产生一个新的问题。这些关联被置于“别处”，被收养的青少年正是要回到这个“别处”，重新与自己建立联系，理解自己，认识自己。这通常是一个痛苦的过程。

如果养父母从一开始就对被收养孩子的特殊性保持开放的态度，他们就有机会在探讨该议题时重新站在同一起点，开始成长历程的另一个阶段。否则，就会出现恐惧和威胁感，尤其与对家庭的忠诚有关。塞尔吉奥的孪生妹妹罗莎琳达的态度就是一个例证。

罗莎琳达似乎与养父母的关系非常和谐，因为她的肤色较浅，而且患有严重的慢性疾病，需要养母（一位专业护士）的长期照顾。罗莎琳达的养母曾长期照顾自己的母亲和两个姐姐，其中一个患有精神分裂症，另一个是残疾人。尽管如此，罗莎琳达与养父母之间的关系在情感上似乎是贫乏和过度依赖的，这不利于她思想上的独立。事实上，她的认知能力似乎并不成熟。不幸的是，兄妹之间的关系和他们的理想关系发展受到了他们不同的需求和家庭关系的阻碍，这不利于他们在情感上的接触和融合：塞尔吉奥以一种作比较的态度生活，罗莎琳达则骄傲地履行着对家庭的忠诚。这两种情况都是收养家庭临床工作中经常出现的情况。

临床经验表明，塞尔吉奥的故事是一个重要的案例，它告诉我们一个关键因素，即收养家庭从一开始就完全接受收养历史中所表现出的情感经历非常重要。因此，我们可以将这一点视为整个家庭发展过程中的一个风险或保护因素。当然，社会工作者和机构工作人员也为所有收养家庭的历史写下了重要的初章。

3. 病理性依赖与三代人维度分析

独立性的迷思

在过去的40年中，个人主义在塑造我们的日常生活方面发挥了核心作用。这种社会思想变迁的正面影响在于肯定了个体权益和人的尊严，但同时也带来了负面后果，即个体与群体的权利和责任之间的对立愈发尖锐，二者间的不平衡日益加剧。

这种对个体价值的重视，其历史可以追溯到更早的启蒙时代。然而，有趣的是，“独立性的迷思”在20世纪后半叶才逐渐在西方社会扎根。以经济独立来说，它颇具吸引力：在如今的消费社会中，个人需求被置于首位，只要肯花钱，就能获得满足——从比萨、私人教练到友谊，甚至爱情，仿佛一切皆可买卖。

科学领域也开始追逐迷人的目标，如整形手术、干细胞应用、人工授精。对克隆技术的探索成了独立性迷思的极致体现。这仿佛在暗示，个体可以真正地独立存在。然而，我们应该想一想，我们是否将自主性和个人主义与绝对的自给自足混为一谈了呢?

波兰社会学家齐格蒙特・鲍曼（Zygmunt Bauman，2000）曾对我们的社会做出了精辟的定义。在他看来，如今的个人主义是一种脆弱的模式，其中充斥着自私的利益、不确定性和对失败的恐惧。他提到了“液态社会”（liquid society）这一概念，来描述我们所处的无边界现实：在这个现实中，人们渴求群体带来的安全感和在危难时刻能够依靠的肩膀。与此同时，我们又害怕被固定的关系束缚，担心与群体或个人的紧密联系会带给我们不愿承担或觉得难以负荷的义务。这种拉锯之间的空虚感和生存的无意义感，可能是我们把对他人的依赖误解为对自由的限制和个人失败的原因。

从发展的角度来看，正如梅兰妮·克莱因（Melanie Klein，1959）所指出的那样，依赖是个体健康成长的重要阶段。一个从未体验过健康依赖的人，可能会形成不健康的依赖模式。我们在最后一章中也讨论到，青少年离不开对身份的自我认同感。如果他无法建立积极的自我认同，那么就可能会在家庭和社会环境的影响下，构建出一种消极的身份。我们不能简单地认为，犯罪的年轻人缺乏身份认同，因为事实上，他们确实拥有完整的身份认同，但这种身份对自身和他人都极具破坏性。

依赖的系统-关系模型：情感平衡

在系统-关系模型中，健康的依赖是体验归属感的必要因素，因为它让我们感受到被爱和被理解。默里·鲍文（Bowen，1978）在他的发展模型中提出了自我与原生家庭的差异化，其目的是通过跨代依赖的逐步转变来整合自我。他强调了情感的平衡，应在归属感与独立性之间始终保持一种动态的平衡。“如果你没有归属感，就无法独立”，卡尔·惠特克（Whitaker，1989）如是说，因为我们需要在生命周期中经历健康的依赖，才能感觉到我们属于一个特定的群体或系统。意大利歌手、词作家乔治·加贝尔（Giorgio Gaber）在歌中唱到"归属是将他人内化于己"，这说明只有当我们学会内化重要的身边人时，我们才能与他们保持距离，分离出来，而不感觉失去了他们。

个体在一生中所需的健康依赖呈现出不同的形式，并在整个生命过程中展现，包括：父母对成长中孩子的依恋和照顾；对青少年情感和关系的包容；在应对压力和冲突时对同龄人群体的依赖；由浪漫依恋所形成的伴侣之间的相互依靠（Santona，Zavattini，2007；Whitaker，1958）及照料；成年人在需要时向原生家庭寻求帮助的能力；最后，成年子女在父母年迈、需要照料时，将发生角色的逆转。

对于青少年，他们常常通过同龄人群体中重要的健康依赖体验来弥补家庭内健康依赖的缺失。不幸的是，这一点很少被父母理解，尤其是母亲，他们常常因为同龄人群体可能对孩子产生负面影响而感到恐惧。基于这种观点，我们可以假设，许多影响青少年生活的病理性依赖实际上是替代性依赖。

当需要通过麻木或刺激的体验来遏制潜在的心理崩溃时，具有高度焦虑、恐惧或抑郁风险的个体，就会发生病理性依赖。一般来说，青少年出现病理性依赖，常常是为了逃避不愉快或负面的情绪状态，想要摆脱自己的感受，迅速感受快乐和幸福，自我用药，或者保护自己不受任何形式的心理紧张的影响，无论这些紧张是由内部还是外部原因产生的。

在青少年时期，家庭中缺乏积极依赖可能会导致各种病理性依赖的形成。除了众所周知的毒品或酒精引起的物质成瘾外，现在还出现了急剧增加的、所谓的物品成瘾或新型成瘾。这类成瘾相对较新，它们呈现出在社会中迅速蔓延的典型特征。与此同时，人际关系日益淡薄，对物品的迷恋却急剧增加。这也解释了为什么这些成瘾类型常被忽视，不被视为潜在的威胁。这些都是非化学性的依赖，其成瘾的对象通常是法律允许且社会普遍接受的行为或活动。新型成瘾可能包括：互联网成瘾、购物成瘾、工作成瘾、运动成瘾、性成瘾及饮食成瘾。不幸的是，酒精和毒品成瘾依然是青少年时期最常见的问题。有趣的是，在新型成瘾问题上，青少年的倾向似乎与性别有关，即女性更易患上进食障碍，而男性似乎更容易对电子产品形成依赖。

青少年时期的病理性依赖：毒品成瘾

使用毒品始终是一种不幸且绝望的自我救赎尝试。操纵意识、改变心智的实验和行为控制的研究，在人类历史中一直存在。尽管使用的手段和方法各异，但这种现象在所有时代、各个地方和社会背景中均有发生。人类试图通过使用毒品来治愈疾病，逃避忧虑、烦恼和悲伤，打破日常生活的单调，获得超凡的感知力，以及追求神圣的体验。

根据联合国在2009年春季第22届国际反毒品日发布的报告，可卡因、海洛因和大麻的市场在某些情况下显示出稳定或下降的趋势，而合成毒品市场却呈现上升趋势，尤其是在发展中国家。除了传统毒品，这些引起强烈生理和心理依赖的物质总是将青少年作为其主要目标群体，这一现象受到国际毒贩的关注。此外，在这一时期，青少年对所谓软性毒品或派对毒品的使用量明显持续增加，如苯丙胺（又称安非他明，中枢兴奋药）、甲基苯丙胺（冰毒的主要成分）和摇头丸等。这些药物通常以易于服用的药丸形式出现，不伴随像人类免疫缺陷病毒（HIV）或肝炎这样的感染风险，也不像海洛因那样容易导致依赖。同时，它们能迅速让使用者感到精神振奋、自信满满、充满活力、自由无拘束。

然而，合成毒品，如摇头丸、苯丙胺、麦角酸二乙基酰胺（LSD）、氯胺酮、催情剂等，其“洁净”的形象实际上是虚假且相当表面的。它们含有的活性成分会影响并损害中枢神经系统，可能引发癫痫发作和精神病性症状。此外，它们是在秘密实验室中使用不精确的方法制造的非法物质，常常掺杂潜在的危险物质。在意大利，执法部门没收的新型毒品数量已呈指数级增长，这提示了生产规模从小规模个体生产到高级别犯罪组织生产的转变。

这些新型毒品，或者有些人喜欢称为场景毒品，通常在特定的时间和地点由年轻人使用。他们常在周末使用，而这是被视作从日常学习或工作中解放出来的自由时间。新型毒品主要流行于夜总会、狂欢派对或其他以电子音乐及其派生风格为主的活动。狂欢派对起源于20世纪80年代的英国，是在偏僻区域、废弃建筑或另类夜总会组织的大型派对。你可以整夜，有时甚至整天，在众多年轻人的陪伴下，听着震耳欲聋的音乐狂欢。在这种情况下，使用兴奋剂似乎成为提升耐力的唯一选择。在美国，家庭派对和狂欢派对也同样流行，并成为分发摇头丸的理想场合。

在派对上，参与者可能会“服用”几颗不同形状和颜色的摇头丸，有时药丸上还印有星座符号或经典漫画人物的图案，颜色多样，如白色、天蓝色、粉红色或浅绿色，以此来让自己准备好投入到娱乐活动中，并保持数小时不知疲倦地舞动。有的人仅服用摇头丸，而有的人为了增强体验，在夜晚还会服用其他毒品，如“半片”LSD来加强摇头丸中MDMA（即摇头丸的活性成分）的幻觉效果，或者服用苯丙胺或可卡因以延长舞动的时间。然而，这种混合使用的副作用和危险性也随之增加。毒品引发的死亡事件几乎总是由混合使用造成。

在派对中，许多人，几乎可以说是所有人，都会饮用酒精，尤其是啤酒和鸡尾酒。当然，大麻也是常见的选择。它通常在派对结束时被使用，以减轻药丸带来的兴奋感。在迷幻与极端交织的夜晚，只有少数摇头丸使用者会选择使用海洛因，他们这么做，通常是因为无法平息由物质滥用带来的过度兴奋。他们在夜晚的末尾寻求海洛因带来的平静，却不经意间踏入了成瘾的陷阱。许多人回到家后，会从家庭药箱中寻找镇静剂，试图平息内心的波动。对这一代年轻人来说，服用药物、吸烟、饮酒，似乎已成为娱乐活动的序曲，构筑了一种“全面陶醉”的文化——在这里，快乐与麻木交织，意识的丧失被误解为尽情享乐。在这个“一切皆可得”的社会里，我们似乎在“不禁之止”的呼声中迷失了方向。但我们究竟是如何走到这一步的呢?

实践案例：安杰洛与海洛因的斗争

我们认为，当对青少年的毒品成瘾问题进行临床干预时，如果忽略了成瘾者所处的环境，那么治疗将难以施行。对青少年来说，他们生活的主要环境是家庭。因此，细致地评估每个案例，并充分考虑青少年的社会和家庭背景是至关重要的，因为从成长的角度来看，毒品滥用往往与艰难的生活处境相关联。

单纯的家庭治疗并不足以帮助年轻人摆脱严重的成瘾问题，尤其是当涉及犯罪行为时。除非采取适当的保护措施，否则很难实现改变。这些措施不应仅限于每周在办公室进行的1小时治疗会谈。这些家庭往往面临着多种问题，他们不愿意或无法寻求私人的专业帮助，而是常常寻求公共服务机构的援助，接受特定的本地服务机构或社区服务机构提供的治疗方案。

实际上，当成瘾表现为对大量且长期药物滥用的强迫性需求时，治疗性社区服务的干预措施被认为是最为合适的。综合性、密集性的住院治疗项目提供了更多的可能性，不仅可以控制滥用或成瘾行为所造成的伤害，还能同时致力于重建人格和稳定因原发性障碍及药物引起的心理症状（Addazi，Marini，Rago，2009）。

在撰写本书时，安多尔菲想到了一个多年前治疗过的合适案例，并联系了那个家庭，询问他们是否愿意简要回顾他们的经历，包括儿子成瘾前、成瘾期间和成瘾后的情况。父亲代表全家回复了以下邮件。

亲爱的教授：

非常高兴能在电话中听到您的声音，那感觉就像是久违的老朋友，或是远在他乡的家人突然给我打来的电话一样。您给我们带来的亲切感未曾减弱，同时我们对您深深的敬意日益增加。

我必须承认，我们经常感到有必要直接见您一面，也许将来某一天，我真的会因此而给您打电话。接受您的邀请，我已经寄出了相关的资料，希望您能够及时收到它们。也希望我们能尽绵薄之力，表达对您无尽的感谢！

带着最真挚的爱和敬意，

我和我的家人敬上。

附言：如果您有机会来我们所在的城市，我们非常希望能见到您，并共同度过美好的时光。

下面是父亲的叙述：

1977年，我和妻子在意大利中部的一个小城市喜结连理。那时，我27岁，妻子26岁，我们都还年轻，对未来充满期待。我是一名自由职业者，妻子是一名中学教师。我的母亲对我们的婚姻生活干涉过多，这在家庭中引发了一些问题。我过于乐观和天真，没有认真对待这些问题，这种态度向妻子传递了一些非常消极的信号——这是我现在才意识到的。

大约一年后，我们的第一个孩子莱昂纳多出生了。他出生时因为一些并发症，体重只有1.5公斤，尽管他的健康状况良好。除了体重，莱昂纳多其实非常健康和正常，但是他的体重让我们，尤其是岳父母非常焦虑，甚至是过度焦虑了。莱昂纳多出生两年后，我们的第二个孩子，安杰洛出生了。他是一个美丽而强壮的孩子。我们对安杰洛的关注是适度的，但这引起了莱昂纳多的一些问题，他开始出现了食欲下降，几乎到了厌食的程度。这使得岳父母的焦虑情绪进一步加剧，他们开始更加关注莱昂纳多的状况。

由于工作的原因，妻子和我经常不在家，我们的孩子很多时间和祖父母在一起。我们结婚几年后，家庭开始面临一些严重的问题。我的父亲是一名从事建筑业的商人，由于一些不明智的投资决策，遭遇了经济危机。这场危机不仅影响到了我，也波及了我的兄弟，每个人都因不同的原因受到了不同程度的影响。不幸的是，这种状况持续了几年，直至我们失去了一切，包括个人财产。由于这些事件，我们的孩子没有能享受一个平静的童年。我对家庭活动的长期缺席、我对原生家庭的过度依恋，以及我对孩子们缺乏明晰的界限，导致孩子在青春期出现了更严重的问题。

1998年的夏天，我们开始察觉到儿子安杰洛表现出明显的不安，在一位精神科医生朋友的建议下，我们求助于安多尔菲教授，开始了家庭治疗。安杰洛不愿加入我们的治疗，他说他不想被“缩小”，所以一开始只有我们三个人进行了治疗。在接下来的一次治疗会谈中，安杰洛出现了，但是他以一种相当叛逆和粗鲁的态度说他不再想要和我们有任何形式的关系，并宣称他不会再参加治疗。

后来，澄清了一系列被我们之前忽视或误解的信息后，安杰洛承认自己在吸食海洛因。我们花了一段时间去琢磨应该采取哪些措施，以及如何面对这个极其严重的状况。数月后，经过与儿子的长期斗争，我们把他送到戒毒中心，并搬到附近的一个城市。在那里，安杰洛开始参加一个半住宿式的戒毒计划（他从早上9点到下午5点在戒毒中心，其余时间在家里）。那是非常艰难的时期，焦虑和希望并存，尽管安杰洛不断威胁要离开中心，但我和妻子设法建立了一道阻挡他离开的墙。数月后，戒毒中心的工作人员告诉我们，我们必须开始家庭治疗，这就是我们再次回到安多尔菲教授那里继续治疗的原因。

在经历过之前的负面开端之后，真正的治疗终于开始了。尽管有许多困难，特别是由于我的内向性格，这使得我很难敞开心扉，自由地谈论我的问题和家庭的问题。但过了一段时间，沟通再次开始流畅起来，这帮助我们陪伴安杰洛走上艰难的康复之路。我们开始理解儿子的问题所在。我们总是认为他很坚强，却没有真正理解，我们和祖父母给予莱昂纳多的过度关注，让他感到非常脆弱，而家庭中缺乏沟通和我之前提到的严重问题使情况变得更糟。在治疗会谈中，我们还发现，我和妻子并没有“像一对伴侣那样行动”。

不幸的是，由于与康复中心工作人员的一系列误解，安杰洛没有完成他的治疗。一年半后，我们回到了我们的城市，回归了正常生活。与此同时，高中毕业的安杰洛决定离开家庭生活，他先搬到罗马，然后去了佛罗伦萨，最后定居在博洛尼亚省。在那几年里，我们因为安杰洛不想在高中后继续学业，和他可能会再次吸毒而感到非常焦虑。果不其然，我们担心的事情发生了。当安杰洛在罗马的时候，我们偶尔会参加家庭治疗学院的课程，但在他复发后就停止了，也因为我们已经通过治疗学会了如何处理以前发生的情况。这种痛苦持续了很久，有起有伏。安杰洛不止一次复吸，但最终，他明白了他的未来和命运不能与毒品挂钩。

有一天，他带着一份正式的遣返通知回到家中，上面写着他必须返回老家，这可能是他首次真正意识到自己处境的严重性。他在家和我们同住了一段时间，在25岁那年，他决定重新开始学业，并成功申请进入大学。基于对他的完全信任，我们支持他去博洛尼亚（Bologna）开始大学生活，他在那里只待了1年。后来他选择不去上课，而是回到家中和我们一起度过了一段时间。尽管如此，他依然参加了考试。目前，他已经回到博洛尼亚进行必需的实习，而且离他的三年学位只有一小段路要走。莱昂纳多几年前就毕业了，现在在罗马有一份临时工作。如今，尽管有千万困难，我们还是达到了一个可以接受的家庭平衡的状态。我们与孩子们关系很好，尤其是与安杰洛，随着时间的推移，他变得非常依恋我们。我们经常交谈，哪怕是通过电话，也始终关注他的一切问题。有时，我们会有激烈的讨论，甚至争吵，但也有许多充满爱意的时刻，以及频繁展现出的相互尊重。

对我来说，我非常珍视孩子们；其中一个在罗马努力保持着稳定的工作，并设法自给自足，满怀希望地期待着更好的未来，而另一个则与海洛因进行了艰苦的斗争。在这一切中，家庭治疗发挥了极其重要的作用。

我们曾经到了这样一个地步：安杰洛憎恨我们所有人，包括他的兄弟。但现在，情况已经发生了变化。安杰洛经常提醒我们，家庭中的每一个成员要给予他应得的考虑和尊重。有时，我们也会犯焦虑的父母常犯的错误，特别是过度保护。但保持沟通一直对我们非常有帮助，并仍然是维持我们前进的最重要的工具。

我们借此机会向S.家族表示衷心的感谢，感谢他们的来信。这封信的撰写肯定不容易，它可能重新触及了那些尚未愈合的古老伤痕。

酒 精 依 赖

青少年酒精滥用问题是一个在全球范围内不断增长的现象。我们的卫生部门也注意到酒精消费的增加，特别是在12 ～ 29岁的年龄段，并报告称，酒精和与酒精相关的事故是年轻人死亡的主要原因。遗憾的是，这些数据与欧盟和非欧盟国家的类似统计数据相当。酒精在我们的文化中有多种功能：它不仅是社交、联络、仪式和逃避的工具，也是一种自我贬低、自我伤害的方式，对个人的健康、家庭和社会都带来了危害。

关于酒精消费的最新数据显示，许多青少年平均每4天就有1天处于醉酒状态。令人格外担忧的是，这些年轻人喝酒只是为了获得“兴奋感”。而只有当我们不再认为酒精滥用是为了寻求乐趣，对酒精滥用的意义才能更好地被理解。其真正意义完全在于通过一种物质，达到所需的欣快和幸福感，以产生不被抑制的状态。对许多青少年来说，相比于饮品的好坏，饮用度数足够高的酒精来达到效果更为重要。从这个意义上，我们可以看出为什么酒精被许多人视为毒品的替代品：它是一种可以引起强烈心理–生理变化的物质，但同时它又是合法且被社会接受的。

在年轻人中降低因酒精所导致的健康和社会损害，已成为公共卫生护理部门的主要目标之一，根据世界卫生组织设定的指导方针，特别是在欧盟批准《世界卫生组织关于酒精和年轻人的宣言》（*WHO Declaration on Alcohol and Young People*）后，大多数国家都在追求这一目标。这份战略协议于2001年在斯德哥尔摩（Stockholm）制定，在欧洲国家之间提出了明确的指导方针，用于预防和减少青少年的酒精消费，并特别关注于促进年轻人对媒体和社会信息的自主思考（Ministry of Labor, Health and Social，2009）。

为应对社会和同伴群体对年轻人的压力，保护和预防政策认识到必须解构日益模糊和危险的信息。一方面，酒精消费利益群体给年轻人传递饮酒行为正常化的信息，将其宣传为成人和青少年文化的一部分（例如，想想啤酒或诸如酒精泡沫饮料、混合果汁酒之类饮料的广告）。通过这种方式，饮酒成为娱乐文化和追求"嗨"文化的一部分，既是年轻人寻求乐趣的方式，同时也是成年人打破规则的表现。另一方面，当青少年饮酒行为的后果显现出来时，如车祸、斗殴和集体性侵等，成年人对此反应强烈、批评严厉，并将其视为病理性行为。

这种文化上的模糊性，有时使得青少年的实际成瘾或滥用行为被掩盖，甚至被父母解读为他们特定成长阶段的表现。此外，大多数年轻人首次接触酒精是在家中，最初是与父母一起饮用，随后由于家庭环境中酒精的可获得性，他们开始独自饮用。在许多家庭中，允许饮酒被视为从童年过渡到成年的一种仪式。不幸的是，科学界尚未给出饮酒不会对青少年的心理和身体健康产生负面影响的明确界限。

在制订预防和治疗青少年饮酒行为的策略时，我们遇到的首个问题是确定哪种青少年应被视为问题使用者。考虑到他们的年龄，典型依赖型人格的青少年不会来到临床咨询中。事实上，青少年的酒精饮用模式在频率和数量上都有所不同，如从与社交环境相关的滥用或偶尔探索（如周末狂饮），到真正的心理和生理成瘾状态。年轻人使用酒精的行为往往被解读为成长需求的一种症状，当这种需求尚未被清楚理解时，就通过社会和法律不可接受的成人行为来实现。对许多青少年而言，即使是过度饮酒，也仍然是用一种最简单且被社会接受的方式，来做一些既是实验性又是打破规则的事情，从而突破社会接受的限制。

在其他情况下，当向成年期过渡的正常过程受阻时，当依赖与分离的需求之间的冲突通过高度的焦虑、挫折、不安及不适表达出来时，酒精可能成为青少年偏爱的解决方案。过度饮酒也是逃避困难和责任的一种方式，而这种趋势在当今日益普遍。

然而，长期来看，对某些人而言，酗酒是一种失败的策略，它不但未解决问题，反而放大了关系难题。其结果是逐渐丧失了自尊感和个人力量感。唯一的出路，是再次逃离自我和负面情绪，以更加绝望的方式寻求意识状态的改变和现实世界的逃离，即不仅通过酒精，还通过精神活性药物、电子游戏和震耳欲聋的音乐。我们还需要区分不同的酗酒行为：与各种心理障碍相关的行为，如焦虑、抑郁或情绪不稳定，以及通常在很小的年龄就表现出来的精神疾病，如精神分裂症和双相情感障碍。

无论是酒精还是毒品，关注每个案例的社会和家庭背景都至关重要，因为毒品滥用通常与已经存在的发展风险相关联，无论是个体、社会经济、文化，还是家庭的。例如，父母的心理问题通常与孩子情绪调节问题相关，就像父母失业、贫困和对孩子需求的忽视可能与有问题的、不充分的亲子关系相关。青少年可能以一种反应性的方式应对这些困难，接纳现实，或者对同辈压力更敏感，感到反叛，并选择优先归属于同辈群体而非家庭。他常表现出日益增加的对父母的冒犯，从而引发父母的无助感和挫败感。感到无能为力的父母经常放弃对孩子的控制。在这些家庭的历史中很容易发现不同或相似的依赖形式，如酒精、赌博、毒品成瘾、进食障碍。

众多研究已经确认，早期开始饮酒与成年后发展成真正的酗酒或其他行为和人格障碍的风险具有较高的相关性。同时，年轻时开始预防风险可以成为资源和保障，提供更多的灵活性，以及预防和康复的可能性。

早期干预可以确保过早的滥用行为不会转变为成年后的人格障碍和（或）成瘾。

我们应该关注上述风险领域，也要注意发展干预和发展保护性因素的领域，即与父母高质量的情感关系、在成长过程中遇到困难时感到具有控制感和支持感、一套健康的价值观和家庭模式、对青少年发展风险决策自主性的鼓励，以及更好地抵制同辈压力的能力。

家庭治疗在治疗酗酒中的应用

研究和临床实践广泛证实了家庭因素在酗酒的病因学和治疗中的重要性（Deas，Thomas，2001；Becker，Curry，2008）。同样，心理病理学的研究也证实了家庭动力学在青少年毒品和酒精成瘾中的核心作用。家庭治疗在毒品和酒精成瘾案例中的有效性进一步得到了证实（Liddle，2004），具体体现在三个方面：促进了青少年的参与并增加了其对治疗的动力；增加了家庭继续治疗的可能性；能产生良好的效果，并长期维持这种效果。

然而，具有青少年酗酒问题的家庭很难参与到治疗中去，这不仅是因为动机不足和成人支持系统对青少年的信心不足，还因为家庭关系动力学的内在特性。因此，对于临床医生，在治疗的初始阶段，为了能够更好地理解导致和维持问题行为出现的故事背景，并验证行为改变的可能性，将所有可用的资源带入治疗系统是非常重要的，这可能包括教师、朋友，甚至是最初建议寻求治疗的人。

家庭治疗师所提供的对个体问题的关系性重构，如果与家庭共享，会建立并增加每个成员对治疗的动机，减少治疗抵抗和破坏的风险。与基于症状减少饮酒和禁酒的传统干预模式不同，家庭治疗似乎最好地回应了青少年的需求，即被包容、进行沟通，并获得新的意义。

科技成瘾

1995年，精神科医生伊凡·戈德堡（Ivan Goldberg）讽刺地提议在DSM（精神疾病诊断与统计手册）中加入一种新的综合征。他描述了一张多样且复杂的症状图谱，以帮助识别这一新型障碍。起初，其建议被视为一种单纯的挑衅，但后来在临床界产生了有趣的影响。科学界开始认真考虑戈德堡可能是对的，也许真的有可能像毒品或酒精那样，发展出对互联网的成瘾。自那时起，关于此问题的辩论一直在进行，至今尚未结束。尽管一些学者认识到互联网成瘾可能带来相当负面的后果，但他们仍然不愿接受不依赖于物质的成瘾综合征的存在。其他人则声称，这些仅仅是行为成瘾（Alonso-Fernandez，1999）。

自20世纪90年代中期以来，马克·格里菲思（Mark Griffiths）就在该领域展开了广泛的研究（Griffiths，Hunt，1995）。他将科技成瘾界定为人机互动中产生的一系列行为成瘾现象，无论是主动参与（如玩电脑），还是被动接触（如看电视）。格里菲思认为，互联网等技术成瘾与药物成瘾有着类似的核心特点。这些包括：成瘾行为占主导地位（成瘾行为主宰个体的思想和行动，变成其生活的核心）、引起情绪变化（实施成瘾行为能带来兴奋或放松）、耐受（需逐渐增加活动频率以达到原有的效果）、戒断反应（一旦减少或停止该行为，就会出现心理或生理上的不适）、引发冲突（不仅包括个人内心的矛盾，还包括与周围人的关系冲突），以及易复发（停止成瘾行为后又重复同样的行为模式）。

近年来，学者们提出了“科技滥用”（tech abuse）这一概念，是指过度且强迫性地使用媒体技术所引发的一系列后果。这些后果包括明显的主观不适、社交和情感困难，甚至导致学业和工作表现下降，乃至与外部世界几乎完全脱节（Caretti，La Barbera，2001）。具体来说，科技滥用的负面影响涵盖了从身体问题（如久坐导致的肥胖、背痛、视力问题等），到对视频的极端迷恋，如长时间沉浸于视频观看中，通常是在昏暗的房间里一声不响地看着屏幕。

在儿童和青少年中，科技滥用表现为一系列与攻击性增加有关的特定行为，如为了多看视频而与家人和同伴发生争执。而在成年人中，则表现为逐渐忽视家庭责任，导致伴侣问题增加。甚至，有母亲因沉迷于互联网而忘记接孩子放学或准备饭菜的案例（Young，Rogers，1998）。

互联网上丰富多样的活动确保了互联网成瘾并不是一种同质化的障碍类别，而是以多种形式表现出来，彼此之间截然不同。其中包括网络性成瘾（对虚拟性关系和色情内容网站的强迫性使用）、网络关系成瘾（倾向于与在线认识的人建立友谊和亲密关系）、网络强迫行为（强迫性在线赌博和购物）、信息过载（强迫性网页浏览），以及电脑成瘾（沉迷于虚拟游戏，如多用户网络游戏和交互式角色扮演游戏，玩家通过构建虚构身份参与游戏）。所谓的视频狂热也属于最后一类，它包括对视频游戏的无节制使用。

许多年轻人对网络活动的过度参与分散了他们对工作和学校的注意力。在网上花费过多的时间，尤其是在夜间，会打乱睡眠–觉醒节律，导致过度疲劳，对学业和职业表现产生负面影响。更严重的是，逐渐增加的在线时间减少了与身边重要人的交往时间，尤其是与真实、活生生的人的互动。互联网的某些基本特性，如匿名性和缺乏时空限制，提供了类似梦境状态的独特体验，因此网络可以成为一个投射情感和幻想的心理空间。这个空间很容易压倒现实生活，人们越来越倾向于从现实生活中抽离自己，从而导致对虚拟世界的成瘾。

网络游戏成瘾现已被视为青少年严重的心理疾病，需要像药物和酒精成瘾一样接受治疗。来自阿姆斯特丹史密斯和琼斯中心（Smith and Jones Center of Amsterdam）在2009年初完成的为期3年的研究表明，关于“网络游戏成瘾”，受影响的人群中有93%是23岁以下的男性。继美国、中国和韩国之后，欧洲也在阿姆斯特丹建立了第一家戒游戏网瘾中心。该中心提供两个月的专业治疗，来帮助深受网络游戏成瘾困扰的青少年摆脱依赖，重回健康生活。

随着科技创新的兴起，互联网以多种方式改善了人们的生活。然而，对于不能正确使用互联网的人，它同时也带来了风险。一方面，互联网可以提供社会支持，尤其是对人际问题较多、低自尊的人。但另一方面，我们不能忽视一个事实，即该平台可能为人们构建出一个与现实自我不相符的身份，而这也是引发青少年严重网络成瘾的风险因素，特别是对于还没有形成稳定的现实自我身份的青少年。

进食障碍：厌食症和贪食症

近30年来，进食障碍在女性青少年群体中呈现流行趋势，几乎成为她们青春期心理困扰的主要象征。借由身体和行动来传达难以言表的心理冲突，是青春期的一种典型特征。无论是进食障碍、行为叛逆、毒品依赖，还是自杀尝试，这些都是青少年成长道路上的绊脚石，可能是青春期动荡的一部分，甚至演化为更深层的心理病理问题。青少年通过进食障碍回避难以言说的痛苦情绪，用行为的方式释放那些无法用言语表达的强烈情感压力。

过去30年里，关于神经性厌食症和贪食症的研究不断涌现，医学和心理学领域都对此进行了深入探讨。尽管这两种进食障碍被视为不同的疾病，但实际上它们更像是一枚硬币的两面，同一障碍的不同表现形式。过去，限制型厌食症比贪食症更为常见，但现在情况恰恰相反。无论如何，限制型厌食症和贪食倾向通常会在人一生中的不同时期交替出现，且通常限制进食阶段先于贪食或厌食/贪食阶段出现（Cuzzolaro，2002）。

在本书中，我们把这两种形式视为同一综合征的不同表现形式。“厌食症”（anorexia）一词源自希腊语an-orexis，意为“食欲丧失”。该术语在词源上并未恰当描述这种病理状态，即厌食症并不涉及食欲的丧失。实际上，患有厌食症的人处于饥饿状态，但对极端瘦弱的追求使她们不惜一切代价，以遏制对体重增加的恐惧。

厌食症的平均发病年龄为17岁，发病率最高的年龄段在14～18岁之间。在成年期中，40岁左右及结婚后的发病案例也呈上升趋势。虽然厌食症是死亡率最高的进食障碍疾病，但它很少直接导致死亡；已记录的死亡案例大多是由于自杀，占比不超过5%（Harrison，Fauci，1998）。患厌食症的人并不真正期望死亡，而是利用与死亡的较量来掌控自己的生活。

有研究显示，男性与女性的患病率约为1∶10，也有人认为是1∶8。男性厌食症患者的比例似乎在上升，这可能是由于求助人数增多所致。如今，男性在身体形象上的主要问题是追求肌肉发达，而非追求苗条。这种情况被称为肌肉变形障碍（muscle dysmorphia），被专家认为是厌食症在男性中的表现形式。身体形象和性别认同的构建是厌食症的主要发病因素。个体因素，如年龄和性别，以及文化背景、家庭和社会关系模式的交织，共同影响了厌食症的蔓延。

将进食障碍在精神病理学中进行准确分类似乎是不太可能的。进食障碍更可能被视为种族性障碍，或文化综合征（Devereux，1980；Gordon，1990），抑或人类心灵的病理性表现，而这些表现被所属文化以奇异的方式来揭示其最隐蔽和矛盾的方面。厌食症和贪食症患者通过自己的身体表达了当今女性青少年的困扰，并体现了一种完全智性化的女性特质，即身体必须被驯服。就像19世纪维多利亚时代，那时的“歇斯底里”女性通过自己的身体拒绝承担母亲角色一样，这些身体特征是当时对资产阶级女性赋予依赖性和被动性特征的体现。如今的厌食症患者通过限制饮食，似乎在追求与成年女性形态的疏远。

在中世纪，通过斋戒折磨身体被宗教视为通向神圣的途径。15世纪的圣特蕾莎修女（Saint Theresa of Avila）用橄榄枝诱导呕吐，清空胃部以接受圣餐。宗教的神秘理想和精神苦修赋予了厌食症圣徒们长期禁食行为的一种文化上可接受的意义。如今，类似行为则是通过审美标准来证明其合理性。厌食症者是被视为圣人还是精神疾病患者，完全取决于其所在的文化类型，这些文化定义了他们如何为掌控自己的生活而努力（Bell，1980）。

文化模型并不是进食障碍心理病理学的内在特征，而是后者为顺应主流文化而进行的合理化。在当今文化中，审美的戒律强化了厌食行为：苗条、高效和运动型的女性身体被赋予价值，与过去被视为理想女性典范的，拥有柔软、可爱身体的“松弛感”女性形成鲜明对比。这一切的发生都伴随着母性身份社会价值的流失，许多女性认为成为一名母亲的人生选择限制了她们的发展空间，也因此这一人生选择会给其他选择让步。在这个背景下，我们不应低估采取避孕措施的性行为与母职身份之间的分离。尽管安全性行为有利于提升个体自由，却促进了对母职身份价值的贬低，这一点从西方社会生育率的下降中得到了证实。无论是中世纪的圣女、维多利亚时代的歇斯底里青少年，还是现代社会的厌食症青少年，她们似乎有一个共同点——拒绝成年女性的身体。她们都用各自时代的语言表达了一个难题，即难以调和自我认知和文化中占主导地位的女性角色模型，或者简言之，难以长大。

医疗模型和行为矫正干预

进食障碍是心身疾病。对于病情严重的青少年患者，长期住院治疗和抗抑郁药物被认为是必要的，通常与每日的行为矫正干预联合进行。根据克里斯普等人的观点（Crisp，Joughin，Halek，Boywer，1996），厌食症可以视为一种进食恐惧症，并以此实施治疗。心理治疗作为个体治疗的形式也很常见，旨在帮助改变患者的体像问题，以及他们对体重增加、性及家庭内外人际关系的恐惧。

对青少年进食障碍患者进行家庭治疗，有着悠久的历史。早期由费城的米纽庆和米兰的玛拉·塞尔维尼·帕拉佐利开展，详情可参见下一章节。但精神科医疗机构通常反对将家庭纳入青少年厌食症的治疗中，他们倾向于将干预重点放在患者症状上，而非青少年个人及其家庭的历史。充其量会把家庭作为心理健康教育的一环，来控制和监督青少年的饮食问题。

如果我们支持在进食障碍中实施多学科团队工作，那么僵化的标准化治疗方案需要接纳其他更注重利用家庭资源帮助青少年健康发展的治疗方式。伦敦的莫兹利医院（Maudsley Hospital）就采纳了这种思路，他们的厌食症家庭治疗包含三个阶段（Woodside，Shekter-Wolfson，1991）。第一阶段侧重于“恢复体重”，通过密集的门诊治疗，父母发挥积极作用，同时不对家庭进行指导。第二阶段基于让青少年“恢复对饮食的控制”，父母在专业指导下协助孩子。第三阶段的目标是“建立健康的青少年身份”，通过建立自主性和与父母的界限来实现。

萨尔瓦多・米纽庆用于治疗青少年心身障碍的系统-关系模型

米纽庆将厌食症纳入心身疾病的范畴，认为需要在家庭的背景下探讨内部关系及其对个体心理的影响，才能更好地理解厌食的症状（Minuchin，Rosman，Baker，1978）。他描述了这类家庭的特征：家庭关系缠结；成员之间的互动紧密而强烈；子系统边界不清；个体层面上分化较差。这些家庭中，父母对子女过度保护，子女也会过度保护父母，造成家庭关系高度僵化，保持在一个静态的组织结构。家庭关系的缠结和僵化大幅降低了处理冲突的能力，导致遇到冲突时，家庭常通过负性三角关系来回避冲突。

在厌食症家庭中，家庭成员的过度缠结主要指向女儿及其福祉，格外关注她的心理和生理需求，而对家庭外部的定位较差。随着孩子进入青春期，家庭内外协调的需求随之增加，要求家庭处理两个不同领域的冲突。然而，这样的家庭往往缺乏必要的灵活性。他们的外部边界僵化且明确，内部边界却脆弱且模糊，这种状况容易导致代际和跨代的联盟形成，进一步加剧家庭动态的复杂性。

家庭对躯体的关注可以这样描述：“对躯体问题的关注是家庭文化的一个重要因素。”这种关注可能导致孩子出现心身症状，来转移家庭冲突。在个体层面，疾病成了女儿的一种身份，这种身份越来越多地建立在对其能力的隐性否定之上。当青少年被要求展现自身的个人能力时，这种状况变得更加棘手，因为“对痛苦地体验到自己不足的主体来说，节食是获得掌控感和独立性的一种方式”（Gordon，1990）。

玛拉·塞尔维尼·帕拉佐利的厌食症家庭动力学

帕拉佐利吸收了布鲁赫（Bruch，1973）的理念，并根据临床直觉对许多厌食症患者开展了个体治疗，直到她开始实践家庭治疗。我们要向帕拉佐利（Selvini Palazzoli，1977）致敬，她对于导致和维持厌食症的家庭模型进行了最具原创性和深入的研究。她总结了一个具体且结构严谨的厌食症患儿的家庭动力学模型，并描述了家庭中厌食症的发展过程。她的理论基于关系欺诈（relational fraud）的概念。关系欺诈是“一种行为策略，其特点是将跨代的二元关系（父母–子女）表现为特权关系”（Selvini Palazzoli et al.，1989），其隐含目的是将孩子和另一方父母对立起来。

我们不深入探讨该理论的细节部分，可以总结概括其核心是伴侣关系的僵持，一种长期且固化的伴侣危机，通过对女儿的负面三角互动维持家庭现状。除了伴侣僵持外，帕拉佐利还指出了她在20世纪80年代处理的厌食症案例中的几个共同特点，包括父母在原生家庭中未解决的纠葛、对社会不认同的敏感态度、厌食症患者的自我牺牲和自我羞辱倾向，以及兄弟姐妹为了母亲的爱而默默承受苦难的意愿所激起的厌食症患者的愤怒和嫉妒。后来，在1998年，帕拉佐利等人在《厌食症和贪食症女孩》（*Ragazze anoressiche e bulimiche, Anorexic and bulimic girls*）一书中对先前的理论进行了扩展和完善。这本书基于对20年间临床案例的深入跟进研究，不仅对不同类型的厌食症提出了假设，还对每种类型背后的家庭模式进行了分析。

我们必须铭记帕拉佐利在其职业生涯中为推动厌食症的诊断和治疗方案的改变所做的卓越贡献。随着时间推移，人们对厌食症患者及其家庭成员的个体特征和家庭动力的认识不断加深，更加重视各种因素的相互交织影响。对疾病诊断和治疗的理解穿梭于家庭、个体和症状这三个相互关联的维度之间，从而根据厌食症症状的不同功能，将其区分为原发性厌食症和继发性厌食症。原发性厌食症的症状反映了对历史性问题的防御机制，因为不足感是跨越几个世纪的女性体验的普遍问题，但对这种不足感的防御是由文化决定的（Andolfi，Angelo，D’Atena，2001）。

毛里齐奥・安多尔菲的青少年进食障碍治疗发展模型

近40年来，安多尔菲及其团队在对厌食症患者的临床干预中，始终将家庭视为重要的背景。20世纪70年代，针对厌食症少女的家庭心理治疗还是一片空白，不仅是因为这种心理病理特征不像今天那么常见，还与社会对这种令人不安的疾病的偏见有关，社会将其归咎于深层次的精神问题，如精神疾病发作。从它的命名“神经性厌食症”也可见一斑，该命名的出发点强调了疾病与神经系统的联系，而非与食物的关系。

安多尔菲曾在费城儿童指导中心（Child Guidance Centre of Philadelphia）与萨尔瓦多・米纽庆一起工作，并目睹了他的临床工作。回到意大利后，他在罗马的家庭治疗研究所引入了一种新的治疗方式，午餐会谈（lunch sessions），即厌食症患者的家庭与治疗师一起共进午餐（Andolfi，1979）。这一做法的初衷是将父母视为宝贵资源，发挥他们的作用，并以权威的姿态劝说女儿进食。这种干预方式既直接又有些强制性，也许是对那个时代背景的一种响应，它唯一的积极意义在于促成了父母之间共担责任的默契，而这对被三角关系牵绊的家庭来说尤为关键。但不久，这种方法被另一种几乎截然相反的技术所取代。在会谈中，治疗师会公开发出一个指令：让厌食症女孩禁食，然后治疗师和家庭成员会自由地用餐和交谈，几乎忽略她的存在。显而易见，这背后的潜在目标是激发厌食症患者的反叛心理，希望她最终为了维护一种“没有人能指使我”的权力地位而选择进食。

这种语言和方法招致了很多批评，并且随着时间的推移已被广泛取代。只需阅读《家庭面具的背后》（*Behind the Family Mask*）（Andolfi et al.，1983）和《悖论与反悖论》（*Paradox and Coun-terparadox*）（Selvini Palazzoli et al.，1975），就能理解那个时代的文化氛围和临床思想。随着时间的推移，对家庭背景中的厌食现象的理解和治疗逐渐发生了变化，我们在家庭治疗学院的工作重心已从“食物和进食”的主题转向为“发展和身份认同的本质”。在探索青少年反叛行为的历史及关系的意义上，我们已经通过多项研究对这种极端形式的反叛行为进行了深入的探讨（Andolfi，Angelo，de Nichilo，1987；Andolfi，Angelo，D'Atena，2001）。这种反叛不仅指向青少年自身的地位，也指向充满情感的家庭关系。在此，我们根据三代理论模型，概括了一些在理解和治疗厌食症时非常有用的关键方面。

自我意象和身体意象紊乱

毫无疑问，厌食症青少年严重扭曲了其对自我形象和自己身体的体验，并造成了极大的痛苦。一些女性来访者，尽管她们拥有非常美丽和谐的身体，但仍然常常在镜子前“解剖”自己，搜寻细枝末节的、臆想出来的身体不完美的地方，并对这些地方纠结到精疲力尽的地步。她们越来越难以忍受自己的胸部、臀部、鼻子、耳朵、腹部、膝盖及腋窝。这会引起高度情绪化的家庭纷争，父母和兄弟姐妹变得无能为力，无法提供任何形式的支持。拒绝进食、使用泻药、暴饮暴食及反复呕吐，成了每天自我惩罚的惯例，也阻碍了她们以一种积极的方式进入青春期。

对死亡的认知障碍

从临床经验来看，厌食症患者很少有自杀的意图（然而，慢性化发展的成年厌食症女性要更严重，此处我们不探讨后者）。如果说患者希望达成什么目的，那就是获得更多的关注。她的行为更多的是权力的极端表达和对独立的绝望呼唤！在绝大多数情况下，因消瘦和恶病质所致的死亡风险可以存在相当长的时间。在年轻的厌食症患者中，生死游戏是一项格外发达的技能。

我们经常见到或多或少被强制入院的情况，这是极具创伤性的。住院治疗短期内有助于恢复患者的生理指标，因为她增加了一两公斤的体重，但一旦她回到家，这种进步就会消退。游戏会继续，直到发生一些与她对进食和体重的控制无关的极端事情。以下是一位厌食症女孩（康复后）对住院体验的反思：

“我不想住院，就像其他孩子们那样，我扑倒在地，抓住门框，我的父母眼睛噙满泪水，试图把我拖走……在那一刻，他们是救了我一命。我之所以不想要住院治疗，是因为我并没有下定决心想要好起来！”

这是问题的核心所在，就像一场令人筋疲力尽的斗争和摔跤赛，一方是希望孩子康复的人（父母、兄弟姐妹、护理人员等），另一方是并不想康复的孩子！从这个意义上讲，饮食成瘾与其他物质成瘾非常不同，因为无论出于有意还是无意，毒品成瘾者因过量吸食导致的死亡风险更高。毒品成瘾者更能清楚地认识到，他们真的会因毒品滥用致死，最终也确实有一些人自杀去世。

种族疾病

在那些食物短缺的贫困国家里，厌食症的发生似乎相当罕见。正如帕拉佐利所指出的，厌食症是“与富裕社会息息相关的现象”。在一个物资充足的环境中，人们往往会对自己的身体进行各种尝试：在像非洲这样物资匮乏的地区，体重的增减、暴饮暴食又怎么会成为问题呢？然而，一旦这些国家步入消费主义的高峰，相似的疾病也就有了滋生的土壤。

在即将介绍的临床案例中，我们遇见了一位来自孟加拉国的年轻女孩，她在数年前与家人一同移民至加拿大。她深受严重进食障碍的困扰。我们将与她父母的亲朋好友进行讨论，他们对于孟加拉国的厌食症了解不多，因为在那里，人们更多是死于饥荒，社会问题与此完全不同。如果再看看马格里布（Maghreb）和阿拉伯国家，我们会发现那里的电视广告和大众媒体普遍将丰满的身材视为女性之美的典范；在这些地方，那些骨瘦如柴、胸部平平的女孩则不太受欢迎。

儿童的核心地位及其在家庭中的长期依赖性

不可否认，在西方社会，我们目睹了家庭情感结构的深刻转变。

规则和代际界限经历了显著变化，孩子数量的减少（例如，每个意大利家庭平均有1.2个孩子），以及孩子在家庭中的地位变得更为核心。我们从多子女家庭（在农业社会中具有潜在生产力），转变为孩子数量较少的家庭，在这样的家庭中，孩子本身就是“家庭的宝贵财富”；孩子们被父母和祖父母深爱、尊重和宠溺，这导致代表权威的父母与那些正在成长、应服从并尊重成年人规则的孩子之间的界限逐渐被模糊。

孩子的核心地位有时演化为专横和自以为是的行为，这更多是社会结构的产物，而非年轻一代自身造成的问题。这种核心地位从童年时期开始，延续到青春期，而青春期通常被视为个性独立的开始。然而，独立的过程越来越多地被推迟到了25 ～ 30岁，许多学者将这一阶段描述为“延长的青春期”（prolonged adolescence）（Scabini，1997）。这一现象有助于我们理解青少年成瘾行为和极端反叛行为（如厌食症）的增加。

“长不大的孩子”与彼得潘综合征

厌食症患者在成长道路上的困惑，可以被形象地称为“彼得潘综合征”（Peter Pan syndrome），这不仅是他们个人的困境，也反映了整个家庭在面对成长与过渡期的必经阶段时所遇到的挑战。我们要明白，现代青少年的成长期越来越紧密地与父母的老龄化、甚至是长辈的离世交织在一起。实际上，家庭在青少年时期需要的调整和重组，无论是在数量上还是在质量上，都是一项复杂的任务。因此，青少年与家庭之间形成相互依赖的关系并不少见，这使得青少年好像陷入了一种“长不大的孩子”的状态（Andolfi，2003），他们拒绝成长和独立，表面看似是为了控制家庭情感，实际上则是出于对外界的恐惧与不确定。

问题不在食物，而在外界

青少年厌食症患者真正面临的挑战，并非食物或者餐桌上的家庭冲突，而是被感知为充满威胁和危险的外部世界。这些年轻的女孩对外界、对与同龄人的比较感到深深的恐惧。她们在家庭这个安全的港湾里施行着控制，而在外界，她们却难以建立情感联系，并且很少能成为朋友群体的一部分。她们在学校的表现可能很出色，因为她们追求完美，但任何一点像批评的言辞都能给她们带来巨大的挫败感。在情感层面，女孩们对拒绝极其敏感，极度害怕被忽视。所有的一切最终导致她们完全回避身体和性接触，这通常被她们视为不洁或侮辱。

角色与亲职功能逆转：青少年扮演的“祖辈角色”

在前面的章节我们已经提到（并将在讨论青少年反应性抑郁症时再次提及），青少年时期的心理障碍与家庭内部的父母关系及家庭功能失调密切相关。

在患有厌食症的女孩中，角色逆转的现象极为普遍，这既是因为在孩子成长过程中母亲可能过度干预，也是因为在此过程中父亲几乎“消失”。事实上，厌食症患者往往在家庭中扮演着控制者的角色（这种控制从厌食行为出现前数年就开始形成），她们成为家庭内情感疏离、父母冲突和情感缺失的直接见证者。这些年轻女性常常成为需要在情感上支持母亲的替代伴侣，并“承担起类似于祖母那样的照顾家庭成员的角色”。她们往往与对自己情感上有重要影响的祖母产生共鸣，并效仿其行为和态度。

我们记得一个案例，一位年轻厌食症患者的外祖母参加了家庭治疗。外祖母戴着一顶貂皮帽出现，显得格外引人注目。在治疗过程中，我们发现女孩在成长过程中与外祖母的关系极为亲密；她不仅是以外祖母的名字命名，还深受外祖母的宠爱，这与母亲形成了鲜明对比，即后者未能获得自己母亲的高度赞赏。治疗师提出了一个建议，让外祖母将帽子交给外孙女，看看她是否能以同样威严的方式佩戴。这个提议让女孩非常激动，她戴上帽子时展现出无可置疑的威严。而当治疗师建议将帽子传给母亲时，母亲显得相当尴尬并笨拙地戴上，这一举动引发了外祖母的批评，从而进一步证实了她更偏爱外孙女。

退化部分和过度成熟部分的并存与分裂

在探讨了女孩在家庭中展现的过度成熟角色之后，我们同样不应忽视厌食行为本身所呈现的强烈退化倾向，这使得女孩重新沉陷于像是被溺爱的3岁孩童的任性和专横行为中。同时，月经的停止也暗示了对进入青春期转变阶段的生理性拒绝。如此，形成了一种分裂，一种成熟与幼稚水平之间的解离。治疗的目标是通过激发她的退行部分和过度成熟部分，帮助父母重新获得对家庭的控制权，把青春期还给女孩。

厌食症：青少年反叛和寻求爱的极端表达

与倾向于通过攻击性行为表达不满的男性不同，女性通常更加内省，倾向于将情感深埋心中。愤怒和痛苦这些负面情绪，常常激发青少年的反叛心理，通过自我伤害和剥夺生命的活力或热情来表现。厌食症仿佛是一种生命的“虚拟死亡”。然而，当我们透过病态的表象看本质时，常常可以在厌食症患者身上发现一种敏感、深沉且极端智慧的品质，这些品质往往超越了“普通”女孩。似乎在克服疾病的创伤、忍受痛苦和让亲人共同承受痛苦的过程中，为个人的人性增添了某种价值。即便在康复之后，厌食症患者可能仍在亲密关系和性方面存在问题。对拒绝和排斥的恐惧根深蒂固，让她们难以感到安全和自信。我们发现，即便是在成为母亲并拥有稳定的伴侣关系之后，这种恐惧依然存在。但话又说回来，又有谁能够完美无缺呢?

实践案例：尼塔在孟加拉国和加拿大之间的厌食之痛

下面的案例摘录自多年前安多尔菲在加拿大对一个来自孟加拉国家庭的咨询记录，该案例取自伊丽莎白·里奇利（Elizabeth Ridgely）在《请帮助我与这个家庭》一书中的描述（Adolfi，Haber，1994），后经修订和完善。

这个家庭由父亲（53岁的船舶工程师）、母亲（40岁的家庭主妇）和两个女儿（18岁的尼塔与14岁的莉拉）组成。父母结婚已18年，其婚姻是按照原籍国的传统习俗安排的。事实上，丈夫在婚前仅看到妻子姐姐的照片，他相信她们在外貌上会相似。

尼塔的厌食症状在她14岁即将进入高中时首次出现。当体重降至危险水平时，她被送往当地医院接受强制喂食，并接受了精神科医生的团体和个体治疗。在医院待了几个月后，整个家庭被转介到多伦多的乔治赫尔中心（George Hull Centre），一个专门治疗家庭和青少年问题的知名机构。在那里，父母谈到了女儿食欲减退、拒绝参加家庭聚餐和不愿意离开家的情况。在人们期待她变得更加自主的时候，情况却恰恰相反。

在安多尔菲进行咨询的前两个月，居住在孟加拉国的外祖母病重，而母亲因尼塔的病情突然恶化而未能在外祖母去世前去探望。我们是在咨询过程中才得知该事件。家庭治疗师在与家庭工作了14个月后，没有取得任何显著的改变，决定专注于做父母的工作，相信他们关系的改善也会对女儿产生积极影响。然而，这项工作实际上非常困难，伴侣俩正逐渐走向“同屋而居，心已远离”的境地。同时，尼塔的个体治疗师也因为女孩的状况毫无改观而感到灰心。在这种治疗僵局中，尼塔的厌食症状持续存在，安多尔菲被邀请介入治疗。

整个家庭参加了这次心理会谈，包括家庭治疗师和个体治疗师。起初，咨询师（安多尔菲）在单向镜后保持着观察，通过家庭治疗师以间接的方式与家庭接触。虽然安多尔菲这一身份最初只是临时的，但他在整个首次会谈中一直都在。这是安多尔菲首次尝试通过家庭督导的方式进行心理会谈，并且得到了患者的积极配合。这次几乎是偶然发生的经历，却深刻改变了安多尔菲在随后几年对治疗和督导的认识，最重要的是，改变了他在家庭中寻找能力和资源的视角和方式。

对厌食症女孩的治疗：从咨询顾问到督导

咨询顾问（安多尔菲）在本案例中采取的是一种看似悖论的试验：他以外部人员的身份加入治疗，但并未直接介入治疗过程。相反，他利用“直接督导”这一手段，在镜子后面与女孩建立起了一种关系。他的介入方式非常独特，与常规治疗程序完全不同。然而，他认为这是在治疗僵局中自由行动的最佳策略。许多专业人员参与了这次会谈，包括精神科医生、护士、社会工作者、营养师、个体和家庭心理治疗师等，他们都曾参与过本案例的治疗，但似乎都未能成功——无论是家庭还是治疗师。咨询顾问决定不进入会议室，而是选择留在单向镜后面，通过治疗师向家庭传送了一个相当挑衅的信息。

治疗师说："他在镜子后面，已经听到了你们的治疗经历，并可能会通过对讲机联系我们。他想让我传达的信息是，他想知道……鉴于孟加拉国和加拿大在帮助你们家庭方面都失败了，他在想，他作为来自另一个大陆的治疗师，今天怎么可能会对你们有所帮助。正因为如此，他有些犹豫，不愿意进来开始咨询。"

母亲： 你说"失败"是什么意思?

治疗师： 我替他解释一下，他说失败的意思是指，正如你知道的。

蒂娜（个体治疗师）： 我从 14 ～ 15 个月前开始与您合作，但没有什么实质性的变化。所以，我想他是说治疗没有带来任何改变，因此失败了。

母亲： 事情是有所改变的，正在慢慢变好，不是失败，而是在进步中，我们正在努力。你这是什么意思? 为什么这么说?

治疗师： 不是的，他的意思是说，尽管我们进行了治疗，但情况似乎并没有明显地改善。比如，你们在女儿住院后来到我们这里，但我们的工作，包括医生的报告，没有带来任何改变。

父亲： 我认为在布兰登医院，她的生活有了一些小的改变，她出院后，确实有些事情发生了变化，只是她还是不愿意按照需要的量进食。

治疗师： 这不正是你们寻求帮助的原因吗?

父亲： 我认为她真的在努力……除此之外，她习惯于在医院的房间里独处，从来不出去，从来不见任何人。现在她自由了，她可以去任何想去的地方，一切都好了许多。

没有希望

（对讲机首次响起，治疗师起身接听。从现在开始，咨询顾问的所有指导都将通过单向镜后的对讲机低声传达。）

顾问： 你叫什么名字？

治疗师： 吉姆。

顾问： 吉姆，你做得很好，希望你能帮我传达这个信息，走到那位女孩面前说："你很清楚，当安多尔菲医生说'在孟加拉国和加拿大都没有希望'时，他是什么意思。"然后坐下，不需要做任何解释。

治疗师： （站在尼塔面前）尼塔，刚刚是安多尔菲医生，他让我给你传达这个信息：你知道他说"在孟加拉国和多伦多都没有希望"这句话是什么意思！

我们刚刚见证了与这位女孩建立治疗联盟的第一步。她知道事情并未有所改变，因为她自己并不想康复，而她父母的回答，似乎只是为了避免承认内心深处一切依旧的保护方式。但或许，这位来自遥远之地的不寻常的治疗师能够为这缺失的希望发声，激发一些改变，并揭开家庭的伪装。

母亲： 他怎么能说没有希望呢？我不理解。我相信总有希望的。

治疗师： 他的意思是，似乎没有希望……他觉得自己进来也改变不了什么。那他进来还有什么意义呢？你觉得还有希望吗？

母亲： 当然有，我感觉事情正在慢慢变好。

父亲： 就像我之前说的，自从她出院后，在很多方面都有所进步，只是饮食还是个问题。后来，我们发现她又开始重蹈覆辙了。

尼塔：（眼里闪烁着光芒）我懂他的意思……他说我在听……我确实在听大家的话，但不一定会按说的去做……我可以说我懂他的意思……我只能尽力而为。有时候我会照做，有时候不会，看具体情况。这要看我自己，但说实话，我不太在意，也不太听别人的，我更多是按自己的想法来，所以他说没什么变化，可能没错。

父亲：可是，你打算怎么恢复健康呢？你有想过要健康吗？

尼塔：我不确定。

父亲：不确定？你不觉得健康的人生活得更好吗？

尼塔：你是这么说的，但我不太在意。

父亲：真的吗？在我看来，你的想法总是在变，时而这样，时而那样，感觉你自己都不太清楚到底想要什么，或者该怎么做。

当女孩听到咨询顾问的话后，她变得很好奇。她的眼神开始四处游移，仿佛在试图透过镜子寻找那隐藏的存在；同时，她也在想着这次谈话接下来会怎么发展。有趣的是，咨询顾问和女孩之间的首次情感共鸣，就建立在他“不确定是否应该进来”和她“不确定是否应该跟随”的基础上，这成了一种基本的连接。换句话说，一种不言而喻的合作已经悄然展开。这与父亲形成对比，父亲说了很多话却没有在倾听；母亲则更担心对情况的悲观评价；年幼的妹妹则在“女王”面前双臂交叉，脸上写满了愤怒。

顾问故意提出“没有希望”的观点，因为实际上，希望始终存在，关键在于我们是否愿意去寻找。这是一种悖论，就像他说自己无法提供帮助一样，实则他正通过对讲机，从镜子背后悄悄地操纵着一切。这些悖论震惊了每个人，除了父亲，他好像只是在自言自语。

家庭中的死亡

（对讲机响起，治疗师接听。）

顾问： 吉姆，请转告爸爸："你不停地说话，正是这个家庭没有希望的最主要表现。你能尝试着安静地坐3分钟，感受一下家庭中的死亡吗？"

治疗师： 安多尔菲医生认为，您不断地说话是这个家庭没有希望的最主要表现。他想知道，您是否能安静地坐上3分钟，去感受一下家庭中的死亡。

（一段长时间的沉默之后，对讲机再次发出声响。）

治疗师： （对女孩说）尼塔？安多尔菲医生想和你交流一下。

直到这一刻，顾问一直通过治疗师吉姆来传达自己的想法，尽管情况复杂多变，吉姆也尽力做到了最好。在漫长的沉默中，顾问突然领悟到：这片沉默或许与家庭正在经历的真实的哀悼息息相关。能够忍受如此长时间沉默的家庭并不多见。顾问现在准备继续探索这条道路，并感觉他可以直接与女孩建立联系。从此刻起，在整个会话过程中，尽管他们之间的实际距离只有20厘米，相隔一面单向镜，他也将只通过单向镜后的对讲机与她交流。

顾问： 你好，尼塔！

尼塔： 你好。

治疗师： 你认为爸爸现在能感受到家里的死亡吗？

尼塔： 我不太确定。

治疗师： 你愿意去确认一下吗？因为如果他能感受到，或许我们还有希望。否则，我加入你们的谈话也没什么意义了。你能帮我确认一下吗？你能和他探讨一下他是否真的感受到了家庭的死亡和失败吗？你能尝试一下，然后给我回个电话吗？

顾问没有介绍自己，也没有进行任何寒暄，而是直接开门见山，仿佛他和女孩之间的关系已经非常坚固。顾问请尼塔向父亲传达一条态度强硬的信息，同时通过邀请她在父亲有所感触后立即回电，来强化与她之间的联盟关系。这样，他构建了一种互动关系，因为尼塔也将通过她的回答影响顾问。

尼塔： （对父亲说）你听明白吉姆刚才说的话了吗？你现在能感受到家里的死亡吗？

父亲： （直视女儿的眼睛）没有，我没有感觉到什么死亡。

尼塔： （有些尴尬，同时微笑）所以你并没理解……你理解了么？

尽管他口头否认，但这位看似完全脱离了自己情感的男士，第一次以非言语的方式做出了反应，就像他早就预料到这一刻会来。现在还需要弄清楚的是，他是如何理解他接收到的这些信息的。不过，看父女两人眼神交流真是太有意思了，尽管女孩的微笑对于她所提出的问题似乎不太合适。

父亲： 我不理解，在一个根本没有死亡的家庭里，我要怎么感受到死亡？

尼塔： （对治疗师说）电话号码是多少，我现在可以打给他吗？

治疗师： 你只需拿起话筒，他就会在另一头接听。

（尼塔通过对讲机联系顾问。）

顾问： 你好？

尼塔： 嗯，这就是你想问的答案。

顾问： 什么意思？

尼塔： 这就是他的答案。

顾问： 我不明白你说的答案是什么意思。

尼塔： 你没听到他说的话吗？

顾问： 没有，因为你在讲到死亡的时候笑了，我有点不确定，你能不笑，再问问爸爸是否真的感受到了死亡？因为如果你笑的话，我觉得爸爸可能就不会明白，你明白吗？请再试一次。

（尼塔回到座位上，完全改变了语气。）

尼塔： 你感受到了什么吗？

父亲： 我该感受到什么？我没在家里感受到任何死亡。

尼塔： 你在想什么？

父亲： 我在想你。

尼塔： 想我什么？

父亲： 感觉一切变好了。

尼塔： 一切怎么变好了？

父亲： 我在想，你接受的治疗可能并不适合厌食症。你看，如果你能在医院再待上半年或一年，有他们的帮助，你可能会好起来。通常那些专门治疗厌食症的地方，治疗得更到位。这是多伦多唯一一个常规治疗厌食症的医院，有一整年的治疗计划。你早上 6 点进去，晚上 6 点回来，持续 6 个月到 1 年。如果你的情况有所好转，并且能坚持 1 年，我相信你会恢复得更好。

显然这位男士作为父亲完全无法触及自己的内心情感，这就是他一直重复治疗必须加强的老生常谈的原因。令人意外的是，一旦提起死亡的话题，母亲的表情就会变得异常激动，她似乎真的感受到了某种无法用言语表达的强烈情感。与此同时，妹妹也异常愤怒。要开启这位工程师的内心，还需要克服许多坚固的防御壁垒，但关键是不能放弃。

顾问： 尼塔，说真的，你能帮帮我吗？

尼塔： 我该怎么做？

顾问： 现在，如果你愿意帮我，我请你直视爸爸的眼睛，问他一个问题："你是作为丈夫的身份先迎来了死亡，还是作为父亲的身份先步入了终结？"尽量以一种，让他感受到你真心想要发自内心深处答案的方式提问……你很清楚心和脑的区别。然后，在他面前静静地等他回答，祝你好运。

当顾问通过对讲机与尼塔交谈时，父亲好像在试图集中精神思考什么，他从口袋里拿出眼镜戴上。他的感官似乎有些混乱，就像这位男士需要通过戴好眼镜来聚焦自己的感受一样。

尼塔： （对父亲说）刚才……你感觉是作为丈夫的身份先迎来了死亡，还是作为父亲的身份先步入了终结？

父亲： 你这话是什么意思？

尼塔： 你是作为丈夫先死去，还是作为父亲先死去？

父亲： 我从未死去！我从未死去！

尼塔： 我想知道，是只有在真实死亡的情况下，你才能感受到失去的感觉吗？

父亲： 对，只有那样。

（……）

顾问： 你好，尼塔，你做得很好，你觉得触动了他的心吗？

尼塔： 这很难做到。

顾问： 很难触动他的心？还是对你来说很难？

尼塔： 我想是对我来说很难。

治疗的合作现在开始。从此，每当对讲机响起，女孩将亲自回应。尼塔摆脱了遥控的束缚，开始依据自己的意志行事，在治疗过程中，她将越来越主动地分享自己的心声。

顾问： 你能试着问问妈妈吗？问她同一个问题好吗？看看妈妈是否更能敞开心扉？然后，你也试着问自己想问的问题，你对父母的了解胜过任何人。甚至，在你降临人间之前……我相信，唯有你能探寻家里是否还残留着希望的火苗。或许，今天就能点燃新的开始……可以吗？

只有当你感觉到家里还有希望时才联系我。只有在他们感受到死亡，真实的死亡的时候，真正的希望才会萌生。不仅是你一天又一天的消逝，还有更深的损失……那些源自现在，或你生病之前的，家中某位重要之人的逝去，或是婚姻中某些重要东西的逝去……这是另一种形式的死亡。因为此刻，家中唯有你在与死亡相伴，而我觉得，这份重担对你来说太沉重，祝你好运。

这是一段深沉且充满张力的对话。咨询顾问不断地重复同样的议题，试图从不同角度解读家庭中的痛苦和无力感，这些并非仅仅与尼塔的病症相关。女孩逐渐领悟到咨询顾问想要拓展调查的范围（可能是她第一次有这种感觉），将调查内容延伸到家族历史，试图让她的厌食症显得更为正常，同时也直面她对家人的操控，以及她通过自己的病症以独裁的方式统治家庭的现实。起初，女孩感到困惑，但随后，她似乎被镜子那一端催眠般的声音所吸引，紧紧地依靠着对讲机。咨询顾问的对讲机恰好位于镜子的对面，他们之间只隔着20厘米的墙壁。在这里，弥漫着深刻的理解与强烈的共鸣。

尼塔： （对母亲说）你有没有感受到任何失去的感觉？

母亲： 没有。

尼塔： 真的一点儿都没有？你是否觉得我们家需要经历一次真正的死亡，像爸爸说的那样？

母亲： 不，我不这么认为。

尼塔： 那你的感觉是？

母亲： 我其实什么感觉都没有……我觉得我比你爸爸要乐观。

尼塔： 你是说你对未来还有希望？

母亲： 对。

尼塔： 你说的是死亡的事吗？

母亲： 对。

尼塔： 不要只想着希望，不全是关于希望的……回想过去这 4 年，你有没有觉得自己失去了什么？可能是你自己的某个部分，或者……

母亲： 嗯，我是有些感觉，但并不是绝望的感觉。

（对讲机响了，尼塔直接接听。）

顾问： 你愿意再尝试一次吗？你能让妈妈靠近爸爸，或者爸爸靠近妈妈，然后让他们一起谈论他们生命中最重大的失去吗？就在你开始一天天的因厌食症而垂死之前。你能问问他们，除了你，对他们来说最重大的一次死亡是什么吗？

尼塔：　我试试看。

顾问：　说服力要足！

尼塔：　我会尽力。

顾问：　或许，你可以脱掉外套……这样可能更有帮助……并试着让他们坐得更近一些，可以吗？

（尼塔放下对讲机，走向房间中央。）

尼塔：　（对母亲说）好的。你能坐在这里吗？（母亲坐在尼塔之前坐的椅子上，离丈夫很近。）在我陷入厌食症之前，你生命中最重大的一次死亡是什么？

父亲：　这个问题是问我们两个人的吗？

尼塔：　对，我希望你们两个人一起谈谈。

父亲：　拿我来说，是我父母的离世。

母亲：　我们到底在谈论什么类型的死亡？

尼塔：　这由你决定……在我之前，你感到最重大的一次死亡是什么？

母亲：　我说不清楚，因为有太多的起起落落……所以我不确定是哪一次。（母亲是在说婚姻的终结吗？）

尼塔：　（对父亲说）你刚才说了什么？

父亲：　正如我所说，是我父母的离世。

在确认了存在其他的失去之后，顾问开始探索它们背后的深层含义。

（对讲机响起，尼塔接听。）

顾问：　问问爸爸，除了父母离世的事实外，他具体失去了什么，因为如果我们能理解他因父母去世而失去了什么……

尼塔： 啊，你想问的是，因为那件事他失去了什么？

顾问： 对，因为他的心还被锁着，而你的厌食症就是打开他心门的钥匙，你知道的。所以，用这把钥匙去触摸他们俩的心……

尼塔： 你因父母的去世失去了什么？不仅仅是失去了父母，你的内心又失去了什么？

父亲： 嗯，我失去了那种归属感，父子间的纽带……他的爱与关怀，我和爸爸的联系……但时间总在流逝。

尼塔： 自从你离家以后，你就再也没见过他们了，对吗？你和他们相隔这么远。

父亲： 是的，但他们在世时，我心里还保留着那份感觉。

尼塔： 你一直带着这份感觉，然后当他们去世，你就感觉不到了？所以你的意思是，你不再感到和父母亲近了。因为他们去世了，你就不再感到亲近了，是这样吗？

父亲： 没错，就是这样。

尼塔： （对母亲说）那你呢？

母亲： 不，我……我没这种感觉。

尼塔： 你妈妈最近去世了！

母亲： （非常激动，开始哭泣）是的，我的妈妈最近去世了，但因为我没能亲眼见她最后一面，我并没有感受到那种断联的感觉。

在祖母去世时，尼塔因为自杀倾向而住院，导致母亲选择留在多伦多陪伴她，而没有回到孟加拉国去悼念自己已故的母亲。直到这一刻，两位治疗师才了解到该事件，他们对此感到非常震惊。他们与这个家庭合作了一年多，现在才在本次会谈中得知母亲和家庭的这场经历，这真是难以置信。遗憾的是，当大家都专注于孩子的疾病，生命中其他的重大事件就会被忽视，这种情况就有可能发生。母亲因为女儿的疾病而未能哀悼自己母亲的死亡，她的痛苦现在终于可以在众人面前表达出来，这种表达赋予了家庭困境新的价值和重要性，从而重新界定了家庭面临的难题的优先顺序。

尼塔： 她还常常出现在你心里吗？那如果我去世了，你会有同样的感觉吗？感觉再也和我没有联系了……

父亲： 我不确定，这情况不一样，毕竟你是我的孩子，我真的不确定……

母亲： 当然了。

治疗师： 她是什么时候去世的？

母亲： 差不多两个月前。

治疗师： （有些惊讶地问母亲）我不知道你妈妈过世了。你没有回孟加拉国吗？

母亲： 没有。我本想去的，但……尼塔病了，我就没去。

（对讲机响了，尼塔接听。）

顾问： 尼塔，我觉得你找到了正确的方法，对吧？

尼塔： 我不太懂。

顾问： 我也不确定……我觉得你刚开始找到了打开你父母心门的钥匙……你觉得现在有希望了吗？

尼塔： 我认为是的。

顾问： 好的。

虽然听起来不可思议，但女孩通过她的人际交往能力和作为青少年女儿的敏感洞察力，在治疗中解锁了情感。当尼塔向父亲提出："如果我去世了，对你来说我就没有意义了吗？"她同时也提出了对未来的思考，一种不同故事的可能性，以及处理感情依恋的新方式。尽管有些困难，父亲最终还是开启了关于他失去亲人的话题，而母亲则还在考虑应该讨论哪一次死亡，因为“婚姻的死亡”也成了不得不面对的问题。女儿给予了母亲谈论她近期事件的空间，这代表着会谈中每个人情感的转折点。在尼塔的努力合作下，许多事情开始发生改变。

顾问意识到他必须做出选择，因为他不能再继续扮演幕后操纵会谈的幽灵。长时间的沉默、关于死亡的话题讨论，以及家庭在治疗过程中倾注的情感，都需要在一个支持性的环境中进行细致的评估。环境必须能够包容这个从孟加拉国迁往西方世界、寻求新生活的家庭的发展进程，让他们能够在没有压力的情况下，坦诚地表达感受，接受评估，并继续前行。现在需要的不是来自罗马的顾问魔术师，而是更多地回归到孟加拉国的背景，在把处理他们生命的责任交给加拿大医院和治疗师后，让家庭对他们的命运有一种能力感和健康的参与感。这些是顾问的想法，他决定再次借助尼塔的合作。

探寻孟加拉国

顾问： （通过对讲机对尼塔说）现在，你能再次帮助我吗？接下来是最棘手的部分。我觉得家庭需要更多地感受孟加拉国的气息。你明白我的意思吗？你一直都在努力维系孟加拉国与加拿大之间的联系，但你的方式有点疯狂。

尼塔： 疯狂？

顾问： 是的，有点疯狂……你知道你的症状很不寻常……

尼塔： 我不懂。

顾问： 你为了保持父母与孟加拉国的联系而变得“疯狂”，这虽然很有心，但实际上没什么用处，它并没有真正解决问题。

尼塔： 我还是不太明白……

顾问： 你尽了最大的努力让父母保持与孟加拉国的联系，这点你很清楚，但你采取了一种不寻常的方式。现在我的问题是：在多伦多有没有来自孟加拉国的、年长于你的人，可以帮我更好地理解你的父母？这座城市里有没有既亲近又很了解他们的人？

尼塔： 这很难，找一个对他们俩都亲近的人？

顾问： 因为我有一个像你一样疯狂的想法。我们午饭后再见面，这次我会亲自加入，但你的父母必须带上一个熟悉他们并了解他们在孟加拉国生活情况的人。你对他们而言代表了太多与孟加拉国的联系，懂吗？你承担了太多角色，有时候你像 73 岁的老人一样说话，知道吗？有时候你说话、行事和感觉都像祖父母。虽然这很好，但完全不对……所以我们可能需要一些来自孟加拉国的成年人，你父母信任的人，每个人找一位就好。把我的话告诉你的父母，如果他们觉得这次治疗有希望，告诉他们在两点半带上两个来自孟加拉国的人回来。

尼塔： 要整个家庭一起来？

顾问： 当然，整个家庭。再加上那两个人。

需要注意的是，上述事件发生在上午11:30，我们必须用上足够的说服力才能让一个居住在多伦多的孟加拉国家庭同意在下午2:30返回，并且还带上来自孟加拉国的朋友！然而，当我们觉察到机会并感受到一些重要的转变已经发生时，这样的冒险是值得的。

顾问： 同时，在你们吃午餐时，我希望你能像18岁的年轻人那样吃饭。

尼塔： 不是像个祖母那样吗？

顾问： 对，不是像个祖母。祖母们因为牙齿问题有时候甚至不吃东西，因为她们觉得不需要。所以，像18岁的孟加拉裔加拿大女孩那样吃饭吧……并尝试去想象妹妹真的就是你的妹妹，因为我觉得你并不是真的把她当作你妹妹。

尼塔： 你觉得我是怎样对待她的？

顾问： 你对待她就像对待小宠物，或者好像她是你的孩子一样！

尼塔： （笑着）是的，确实，我一直都是这么做的！

尼塔以清晰和坚决的态度向父母传达了下午会谈的安排。母亲似乎也立即表现出决心，她与母亲一起，说服了父亲和妹妹下午带两个家庭的朋友一起回来。当父母用孟加拉语通过电话邀请朋友时，他们看起来更加生气勃勃，他们拥抱、亲吻，充满活力地准备去吃午餐。父亲让女儿通过对讲机联系安多尔菲医生，确认下午2:30的预约。

孟加拉国，直击现场

家庭在午餐后与两位来自孟加拉国的朋友一起回来，他们是尼塔的教父母。安多尔菲在一种与早上截然不同的氛围中迎接了这群人。现在的情感背景更加充满欢乐与活力，不再像先前的会谈那样充满沮丧与无助。尼塔将她作为“顾问的顾问”的角色移交给了两位客人。讨论的主题也大不相同：回忆、孟加拉国的传统、在北美的融入难题。他们还探讨了两个家庭的不同文化、他们之间的差异与相似之处，如包办婚姻、两位男士展现情感的差异、两位女士请求孩子帮助的方式、家庭成员表达爱的方式，以及每个家庭所经历的丧失。两位女儿参与了整个会谈，帮助重写了重要事件的历史。

“更多孟加拉国的氛围”不仅使尼塔从被标定的患者这一核心角色中解脱出来，也恢复了家庭内部的平衡。直至此刻，治疗师们的作用更像是取代了孟加拉国在家庭生活中的地位，仿佛家庭的历史和跨文化的演变在当前的情境中显得无关紧要，几乎完全被尼塔的厌食症问题所掩盖。孟加拉国的氛围越是得到其应有的位置，家庭就越能恢复活力、生命力和对自己生活的掌控。

随访会谈

在咨询1年后，安多尔菲再次来到多伦多，与家庭、家庭治疗师、个体治疗师一同进行了随访会谈。家庭愿意参与，更多是出于对专业人员的尊重和满足他们验证咨询成效的需求，而非其他原因。

尼塔已经顺利完成高中课程，报读了大学，她的厌食症也得到了治愈。母亲在家庭之外，对自己的工作感到满意。伴侣俩都认为他们的婚姻关系有所改善。尽管父亲依旧有些固执，但他现在不再像过去那样严厉，变得更加平和。小女儿在学校的表现有所提升，并且积极投身于体育活动。

咨询最显著的成效在于它结束了治疗。这可以有多种解读：家庭成员可能在治疗过程中对自己有了深刻的了解，长期的效果是能够自己寻找新的解决办法，无须依赖外部援助。另一种解释是与顾问重新界定问题的方式有关，即他所提出的“家庭需要更多地回归孟加拉国”的观点起到了催化作用，帮助他们与治疗体系分离。此外，这也为家庭与社区更深层次的融合开辟了新的可能，同时也重新唤起了对家族历史的兴趣，如回忆、亲属、朋友及失去的人们。家庭问题不再被视作精神医学问题，而转变为发展性的、文化的、家庭的危机。

3年后，安多尔菲再次访问乔治赫尔中心，并通过电话联系了尼塔的家庭。仿佛自上次对话以来只过去了两周一样。尼塔已经和她在大学认识的日本同学订了婚，并且仍在继续她的学业。父亲的幽默感使得全家人对他感到更加亲切。妹妹莉拉在高中也持续表现出色。母亲对安多尔菲医生还记得他们而感到高兴，并邀请他下次来多伦多时参加一次传统的孟加拉晚餐。对顾问来说，晚餐的邀请是家庭持续进步的有形证明，改变始于治疗结束之时。因此，家庭并不需要治疗师在场来见证他们的转变。

实践案例：弗兰克的厌食症和离婚仪式

在结束关于厌食症的讨论之前，让我们回顾一段几年前在罗马发生的不同寻常的故事，那是安多尔菲与丹麦家庭的一场奇遇。此次相遇的缘由，是为了治疗弗兰克的厌食症。这位15岁的少年承受厌食之痛已逾两年之久。与尼塔的情况类似，多家医疗机构和当地服务部门介入，试图为弗兰克提供帮助。负责此案的家庭治疗师，他们与安多尔菲有个人交情，提出了一个在罗马进行为期3天的密集咨询活动的想法，此次活动将邀请家庭成员和在哥本哈根负责弗兰克治疗的两位家庭治疗师参与。这一提议被接受的过程颇为复杂：负责治疗的医院对这类干预持反对态度，而市政机关及当地服务机构则认为其有效，决定全力支持并提供资金。对安多尔菲而言，这是一次难得的机遇，他欣然接受。

工作遵循了本书中已经描述的一些过程：顾问从一开始就与弗兰克建立了强有力的联盟关系，并通过男孩探索了其家族发展的历史脉络，试图寻找该家族在重大生活事件中与厌食症之间的潜在联系。在种种往事中，父母间的一些根本性冲突得以显现，这些冲突自母亲怀孕时便已萌芽。值得一提的是，会谈中弗兰克提到，母亲曾将怀孕之事瞒着父亲长达6个月之久，并时常向他透露，“父亲其实从来就不想要他”。终于，当男孩4岁时，这对伴侣宣告分道扬镳。母亲表示她从未想要家中再有其他男性，似乎忘了自那时起，弗兰克便成了她稳定的“伴侣”。即便在那次谈话中，男孩仍旧望向母亲，似乎在寻求被允许发言的许可。

母亲不但对新的情感关系毫无兴趣，还经常干预前夫的情感生活，甚至给出她认为最适合他的女性类型的“建议”。前夫对她的依赖不仅停留在情感关系层面，还包括了各种商业上的建议。于是，弗兰克在一个高度缠结的家庭环境中成长，这里面的代际关系严重扭曲，且常常被忽视。姐姐选择了反叛，离家出走，而弗兰克则继续充当着家庭原有三角结构中不可或缺的纽带。在这样畸形的环境中，他出现症状几乎是命中注定，而这些遭遇则有助于揭示出为了维持家庭表面的和谐，每个人所承受的苦楚。罗马的会谈旨在打破他们北欧式的体面形象，即一种表面上的秩序与体面，从而促进实际的改变。

在探讨了父母的家庭背景，绘制了家谱图，并确认他们都致力于弗兰克的康复后，他们策划了一场独特的治疗仪式。在此仪式中，父母在会谈上再次“庆祝”他们的离婚，同时由弗兰克为安多尔菲翻译，因为真正的仪式必须用母语进行！总的来说，他们都承诺做出根本性的改变，来实现真正的个体化，只保留履行父母职责的联系。为了实现这一点，父亲将不再把母亲作为顾问，而母亲承诺帮助弗兰克逐渐自立，父亲同意直接履行父亲的职责，不再将所有事务都委托给母亲。

这场仪式圆满完成，父母双方和弗兰克签订了最终协议。弗兰克还承诺，他将过上正常青少年的社交生活，不再使用情感勒索或躲在退行和幼稚行为背后，来促进父母分离。而且，弗兰克同意开始建立与姐姐的情感联系。尽管每个人都描述姐姐对家庭漠不关心，但实际上，这是由父母围着弗兰克的病症转圈，以此来填补自身内心空虚，而对姐姐忽略和轻视导致的。

也许，这些心理会谈似乎更侧重于在前伴侣之间达成和解，仿佛是家庭调解会谈，而不是像心理治疗那样探索痛苦。但是，我们必须记住，在异国的环境下进行的会谈，本身就带有一种神奇的效果，因为它预示着改变的可能。两个成人和一个问题少年一起跨越国界，带着他们的治疗师寻求外部专家的协助，共同用另一种语言（英语）探讨他们的难题，这本身就是一种非凡的疗愈。并且，我们采用了一种策略，“在不谈论厌食症的情况下使用它”，将弗兰克视为一个能动参与者而非患者，这种方式改变了原有的期望，并将我们的干预重点放在家庭关系的扭曲上，这使得弗兰克带着较少的个人及人际关系方面的恐惧和担忧步入了青春期。

两年后，在哥本哈根参加家庭治疗研讨会期间，安多尔菲与弗兰克及其父亲一同会见了两位治疗师，进行了一次随访会谈。弗兰克的厌食症症状已经痊愈了（如果我们在青少年时期介入，并让家庭一起参与治疗，厌食症几乎总能被治愈），尽管他还显得有些笨拙。更让人意外的是，父亲对儿子态度的转变，仿佛是他终于在几年后给了自己机会，重新去了解儿子，而儿子也感到欣慰，因为父亲现在很想和他在一起，而且花在他身上的时间也多了许多。他们见到安多尔菲时都非常开心，并向他汇报了这期间的变化。

至于母亲的缺席，可以从两个角度来看：一方面，可能是一种无私，让父子有更多的空间相处，避免第三方的干扰；另一方面，这可能反映了她内心深处的一种空虚，当弗兰克与她之间的纽带断裂，她需要面临一个难题，即如何接纳和表达自己的孤独。

肥胖症：一种被广泛忽视的疾病

在进食障碍领域，厌食症和暴食症的个体及其相互关系已经被广泛研究，而肥胖症更多的是因其医学并发症而受到关注，其个人、家庭及社会层面的复杂医学和心理因素往往被忽视。肥胖症如今已成为一场全球性的流行病。全世界有超过10亿成年人超重，其中至少3亿人患有肥胖症。这一疾病的发生率无论在发达国家还是在发展中国家都在持续上升。最多的肥胖人口出现在英语国家，主要原因是不健康的饮食习惯。但不可忽视的是，“垃圾食品”的流行已迅速遍布全球。

尽管数据惊人，但社会对于体型的偏见依然根深蒂固。在一个把健身视为准宗教信仰的世界里，超重显然成了一个巨大的问题，尤其是在青少年时期。肥胖者心理往往很脆弱，并且社会容易给肥胖者贴上软弱、懒惰、意志不坚、冷漠、被溺爱等标签，从而认为他们应对自身状况负责。这些情况严重阻碍了肥胖者建立社交、情感和职业关系。然而，实际情况并非如饮食行业所宣传的，仅凭自我负责和个人努力便能控制体重，尤其是当体重过重时。最新研究也表明，年轻时节食可能反而成为成年后肥胖的风险因素（Ostuzzi，Luxardi，2007）。

肥胖者所经历的羞耻感与充满责备的社会刻板印象有关，这可能是在大多数发达社会中，需要把政治正确作为一种沟通方式的原因：你不能告诉某人他们是胖的或超重的，因为这个词被认为是冒犯他人的，你也不能深入了解它的真正原因。这个问题被广泛忽视，也许这种倾向性的否认并不一定对肥胖者有利；反而可能是瘦人的一种自我保护策略，通过否认问题，就无须处理自己的尴尬。此外，即使出于好意，这种否认也仅仅是一种掩饰，很容易被误解为不关心（正如我们在之前的章节中多次提到的）。

西方文化中，极瘦的男性和女性被视为理想形象，以下例子证明了这一点：不瘦的人被排斥于时尚界之外，公共场所配备了小型电梯、扶手椅和飞机座椅等。肥胖不时尚，因此我们表现得好像它不存在一样！在这种对复杂疾病的深层个人原因完全不感兴趣的氛围中，媒体不断向超重人群发出警告，如果他们不对体重采取任何措施，他们将面临糖尿病、心血管疾病、肺气肿、关节炎、癌症等问题。最重要的是，这是在强烈责备肥胖者的方式下完成的。

近几十年来，西方社会由于更注重物质生产和物质拥有，而忽视了心理和生理的平衡，较少关注创造健康的生活条件。实际上，我们的生活方式并不足以让我们的健康得到很好的照顾。孩子们的现状为这一问题敲响了警钟。如今，在欧洲，每3个孩子就有1个超重，这主要与生活方式有关，即饮食不健康，过量摄入食物，最关键是缺乏足够的体育锻炼。专家们提出了“穴居人”（puer condominialis）这一新词，生动地描述了消费主义社会的最新产物，即城市孩子的户外活动时间很少，更多地使用电梯而非楼梯，并将大量时间花在看电视或玩游戏机上。

针对肥胖青少年的生物-心理-社会干预模型

随着肥胖相关问题的迅猛增长，医学和心理干预方法开始兴起。然而，对儿童和青少年肥胖的管理主要侧重于低热量和低脂饮食的摄入，并在生活方式干预中，把运动和行为改变作为核心目标（正如多位学者所述：Dietz，Robinson，2005；Edwardset et al.，2004；Epstein，Valoski，Wing，McCurley，1994），此外还包括认知行为治疗（Braet，1999）。根据一些权威内分泌学家的研究，减轻肥胖的药物也有助于减重和维持体重（Hainer，Toplak，Mitrakon，2008）。

内分泌科医生、儿科医生、营养学家、精神科医生及护理人员在评估和治疗肥胖青少年的过程中非常投入，并遵循以住院治疗和恰当的营养为核心的医学模式。从这个角度看，主流治疗方式与治疗厌食症、贪食症青少年的方法极为相似。治疗过程过度关注疾病本身，这就引发了一个问题，即面对这些问题青少年，他们自身的需求和恐惧又在哪里呢？我们再次回到家庭在处理肥胖青少年问题中的作用，以及如何应对同龄人压力的问题。青少年将身体作为一种建立关系、表达和沟通的方式，那么我们是否真正致力于理解和探索青少年个体及其身体所涉及的象征意义？

空与满

肥胖的青少年对挫折和内心的空虚感非常敏感，他们需要用某些东西来填满这种空虚感。不管是在社交场合、和朋友在一起，还是工作学习时，他们很容易感到受挫。在这个意义上，他们和那些情绪脆弱的厌食症女孩子非常相似，不过，后者会通过冷静思考和严格控制自己的行为来处理自己的不安。

压力直接影响新陈代谢，让人更想吃东西。这种反应并不总是不正常的。但如果外界的压力太大，突破了肥胖者的心理防线，影响心理和身体健康，那问题就严重了。研究还发现，虽然通常情况下压力可能并不会让人过度进食，但如果正在节食，压力就可能让人吃得更多。

寻找自我

青少年时期的饮食问题有时候是他们试图寻找身份认同的一种极端表现。实际上，不管是心理问题、心身问题，还是人际关系问题，所有青少年的异常行为都可以看作是他们在一条充满挑战的道路上探索自我认同的努力。在对各种结束治疗的家庭进行的随访会谈中，那些因为不同问题而接受治疗的青少年，包括严重的进食障碍，他们都意识到，那段经历痛苦、承担重责和让亲人同样感受痛苦的过程，使他们感到自己像英雄一样找到了解决之道。总之，在他们克服了生命中的重大挑战后，自我价值感大幅提升。家庭成员虽然记得那段苦难，但更多的是记住了通过艰难的转变过程，家庭作为一个整体获得了力量。超重是遗传、行为、心理和社会因素相互作用的结果。身体的表达比任何言语都来得更直接，并且显示出深刻的痛苦，这种痛苦有时被肥胖青少年和家庭成员所忽视，而这总是涉及复杂的人际关系互动，正如我们在接下来的案例中将看到的。

将家庭治疗应用于儿童和青少年肥胖

许多系统-关系治疗专家已经开始把家庭治疗作为治疗儿童和青少年肥胖的一种方法。米纽庆等（Minuchin，Rosman & Baker，1978）经常提到家庭成员间的过度缠结，强调家庭结构中的融合现象和代际界限的缺失。因此，肥胖青少年的身体不仅是其与外界保持安全距离的屏障，也是其避免与他人过度亲密而失去自我或失去对方的手段。许多学者（Palazzoli，1977；Ugazio，Dixon，2013；Aveny，Caputo，Cuzzolaro，1998；Ostuzzi，Luxardi，2007；Andolfi et al.，

2001）指出，为心身疾病制订更为明确的人际交往模式是必要的，而安多尔菲等（Andolfi et al.，1998）提出建立一门新学科“肥胖症学”的建议，以整合这种疾病的生物–心理–社会维度。

马尔默等人（Malmo，Sweden，Nowicka，Flodmark，2011）分享了他们在医院儿童肥胖病房的工作经验。他们提出了一种名为SOFT（Standardized Obesity Family Therapy，标准化的肥胖家庭治疗）的治疗模式，这种模式融合了系统理论和焦点解决理论，借鉴了塞尔维尼等人的核心观点（*Paradox and Counterparadox*；Selvini，1975）和德沙泽尔的原则（de Shazer，1985）。他们认为，家庭互动是实施和维持生活方式改变的重要资源，并且在他们的方法中结合了规范化的互动和合作性的家庭支持。

青少年肥胖问题背后总绕不开家庭与社会环境

作为家庭治疗师，我们很难把肥胖青少年的个人恐惧和内在冲突与家庭功能及其社会背景分开来看。在临床工作中，我们常常把肥胖比作家庭关系中的“重担”，这种“重担”如果在家庭各代之间没有得到适当的分担，就会压垮有问题的青少年。规则的缺失、对照料和父母职责的代际混淆、伴侣间的对立、孩子们之间强烈的情感纠葛，以及家庭无法妥善处理的孩子慢性疾病或精神问题，都是导致青少年发展成肥胖，有时还伴随着毒品或酒精成瘾等问题的原因。

我们常常看到肥胖的人逐渐与社会脱节，这部分原因可能来自同龄人的排斥。虽然表面上看，他们身上的脂肪似乎给予了某种保护，但实际上，他们内心的情感极度脆弱，对于被接受和赞赏有着强烈的渴望，且往往被他们的外向和友好行为所掩盖。不少曾经十分友善的肥胖青少年表示，当他们体重回归正常后，感觉自己失去了先前的亲和力。这是因为体重的减少似乎也带走了他们的某部分身份，让他们在社交上感到更不适应。这一切使我们认识到，与厌食症这一极端相反的状态一样，真正的问题并不仅是体重，而是扭曲的身体形象，更关键的是，他们长时间处于严重的家庭情感扭曲的中心。

实践案例：路易莎和家庭内的重量重新分配

20岁的路易莎和父母，还有15岁的弟弟埃米利奥，一同来到咨询室。妈妈预约了这次咨询，原因是路易莎出现了一些抑郁症状和暴食行为。过去4年里，路易莎的体重增加到了100公斤以上。妈妈还担忧，路易莎因为人际交往问题，难以找到一份稳定的工作。在我们第一次预约时，我们得到的信息非常有限，好像这位母亲不愿意在电话里透露太多家庭的情况。

在第一次咨询中，我们了解到路易莎是被领养的孩子。她在几个月大的时候被带到家中，那时父母已经结婚7年，并经历了3次流产。路易莎到来的5年后，全家人惊喜地迎来了亲生儿子埃米利奥。目前，路易莎的体重超过了100公斤，她深受不安全感的困扰，这种感觉似乎也反映了父母的感受，他们数年前就开始接受伴侣咨询，以解决他们之间持续的误解和双方的抑郁情绪。

第一次咨询中，路易莎的父母和她一起来了，但弟弟埃米利奥没有参加。治疗师利用弟弟的缺席作为一个契机，来与路易莎建立一种联盟，他询问了埃米利奥为什么没来，以及是什么促使她带家人一起来接受治疗。治疗师一如既往地将路易莎置于讨论的中心，肯定了她对家庭历史的见解和理解。治疗师从一开始就直接谈及路易莎的肥胖问题。

从显而易见的体重到意想不到的事实

治疗师： 我有个问题：你是否从小的时候就感觉自己的身体和别人不一样?

路易莎： 是的，我从 8 岁就开始节食了。

治疗师： 你在妈妈肚子里的时候多重？你知道吗?

路易莎： 什么意思，肚子里?

治疗师： 你出生时体型是不是比较大?

路易莎： 嗯，我出生就挺大的。

治疗师： 连在妈妈肚子里的时候也很大吗?

路易莎： 啊，肚子里我不清楚，但我的体型一直都挺大的。连婴儿照片里我都挺胖的。他们总说，给我换尿布时，得买有缎带的，普通的尿布带子系不上。

治疗师： 你出生时体重多少?

路易莎： 3.1 公斤。

母亲： 对，他们告诉我们大概是 3 公斤。

治疗师： 3 公斤是正常的，不算轻也不算重。

路易莎： 我记得小时候的照片，我都坐不进婴儿餐椅里。

治疗师： 妈妈有没有给你喂母乳?

路易莎： 没有，因为我是被领养的，所以妈妈没给我喂奶。

治疗师： 啊，我之前不知道!

在得知完全出乎意料的重要信息后，治疗师的问题变成了如何在不破坏和女孩愉快交谈氛围的情况下继续工作。当下的氛围里，女孩在回忆童年，分享自己家庭中的故事。这个突如其来的信息可能会让治疗师卡壳，不知道是否需要改变治疗的方向。

治疗师： 什么时候？

路易莎： 我 3 个月大的时候。

母亲： 准确地说是 4 个月。

路易莎： 我能记得的大概是弟弟出生后的事情……还有那之前的一些事情。

治疗师： 在我们谈到领养之前，帮我理清一下。在收养孩子之前，你们经历了哪些阶段，你知道吗？

路易莎： 是的，我知道妈妈不能生孩子，她流产了 3 次，所以他们（父母）想要……

治疗师： 你知道问题出在哪里吗？

路易莎： 她为什么流产？

治疗师： 是的。

路易莎： 不知道。

治疗师： 你问过她吗？

路易莎： 她可能跟我说过，但她只提到过她在怀孕三四个月时流产。

父亲： 我们也不清楚。

路易莎： 那时候医生也不会告诉你太多信息。

母亲： 医生做了一些检查，但找不到原因……

治疗师： 所以他们结婚了？

路易莎： 他们结婚了，7 年后领养了我。

治疗师： 那么，流产是在他们结婚后的 7 年间发生的？

路易莎： 对，3 次流产。

治疗师： 你觉得在你到来之前，家里的情况如何？

路易莎： 我觉得那一定很不好过，两人结婚了，想要共同生活，建立一个家庭……流产……这种事情就发生了。

治疗师： 一两次可能还好，3 次就是厄运了？

路易莎： 对妈妈来说，这绝对不是什么好事，一定很不愉快！

治疗师： 所以，你认为妈妈对这些事情感到很难过？

路易莎： 是的。

治疗师： 那么，抑郁是从那时候开始的？

路易莎： 对，我这么认为，但我也觉得最后她很庆幸能够有个孩子。

治疗师： 当然。你觉得那些年他们有考虑过分开吗？

路易莎： 没有。

治疗师： 你不确定还是确信他们没这么想过？

路易莎： 不，他们没跟我说过是否考虑过分开，但我觉得没有。

治疗师： 你知道，有时候父母也会撒谎……对吧？

路易莎： 是的。我们没讨论过这个，但我觉得应该没有。

治疗师： 你觉得没有。你想问问他们吗，只是为了确认一下……

路易莎： 哎呀！我认为这些不好的经历也能增强人与人之间的联系。

很明显，如果我们能够不被自己的偏见所束缚，我们就能保持平静和必要的好奇心来继续工作。治疗师没有因为之前没人向他透露领养的信息而分心，他接受现实，搜集信息，但并没有偏离自己的治疗路线。因为路易莎提到父母进行了几年的伴侣治疗，所以询问她对父母可能分开的想法是合适的。无论孩子们是年幼还是成年，倾听他们的声音，以及对各种成长主题的看法，都极其重要。家庭分离虽然是一个相对常见的主题，但并非必然，即便没有发生，孩子也可能对此有自己的看法。

治疗师以完全天真好奇的态度，进入了关于领养和父母失去孩子的主题，没有先入为主的信息，最重要的是，他没有假定任何事情。正如我们从惠特克那学到的，第一次见面时以一种天真的方式提问是非常有用的，因为知之甚少时，你可以给自己更大的自由去探索，而不必过多考虑什么是合适的问题。随着进一步的交流，这种自由会逐渐减少，因为你可能开始用某种双重思考来取代天真（“我应该问这个还是那个”），而家庭成员也可能以同样含糊的方式回应。

初次见面就像是开始拼图。首先，我们需要找到那些能够为路易莎的症状提供人际关系解释的碎片。理论上，我们知道，所有与家庭成员有关的事情也是其他成员人际生活的一部分。然而，我们必须努力在特定情境中找到这些症状的意义。这是一场实地探索：治疗师视野越广，搜索就越丰富。

治疗师向女孩询问了有关体重的信息。他从这个话题开始，但并没有长时间停留在这一点上；他会在拼图更加完整，更多碎片能够帮助他更好理解的时候再次讨论这个问题。这些关键碎片包括：女儿来到之前的父母关系、3次流产，以及父母关系动态的主要方面。女孩非常开朗和乐于分享，她愿意讲述两个原生家庭的故事，展示了她的能力、敏感度和反思力。在与进食障碍女孩工作的经验中，我们不止一次发现，她们具有作为父母成长历程中特殊见证者的强大能力，仿佛她们是“家庭的智慧长者”。

谁拥有这些脂肪?

治疗师： 你有没有考虑过可以把体重分成几块，然后重新分配一下?你能区分出哪些是自己的“脂肪”，哪些是属于别人的吗?

路易莎： 我觉得是有可能的。

治疗师： 你觉得有多少是属于你的，又有多少是属于别人的呢?

路易莎： 我们来算算看，现在我体重102公斤，我认为其中50公斤绝对是属于我的，剩下的我觉得是家庭的责任……

治疗师： 那包括祖父母在内吗?

路易莎： 是的，无论是爸爸这边的还是妈妈那边的亲戚，所有人。

治疗师： 我们总共要给他们多少呢？

路易莎： 每边家庭我想给 5 公斤，两边加起来就是 10 公斤。

治疗师： 10 公斤。

路易莎： 这样算下来是 60 公斤！

治疗师： 对，60 公斤。

路易莎： 接着我给父母每人 10 公斤，这样就是 60……加上 20 就是 80 公斤了！

治疗师： 80 公斤。

路易莎： 再给我弟弟 2 公斤，以前我可能会给他更多，但现在我们之间没有问题了，至少看起来是这样……给他 2 或 3 公斤，最多 5 公斤，没那么多，远比给亲戚的要少，但相比墨西拿的亲戚，我会给罗马的亲戚更多一些。

治疗师： 我们来做个练习，走到黑板前，把空间分为两块，一边写“母亲的家庭”，另一边写“父亲的家庭”，这样会更清楚。

路易莎： 好的，不然我会记不住。

（路易莎走到黑板前，思索片刻后开始写字，安多尔菲和家庭成员在黑板前围成半圆，仿佛在上一堂数学课。）

路易莎： 50 公斤是属于我的，这很清楚，对吧？

治疗师： 当然！

路易莎： 2 公斤给我弟弟，10 公斤给墨西拿的亲戚，18 公斤给爸爸那边的亲戚，6 公斤给爸爸，11 公斤给妈妈！

治疗师： 现在加起来差不多对了。谁知道呢，也许有一天你会变成超模。你只需要把这些“重量”还给它们真正的主人！这或许就是这次治疗的目标……到时候你会发现，抑郁也随之消散了。

在巧妙地使用了许多幽默手法，把家庭情感问题以具体隐喻的形式表达出来后，我们可以开始设计一个治疗计划，旨在追溯父母的发展历程，让我们能够以新的变革视角回到现在……

治疗师： 爸爸在你这个年纪的时候，他感受到了来自他父母的重量吗？

路易莎： 我认为他感受到了很多！

……我们将继续探索两个家庭中丧失和跨代空虚的故事，并通过脂肪的价值和含义，把过去与现在连接起来。

角色互换：谁养育了谁？

治疗师： 妈妈有没有对你成熟的思考方式感到担忧？

路易莎： 她情况比我还严重，她也总是在思考，试图深入地审视事情。

治疗师： 她一直这么严肃吗？

路易莎： 是的。

治疗师： 你妈妈 20 岁时有多重？

路易莎： 我不确定具体多少，大概 80、85 公斤，她和我一样，也是胖胖的，也试过很多次减肥。

治疗师： 她跟你说过吗？

路易莎： 嗯，说过。

治疗师： 现在还是这样吗？

路易莎： 现在她更小心了，因为我们曾一起尝试减肥……我用针灸一个月没吃东西；她坚持了 3 周。我继续禁食，结果精神崩溃，因为我觉得认不出自己的身体了……1 个月后我完全变了样，感觉一阵风就能把我吹走，相比以前，我感到更无助。

治疗师： 现在你说的这些，仿佛意味着脂肪就像是一层保护，像是一件毛衣，一件厚重的毛衣！

路易莎： 对，没错。我经常尝试减肥然后又反弹，因为我不想这样暴露在外。当然，当瘦下来时我确实更可爱，可能这也是我变得更引人注目的原因。当我胖时，虽然也很显眼，但人们看到我会说，“看那个胖子”，然后就转身走开。

这个女孩的自我认知实在是太惊人了。她知道自己的脂肪起到了一种保护作用，并且这让治疗师有机会更深入地了解家庭，因为对她来说，家是一个她觉得最安全的地方，所以她并不感到害怕。

治疗师： 在他们感到孤单的时候，你觉得你更像是成了爸爸的妈妈还是妈妈的妈妈？

路易莎： 爸爸很少求助。

治疗师： 是吗！我们也可以通过不那么直接的方式求助……

路易莎： 是的，是的，当妈妈需要帮助时，这点更明显。

治疗师： 外祖母是怎样的人？她对待孩子们是更像妈妈还是女儿？

路易莎： 外祖母的问题是她和每个人的关系都截然不同。

治疗师： 那对她（指向母亲）呢？

路易莎： 也许外祖母对她更像是女儿，我不确定，记得不是很清楚。

治疗师： 问问她（代表母亲）。

路易莎： 我该问什么好呢？

治疗师： 用你自己的话问。

路易莎： 你和你妈妈的关系是怎样的？你觉得你是她的女儿，还是更像是她的妈妈？

母亲： 不，我既不觉得自己是女儿，也不觉得自己是妈妈……我只在 10 岁之前觉得自己是她的女儿。

治疗师： 你明白了吗？所以说，妈妈在 10 岁时就像是变成了孤儿，你能想象吗？你知道这件事吗？

路易莎： 可能这就是她总是想要解决别人问题的原因，因为她自己的问题一直没能解决！

治疗师： 这很有意思，因为即使是亲生孩子，也会期望从孩子那里得到自己父母没有给予的东西，你知道吗？

路易莎： 嗯，我知道。

治疗师： 当然，我无法想象你承担了多少工作……你什么时候“退休”呢？

路易莎： 8 月份。

治疗师： 那是什么意思？

路易莎： 因为我在超市工作，实际上他们会给我们一种退休金……然后可能会重新聘用我们。

治疗师： 但我说的是另一种“退休”……你明白我说的是什么吗？

路易莎： 是说我不再扮演“妈妈”的角色了吗？

治疗师： 对！你不相信妈妈能自己应对……

路易莎： 但我觉得我其实已经“退休”了。

治疗师： 你知道你何时能“退休”吗？当你开始减轻那额外的 30 ～ 40 公斤，把它们还回去的时候……

路易莎： 还给家人？

治疗师： 对，还给家人，给祖父母，给妈妈，你给了妈妈 11 公斤……妈妈比爸爸重很多，几乎是爸爸的两倍。

治疗师： （转向母亲）妈妈，你知道这个吗？

母亲： 知道，知道。

治疗师： 想想你的脂肪，你确定他们不会继续进行伴侣治疗吗？我该和谁合作呢？

路易莎： 我希望这对他们也有所帮助！

治疗师： 这就是问题！你看起来像是做慈善的人，像救世军里的那种……他们怎么称呼的来着……

路易莎： 为什么？如果我们解决了所有人的问题，那对所有人都更好，不是吗？

治疗师： 是的，只要不造成混乱就好！

路易莎： 为什么会混乱呢？如果我们解决了我的问题，不就也解决了他们的问题吗？如果我的问题和他们的没关系，如果我们能证明这一点……那就说明我们之间没问题！他们说他们和我有问题，那不是真的，因为那些都是普通问题，每个人都会有！我们当然能解决，它们不是不可逾越的……

治疗师： 你知道我感到惊讶的是什么？

路易莎： 什么？

治疗师： 你对他们过于自信，而自己在外面却过于害怕！

路易莎： 嗯……

治疗师： 你明白我的意思吗？

路易莎： 我和认识的人在一起时感到自信！

治疗师： 我明白，但世界不只是由认识的人构成！

路易莎： 确实，当我和不认识的人在一起时，我会感到不安……

随着咨询的深入，采用跨代家庭方法来解决路易莎的问题的重要性变得越发明显。同时，我们也意识到需要对外部环境进行工作，如在同辈群体和工作环境上，这对路易莎这样在家庭内极具洞察力却在外部感到不自信的女孩来说，显得尤为重要。虽然脂肪曾一直是有用的掩护，但路易莎需要逐渐面对不安全感和低自尊的问题，以便实现个体化。

治疗将同时关注家庭和社会这两个方面。路易莎成功地减轻了体重，保持在了稳定的60公斤，并且把多余的体重“还给了”母系和父系家庭。最重要的是，她成功塑造了更坚固的个人身份。治疗结束一年后，路易莎联系了安多尔菲，表示她希望能够观看“需要重新分配体重”的那次咨询录像，说她无法相信“自己的体重曾经超过100公斤”。这次治疗的主要参与者也应邀参加了这次回放，即母亲、父亲和埃米利奥。回放结束后，他们能够看到自己以前的样子，并回忆起一起克服了挑战的过程，进一步巩固了他们所取得的改变。

4. 抑郁症与自杀未遂的青少年

抑郁症还是生存的悲伤

事实上，过去几十年中，无论是作为精神病学的一种病症，还是在公众想象中，抑郁症都越发常见，被称为“世纪疾病”。“抑郁”一词被滥用，以至于任何与不完美的生活事件相关的心理问题都有可能被贴上抑郁的标签。我们可以用各种方式定义自己抑郁了，而不再使用悲伤、担忧、绝望等词汇。各种心理障碍轻易地被归类为抑郁，同时抗抑郁药物也被不断提起。

这种混乱绝非偶然，市场上泛滥得越来越多、越来越复杂的抗抑郁药物，需要更多的患者来购买和使用。百忧解和其他血清素抑制剂被当作神奇药物介绍给大众。事实上，过去的十年被定义为“脑科学的十年”，美国投入巨额的资金用于遗传学和神经心理学的研究。

布莱泽（Blazer，2005）用一种非常批判性的方式提出，“当代精神病学找到了大脑，但失去了人，连同其家庭和社区”，这场营销活动的后果是将正常的悲伤转变为心理疾病。一切都被标记为焦虑和抑郁，一切都被开出了抗抑郁和抗焦虑的处方。情感变得匮乏，现在，如果我们不想被处方心理药物盯上，我们必须不去感觉任何东西，必须变得情感空虚。因此，我们看到了社会性的恐慌。尽管抑郁症的病因尚不明确，但它通常被认为是一种晦涩难懂、应予以避免的传染性疾病（根据国家妇女健康监测机构的最新研究，妇女对抑郁症的恐惧甚至超过了乳腺癌）；这种疾病一旦染上，就会引发病耻感，有时甚至是深深的内疚感。抑郁症令人恐惧，尽管人们并不真正了解它，但他们会不惜一切代价避免它。然而，一旦患上抑郁症，他们就会“买药片来让自己好受些”。

感到悲伤或沮丧并不一定意味着你患上了抑郁症。当生活伤害了你，情绪低落又有什么错呢？悲伤是人类本性中固有的一种情绪。动物也会有这种情绪，与抑郁症的病理现象无关。它是生命中重要的心理生理资源，因为它可以平衡有可能会使我们处于危险中的过度欢愉（Horowitz，Wakefield，2007）。悲伤是一种高尚而积极的情感，它让我们反思自己的局限和错误，并加以改正。它给予我们必要的空间来忍受痛苦，直到我们能克服它。它帮助我们学会了重新认识我们的自负和自我，将我们与内心世界分开，与他人建立真实、真诚的关系。悲伤让我们接触到自己的本质。这也解释了为什么人在悲伤时也会在文学、艺术和音乐中产生许多重要且创造性的表达。

抑郁症则完全是另一回事。它是一种受干扰的情绪状态，有多种表现形式，并且严重程度和持续时间也大不相同。它可以表现为一种症状、一种情绪状态的改变、一种重大疾病、一种创伤性反应，或作为一种实际的内源性失调疾病，如重度抑郁症或躁郁症。最普遍的抑郁症类型是反应性抑郁症。它可以随时出现，以填补因失去、失败或严重创伤而造成的空虚。这种类型的抑郁症可以由特定的创伤性事件等外部因素引起，如亲人逝世、恋爱关系结束或不良的环境条件，这些都会使人的情绪发生深刻的负面变化，对个人的生活造成严重的负面影响。

然而，如果说因负性事件而感到悲伤是正常的，有时也是有益的，那么普通的悲伤与反应性抑郁症有什么区别呢？精神病学指出，个体对不利和痛苦事件的情绪反应有三种不同的反应方式：正常的情感反应、不相称的情感反应、陷入抑郁状态。第一种情况包括我们前面提到的常见的短暂沮丧或悲伤情绪。这是一种暂时性的悲伤，与其触发因素有关，并不会特别影响躯体、工作、学习、家庭及友谊等方面。不相称的情感反应包括夸张、强烈和持久的情绪反应，这种反应会干扰人们对与事件相关的压力的控制。前两种反应都是暂时的，人们会在相对较短的时间内从情感反应中恢复过来。抑郁状态则是一种真正的心理病理状态，患者会失去对生活的热爱、行动能力和康复的希望。它有一系列症状，这些症状往往同时出现，不容小觑。

反应性抑郁症是对心理治疗反应最积极的一种抑郁症，因为心理治疗会考虑到令患者感到不适的环境因素。由此，心理治疗可以帮助人们解决可能引发抑郁的丧失或者持续的冲突问题。由于反应性抑郁症又往往与人际关系有关，所以我们倾向于将家庭治疗作为最佳的治疗方法。

还有一些抑郁症形式被DSM-V称为内源性抑郁综合征（endogenous depressive syndromes），包括抑郁症和双相情感障碍。在这些病症中，抑郁症的典型症状被融入到结构化的临床框架内，症状往往很严重，而且容易长期存在。这种框架内的抑郁症症状更加严重，包括完全丧失对生活的热爱、情绪异常（通常伴有个人价值感的显著下降）、无限的痛苦、过度的自责、决策能力的丧失，以及抑郁和兴奋的交替出现。

所有这些形式都会给家庭、工作和朋友关系带来严重问题。与器质性疾病一样，这些病症特别容易使人衰弱，并具有明显的生物学基础和遗传倾向。这是一种内源性综合征，需要在心理治疗和药物治疗方面进行及时和长期的干预，也需要学习如何恢复社会功能。尽管对抑郁症起源的研究取得了重大突破，但其大部分成因机制仍不为人知。毫无疑问，抑郁症是生物、个体、心理及环境因素之间持续互动的结果。抑郁症的每一种表现形式都有自己的临床表现和演变过程，因此需要特定的心理治疗和药物治疗策略。在本书中，我们将不讨论这些病理类型。相反，我们将讨论青春期出现的反应性抑郁状态。

青春期抑郁的特点

青春期是生命的一个重要阶段。每个人都会在不同时期以不同方式经历悲伤、无聊、害羞、恐惧及痛苦。青春期除了是想法和身份的形成期、同龄群体的主导期、初恋期及性探索期之外，还是一个反复与抑郁状态联系在一起的时期。在日常生活中，青少年可能会长时间无所事事，然后突然对某件事情产生浓厚的兴趣，并迸发出巨大的热情和能量，但同时又保持着一种几乎无法摆脱的无聊或极度冷漠的情绪。

青春期的情绪波动非常频繁。许多青少年表现出持续的抑郁特征，这与我们在本书第1章中谈到的生理和心理蜕变有关。然而，青春期的成长任务是痛苦的：步入成年后，我们会逐渐体会到失去和与童年的脱离，那个在父母庇护下成长的神奇阶段，并意识到从现在起，我们必须依靠自己。这种抑郁状态似乎是青少年成长过程中的一个生理过渡阶段。令人忧心的是，最近的流行病学研究显示，在青少年期间，这些形式的抑郁越来越结构化，并且经常伴随着自杀尝试。

年轻人也是抑郁的受害者，其表现形式多种多样。悲伤、忧郁和紧张是常见的症状。青少年可能会对自己喜欢的活动失去兴趣，并逐渐退缩到自己狭小的个人空间中。自卑感很常见，对自己或未来的消极想法也很常见。他们可能会感到困惑、优柔寡断、没有精力履行日常职责，工作和学习成绩也会突然下降，对上学或工作等特定情况的恐惧可能会增加。由于自卑感和绝望感，他们的抑郁变得越来越严重，甚至出现自残和自杀等念头。

如同在成年期，青春期的抑郁症状可能会被其他看起来与情绪低落无关的疾病所掩盖或伪装。青少年抑郁常常伴随着滥用药物和酗酒，并且使这些不良行为日益严重。青少年可能会出现注意力不集中、不安或多动症，以及厌食症、贪食症、失眠症和焦虑症等其他疾病。抑郁的青少年会表现出反社会行为，如表现出敌意、攻击性、鲁莽、藐视规则和权威的行为。所有这些复杂的情况都会使家长、老师，有时甚至是专业人士，更难识别抑郁。

在开始临床干预之前，重要的是要准确区分是青春期正常发育中的抑郁情绪还是真正的抑郁症。要做到这一点并不容易，尤其是在青春期这样一个可塑性极强的时期。无论如何，青春期抑郁发作的结果通常没有成年期抑郁那么严重，也更容易预测。因为在青春期的任何时间点，都有可能出现一些推动他们成长的目标，以及有利于他们心身发展的新资源。

新形式的抑郁症：行动病

如果我们查阅文献，或在互联网上搜索有关抑郁症和青春期这两个词的信息，我们会发现很多由学者主导的研究成果。这些学者来自各个领域，包括医生、精神病学家、心理学家、神经生物学家、中学教师等，他们和研究中心都对此进行了深入的探讨。都灵抑郁症研究协会（Association for Research on Depression in Turin）建议希望获得有关青少年抑郁症主题信息的人访问专门的抑郁症和焦虑症网站，或查阅有关“惊恐发作和青少年障碍”等内容的学术研究。但我们可能会问，惊恐发作与抑郁症有什么联系？抑郁症难道不是一种表现为情绪波动、悲伤和消极想法的疾病吗？我们说的是哪种抑郁症？

几年前，法国社会学家阿兰·埃伦伯格（Alain Ehrenberg）写了一本很好的书，他在书中将时下常见的抑郁症描述为一种行动病（pathology of action）（Ehrenberg，2000）。他的意思是在当前全球化、消费主义和狂热的社会里，时间就是金钱，业绩至上，抑郁症代表着坟墓，代表着我们无法实现目标。我们什么时候会抑郁？当我们出于某种奇怪且无法解释的原因，感到自己的计划和为自己设定的目标受阻、无法实现的时候，我们会抑郁。

埃伦伯格认为，当代抑郁症的症状已经从**悲伤**逐渐转变为**抑制**，转变为在社会环境中丧失主动性。而在社会环境中，“实现目标”是我们判断一个人价值的唯一决定性标准。抑郁症的核心已经从内疚和精神痛苦转变为不满足和缺乏成就感，甚至治疗也逐渐适应了这种主流文化标准，无论是临床治疗还是自助治疗，都需要有效和快速。我们已经开始依赖于使用精神药物，以及可卡因或摇头丸等提高表现的药物。在美国，儿童和青少年抗抑郁药的处方量在过去十年中增加了60%以上，欧洲也有同样的趋势。这些药物一般用于治疗成人的重度抑郁症，但对儿童和青少年的有效性和安全性尚有待研究。在意大利，国家项目ARNO（药物处方监测单位）的一项评估显示，2002年有22 000名未成年人接受了SSRI类抗抑郁药物的治疗。14 ～ 17岁的女孩更经常使用这些药物（男女比例为4.8 ： 8.4）。然而，抑郁症不仅仅是女性的问题。由欧洲社会政治经济研究所和“蓝色电话”儿童求助热线编写的《第三次儿童状况报告》（*The Third Report on Childhood Conditions*）所提供的信息表明，2002年，意大利6～19岁的人口中有7%患有抑郁症（美国的这一比例达到了8%）：11～14岁的青少年中有5.3%患有抑郁症，15～19岁的青少年中有13.8%患有抑郁症。

在近年的临床实践中，我们注意到青少年和年轻成人中惊恐发作案例的不断增加。如果我们不将其视为对内心压抑和阻碍的极端反应，那么它又会是什么呢？按照埃伦伯格的分析，我们是否可以把惊恐发作看作是一种文化综合征，反映了社会环境的变化和压力？在日益复杂的世界里，很多年轻人感到日常生活充满挑战，尤其是在建立同龄人关系和异性交往等与成功息息相关的部分。

那么，为什么有些青少年会变得抑郁，而另一些青少年却似乎更容易应对向成年的过渡呢？显然，归属感本身并不足以导致人生病。如果要说文化模式有何作用，那它们可能是对符合主流文化的心理病态表现提供一种合理解释，并以一种人们能够认识到的方式，展现出个人最深层次、最矛盾的特征。

抑郁症、青少年及其家庭

如果正像鲍尔比（Bowlby，1980）所言，青春期抑郁症最有可能的起因是无法接受被否定。那么，检验年轻人是否有能力面对成人生活困难的试金石，似乎在于他们对挫折和安全感丧失的容忍程度。了解青少年对负面事件的反应方式可以帮助家长正确评估孩子的状态，以避免误判导致抑郁症的风险。我们要记住，青少年并不善于表达自己的苦恼，而且往往会像小孩一样，用躯体症状来表达自己的问题。此外，由于青春期特有的矛盾心理，他们可能会将问题隐藏在与真实感受相矛盾或截然相反的行为背后。

我们经常说，区分与成长有关的暂时性抑郁与更严重和潜在风险更大的抑郁极为重要。这对于今天的父母并非易事，因为他们生活在“以孩子为中心的家庭”里，更倾向于被孩子依赖和保护孩子，而不是倾听青少年的心声或他们绝望的呼喊。

对于父母难以接受的事实是，有时我们需要允许孩子们不快乐（Zattoni，2009）。尽管第1章提到过，有时候父母认为，他们的价值是由他们是否可以让孩子快乐来衡量的。但事实是，让孩子快乐并不是父母的责任。孩子必须成为自己幸福、快乐和成功的创造者，而只有当他们能够承受痛苦并战胜自我时，才能实现这一目标。如果父母对青少年或儿童说：“只有你快乐，我才快乐”，那么他们就会向孩子加诸过重的、不合理的责任，让孩子背负不该背负的责任，剥夺他们独立自主克服痛苦的机会。正如我们所看到的，青春期的孩子总是有一些痛苦需要克服。父母如果为了回避自己成长中的问题，而紧紧抓住孩子未来的幸福不放，也不可能给孩子树立好榜样。

父母和孩子往往同时否认孩子的悲伤。原因很简单，因为父母无法忍受这种悲伤，他们会陷入难以摆脱的纠缠和不正常的关系中。这种情况唯一的结果就是，青少年会深深地感到自己的无用和孤独，因为他们的所作所为并没有得到认可，他们仍然被父母当作小孩子一样看待和对待，他们生来就是为了接受，把自己当作接受者，不需要做出任何回报。家庭似乎有一个非常重要的功能，那就是接受青少年不得不忍受的痛苦和挫折。此外，在许多情况下，家庭本身也会产生对失去的恐惧，无论这种恐惧是真实的还是幻想的。

多年来与受困扰的青少年及其家庭接触所获得的临床经验清楚地表明，当青少年及其家庭的生活中出现以下一种或多种情况时，就会产生不同形式的反应性抑郁症：失去重要的家庭成员、离婚、严重的父母冲突（通常因代际冲突而加剧）、学业失败、在同辈中地位的严重丧失、虐待或身心剥夺（通常与社会边缘化有关）。

青少年时期失去家庭成员

青少年常常会因为失去祖父母而首次接触死亡的概念。韦杰蒂·芬齐（Vegetti Finzi，2008）等学者曾强调过祖父母在当今家庭中的价值和中心地位。祖父母往往具有至关重要的功能：为年轻父母提供经济支持，提供弥补社会制度缺陷的整体支持。最重要的是，当我们想到青少年和现代离异家庭时，祖父母是情感发展的基础，是连续性和安全性的保障，也是家庭的历史记忆。说到这里，我们很容易理解当一位特别重要的祖父母生病或去世时，青少年所感受到的失落感。这些都是不容易愈合的创伤，但也是体验生命之短暂的直接方式。祖父母通常会为后代留下某种情感遗产，有时会传给孙辈而不是子女，尤其是在成年人无法实现独立并达到鲍文所描述的“自我”立场。但是，如果青少年无法完成这种代际转换，那么除了青春期的典型压力之外，祖父母的去世所带来的安全感和指导感的缺失可能会导致青少年陷入抑郁状态。个人的脆弱和家庭的应对方式，或者说家庭作为一个团队克服负面生活事件的能力，都会对这种缺失的结果产生重大影响。

过早地失去父母或兄弟姐妹的创伤则更为剧烈。我们曾目睹过许多临床案例，他们治疗的动机或多或少是与青少年隐藏的抑郁有关。在重构家庭历史的过程中，我们经常会发现与父母或兄弟姐妹的死亡有关的重大事件。该事件往往会冻结家庭的发展进程，破坏家庭的情感平衡。鲍文很好地描述了这一过程，并称之为情绪冲击波（emotional shock wave）：一个密集的地下余震网络，它可以出现在家庭系统的任何地方，并可能在重大丧失发生之后持续数月或数年（Bowen，1978）。

在前几章中，我们列举了兄弟姐妹早逝的临床案例。特别是西罗的故事（我们在谈到家庭神话时提到的青少年），它揭示了在面对创伤性生活事件时，名字的选择及其意义所承载的分量。在此案例中，西罗的家人把年仅8岁就溺水身亡的哥哥的名字给了西罗。西罗和家人来接受治疗，是因为西罗已经患上反应性抑郁症数年。另一个重要的事实是，西罗的名字是从为整个社区献出生命的英雄祖父那里继承下来的！重复的名字往往具有深刻的亲情含义和期望，这些含义和期望形成了隐形情绪冲击波网络，从一代传到下一代。它们还让父母产生错觉，以为可以用新孩子的到来填补失去孩子后留下的空白。如果新到来的孩子有这样一个模式的开端，他就有可能多年甚至一生都背负着这种难以承受之重，从而陷入抑郁的漩涡。

第2章中描述的安德里亚的情况与西罗的情况非常相似，尽管他们的症状表现截然不同。安德里亚是家中第二个孩子，他从未见过比他早出生两年的哥哥，哥哥在出生几天后就去世了。然而，这件事从安德里亚的生命伊始便对他产生了深远的影响。安德里亚是一个英俊、健康、与众不同的儿子，他是家里的奇迹。与之形成鲜明对比的是，第一个孩子缺乏安全感、长得不好看、并不被父母重视。安德里亚的笑容和活力让这个家充满生机，但死去的孩子却仿佛“从未被埋葬”。在治疗开始时，也就是安德里亚18岁的时候，我们得知他的母亲会定期去墓地，对失去的孩子表达哀悼。

安德里亚在婴儿时期是一个乖巧英俊的孩子，到了青春期却变成了一个“怪物”：他的体重激增，仿佛变成了巨人，且行为变得暴力，尤其是在家里攻击母亲和哥哥。不同于西罗通过完全否认和无限悲伤来表达内心的不安，安德里亚选择了否认自己的悲伤和抑郁。在承受了多年“家里的奇迹”这个身份的重压后，他以愤怒和攻击的方式表达自己的痛苦，并把自己塑造成一个“怪物”。安德里亚和家人需要找到自己的真实身份，并在治疗的帮助下，从阻碍他们成长的角色和功能中解脱出来。这也要求成年人能够正视自己尚未解决的问题，并努力走出丧失的阴影。

过早地失去父母对青少年来说是一种毁灭性的经历，会削弱他们对生活和家庭的安全感和信心。通常情况下，青少年的痛苦不会得到幸存的父母和整个家庭的充分理解和接纳；一方面是由于他们表达痛苦的方式不同，另一方面是由于家里的成年人沉浸在自己的痛苦中，不知道如何去接近和理解这种深深的抑郁，而抑郁正是遭受丧失的孩子的行为动机。

青少年很少以明确和直接的方式表达自己的痛苦，他们更倾向于向同龄人传达自己的痛苦，而不是家庭成员，这是因为青少年在家庭中常常表现出的保留或疏离感。青春期的反应性抑郁症往往以间接的方式表现出来，如通过行为（拒绝、愤怒、言语或身体攻击）、通过身体（出现各种心身疾病，如进食障碍、皮肤病、失眠）、通过学业失败或障碍。因此，家庭成员必须学会解读青少年表达悲伤的不同方式，并接纳他们的节奏和处理失去亲人的方式。

实践案例：乔凡娜和父亲的离世

15岁的乔凡娜被母亲带到心理治疗中心，因为她们之间的冲突越来越多，主要来自女儿对母亲新伴侣的攻击性行为。乔凡娜无法忍受他，不接受他提出的任何规矩或责备。她总是很晚才回家，学习成绩也很差。母亲不理解她发生了什么，并严厉地斥责她，说她不理解母亲对丈夫两年前去世的悲痛，同时母亲作为一名护士，日夜工作养着女儿。她们从未真正谈论过丈夫的去世。母亲在早期的一次谈话中表示，谈及此事对她们俩都是一种痛苦。自从新伴侣来了之后，她们就更少谈及这件事了。作为一个男人，新伴侣被寄望于填补乔凡娜父亲留下的空缺。对于这对母女，她们没有时间放下生活中其他事，来处理如此重大的丧失给她们带来的痛苦。一方面，我们看到了母亲努力地工作，同时她的新伴侣想“给乔凡娜另一个父亲的形象”；另一方面，我们也看到了女儿的消极和置身事外的反应，如回家晚、学习成绩差、主动拒绝父亲的替代品。这都是人之常情的反应，但反应的重点应该是继续前行，而不是停下脚步并沉溺在失去父亲后出现的空白。进入这种空白将是治疗的目的，帮助母女俩以各自不同的方式公开表达自己的感受。让母女的痛苦自然而然地流露出来，从而重新发现乔凡娜和母亲之间的深层联系，这种联系不仅会被重新赋予意义，也将帮助她们建立新的关系。

我们在治疗中遇到过另一种情况。在父亲突然去世后（如车祸或心脏病发作），青少年成为“死去父母的监护人”。他们放弃了自己的社交生活，拒绝上学，整天待在自己的房间里，似乎要通过极端的行为来留住对父亲的记忆，为此他们往往患上了严重而持久的抑郁症。如果失去的是母亲，我们经常看到许多青春期少女在家中的角色完全颠倒过来。她们成了父亲的监护人，照顾他们，在各方面支持他们。但是，她们深重的失落感又有谁来照顾呢？在特殊情况下，青少年暂时扮演父母的角色，对父亲和女儿来说都是非常有益的。一旦这种情况变成长期不可逆的情况，青少年就会以牺牲自身的心身完整性为代价，建立一种虚假的自我。抑郁会成为青少年躲避生活危险的防御方式，甚至在之后的成长阶段也是如此。不幸的是，即使在经历了如此重大丧失之后，家庭仍然会继续遵循自己的剧本：如果在家庭的发展史中，男性无法在情感上支持他的伴侣，并且扮演着脆弱的角色，总是需要妻子的照顾，那么这些机制很有可能会重演，女儿会对父亲承担起母性的角色。

失去亲人总是有可能在家庭中引发危机，同时它也代表着中断和情感重组。然而，这也是在家庭系统中进行变革和重组现状的最有成效的时刻。从这个意义上，青少年的反应性抑郁症和家庭治疗请求为改变现状提供了难得的机会。更笼统地说，失去至亲的家庭让成年人从另一个角度看待青少年，而不再是带有偏见地把青少年描绘成对家庭问题不感兴趣、麻木和以自我为中心。恰恰相反，正是在失去父母或家庭成员，父母或家庭成员重病的情况下，青少年才会表现出强烈的情感依恋和归属感，并通过悲伤和抑郁的状态表现出来。

实践案例：我割腕了……但只割一点点！

正如我们所看到的，悲伤是青春期的一种非常强烈的情绪。通常它是无意识的，大多被对立的情绪、冒险行为或不合理的行为所掩盖。我们不要忘记，抑郁症状有可能会螺旋式恶化。与青春期典型的自恋型愤怒有关的攻击行为，最初可能会被压抑，但随后可能会爆发，通过针对他人或自己的严重自伤行为，慢慢演变成自杀行为。当青少年成为父母和原生家庭之间无休止战争的焦点时，这种情况就更加令人担忧了。因为即使是极端的求助信号，不成熟的父母也有可能不理解，他们太专注于自己的需求，无法尊重孩子的需求，费德丽卡的情况就是如此。

费德丽卡是一个15岁的女孩，她和父母，以及7岁的弟弟马特奥一起来接受治疗。父母认为费德丽卡的行为令人难以容忍。她逃学，学习成绩在过去一年中直线下降；她吸烟，与朋友喝得酩酊大醉；外出时不接电话；有时她在下午3点不声不响地离开家，深夜才回来。有几次，父亲报警后，警察在第二天黎明时发现她衣衫不整地出现在街上，身边还跟着一些不良少女。此外，在她毛衣的长袖下，手腕上的小伤痕清晰可见。当治疗师问她这些伤痕是怎么回事，她的回答是“我割腕了……但只割一点点”。父母在第二个孩子出生后遇到了严重的情感问题，直到现在还在隐藏着这些问题，因此他们正在分居。

在第一次治疗中，这个家庭有两点令人印象深刻：在每个参与者简短的回答之后，都会立即陷入一种深沉的沉默。此外，父亲表现出明显的担忧，而母亲则几乎不显露任何担忧，二者之间的反差极为显著。同时，女儿似乎想通过一切可能的方式引起他们的注意。

在探究家庭史的过程中，我们发现母亲因为她的父亲对她和母亲的严重身心虐待而在17岁时离家出走。由于受到父亲的威胁，家里没有人去找她，所以很长一段时间里，没有人知道她的任何情况。她靠着不稳定的工作勉强完成学业，后来又找到了一份稳定的工作；她总是依靠自己的能力，从不相信任何人，学会了忽视自己的脆弱，以防止崩溃。后来，通过一位亲戚，她才与家人重新取得了联系，但与她的父亲没有联系，因为父亲在那之后不久就去世了。

费德丽卡的父亲是一位著名的商人，与妻子不同，他对女儿的行为过分担忧。这给他带来了巨大的压力，让他日夜处于焦虑状态，并难以在工作中集中注意力。而他的工作本身要求严格，又受到公众的监督，因此他的声誉受到了影响。他离开家时只说了几句话，表达他对妻子的憎恨和蔑视。据他说，妻子从不接受他的选择，多年来一直让他感到孤独，甚至导致他和孩子们之间的沟通也变得很短暂。他似乎在说:“一切都结束了，我要离开了!”尽管并不清楚他要与哪些家庭成员分离。

在谈话过程中，让我们印象深刻的是他的沉默和对女儿的关心。这似乎突显了这对父母之间无法估计的距离，他们之间的仇恨和蔑视堆积如山，多年来愈演愈烈。他们之间的争执持续不断，他们只能通过电子邮件或短信进行书面交流。母亲拒绝接听家里的电话，因此父亲无法在晚上与孩子们通话。他直接给孩子们的手机打电话，甚至和他们谈论他的新女友，用母亲不知情的承诺和事项吸引孩子们支持他。

在这种情况下，女儿处于痛苦不堪的关于忠诚度的冲突中。父母眼中只有自己和复仇的需要，她对父母的愤怒使她惩罚“叛徒”父亲，她用逃离家庭和学校的方式，并以公然的丑闻危害他的公众形象；她惩罚“受害者”母亲，以学业失败和对女性角色的强烈贬低来羞辱她。同时，当她独自一人时，费德丽卡割腕了……但只割一点点!

青少年时期的自杀未遂

令人难过的事实是，自杀已成为15 ～ 18岁青少年的第二大死因，仅次于车祸。在过去的30年里，青少年自杀的比例翻了3倍，这还不包括因冒险行为而导致的近乎自杀的死亡。药物滥用和摩托车事故，可以被视为是掩饰性的自杀尝试。一些调查显示，约有20%的中学生或多或少地认真考虑过自杀，但幸运的是，相较成人，他们付诸实践或成功的概率更低。女生更经常威胁要自杀，她们自杀的目的更多是为了寻求关注，而不是自我伤害。而男孩则不太谈论这种行为，但如果深陷抑郁，他们会以更明确的方式实施自杀。这种情况的女性和男性的比例是1 ： 7。

自杀未遂和青少年自杀人数最多的欧洲国家是芬兰，尤其是在11月，没有阳光，也很少下雪，人造光源也很少，黑暗笼罩着一切。这种情况应该引起我们的反思：持续的黑暗是死亡的前兆吗？如果是这样的话，那么在如此关注儿童权利的美丽而光明的社会中，有哪些黑暗的地方让这么多的年轻人迷失了方向？

青少年自杀未遂的精神动力学分析

精神分析领域的一些研究对尝试自杀的青少年从精神动力学的角度进行了分析，发现在寻找他们自杀意图的精神病理的核心方面遇到了不同寻常的困难。关于主要的危险因素，学界尚未达成一致意见。关于预防和干预措施的有效性和恰当方式，讨论仍在进行。更令人惊讶的是，在大多数情况下，尝试自杀的青少年的家人和同龄人竟然对此毫无察觉。

彼得罗波利 · 沙尔梅（Pietropolli Charmet）强调说，即使对有自杀倾向青少年的成长过程进行仔细研究，也很难找到足够的心理痛苦证据来推测他们是否存在精神病理的问题。另一方面，我们很容易找到与青少年自恋脆弱性相关的一系列关系事件，这些事件可能构成一个微观创伤事件网络（Maggiolini，Charmet，1994）。

学者们一致认为，自杀未遂的青少年通常难以实现与母亲的分离和自我独立。在分离和独立的过程中，母亲似乎极为重要，尤其是对男孩而言。我们要记住，这种困境始于出生，并一直持续到成年。如果我们考虑到有多少成年人处于强烈的依赖状态，即安多尔菲（Andolfi，2003）所说的“慢性儿童”，就会发现这条想象中的脐带具有极其重要的价值。

一些临床报告显示，当青少年无法将自己的欲望和依恋投入到新的对象上时，他们可能会试图自杀。值得注意的是，母子之间的过度融合往往伴随着与异性建立关系的困难。能否从原生家庭的情感纽带中分离和独立出来，与能否在原生家庭之外建立新的情感纽带成正比。另一方面，如果我们考虑一下父亲和女儿之间的关系，我们不难发现，女孩的第一个男朋友通常是她的父亲，而且他也是对她最好的男人。众所周知，父亲对女儿通常充满嫉妒之情，并在把她托付给另一个男人时会显得格外谨慎。这种情感在父亲和女儿一起走红地毯时尤为显著。但如果真是这样，我们需要扪心自问：如果一个人成了从一个人手中传递到另一个人手中的“物品”，那么她的个性何在?

总之，自杀对青少年来说，是回到最初安全的共生状态（与母亲完全融合）的一种手段，也是解决与父母分离和独立的一种方法。从这个意义上，自杀是青少年的一种死亡幻想。这种对自己葬礼的幻想像看电影一样，看到自己死后发生的事情，从而验证父母和兄弟姐妹对自己的爱。之后，我们会谈到埃琳娜。她是一个18岁的女孩，由于服用了大量的精神药物，在医院陷入昏迷。在一次会谈中，她说她非常感谢赶到医院看望她的人。即使是在她挣扎于生死之间的时刻，她对家人是否在场也极为敏感，尤其是“在小时候就抛弃了她”的父亲。

从更多的关系角度来看，尝试自杀是一个自恋脆弱、易受伤害的青少年为了捍卫自己的身份、重新建立边界而做出的绝望尝试。这是对自己，也是对父母的攻击，因为身体是父母与孩子关系的象征。如果我们考虑到进食障碍，厌食症女孩的身体就是我们前文所述的一个典型例子，她们经常以一种缓慢的方式企图自杀。我们已难以分辨，是女孩自己的身体在死去，还是父母所给予的身体在死去。

另一个令人不安的现象是，尝试自杀的青少年似乎对死亡没有真实的了解，而是像孩子一样，天真地认为死亡会带来不朽。在对尝试自杀的青少年进行治疗时，我们经常听到他们在讲述自杀事件时，表现出对发生在自己身上的事情缺乏了解。有时，这些年轻人冒着生命危险，似乎并不是因为他们想死，而是因为他们不了解从生到死意味着什么。

事实上，对于青少年，自杀往往是一种即使死后也能成为关注焦点的方式，就好像他们自杀是为了永远活在人们的记忆中。如今，许多青少年在社交媒体上直言不讳地谈论自杀——他们在社交网络上宣泄所有的生存绝望，轻率地宣布极端举动。毫无疑问，网络可以无限放大他们这种行为带来的影响。不幸的是，这些青少年有时也会很认真。最近广为报道的卡罗的故事就是一个典型的例子。在卧室上吊自杀的前3天，他在社交媒体上写道“我即将抵达来世！”他在自己的虚拟个人主页上开始了倒计时——3、2、1，但他的107位朋友以为他在等待一个特殊的日子，也许是他的生日。然而，事实并非如此，卡罗只是在等待结束自己的生命。

从人际关系层面看待自杀未遂

毫无疑问，自杀未遂是一种极其复杂的非语言表达形式。它所传达的信息与一些极其重要的事情有关，而这些事情无法用其他方式表达。也许，它是一种求救信号，为了恢复与父母一方或双方破裂的亲情，为了在重要的问题上渴望被理解，却找不到语言来表达而选择的悲哀的表达方式。

实践案例：求救！求救！

帕罗斯是一个14岁的希腊男孩，在经历了一系列戏剧化且几乎是幼稚的自杀尝试后，他参加了家庭治疗。即使他自杀的方法多次变化，但模式始终如一。有一次，他在父亲驾车准备离开时，从家里两层楼高的房顶上跳了下去。有一次，他在浴室里制造吵闹声，尝试上吊自杀，幸亏父亲及时救了他，因为父亲的工作室就在浴室隔壁。还有一次，他在全速从车库斜坡下冲时，从自行车上摔了下来，而父亲就在旁边。父亲是一名全职外交官，无暇顾及儿子，他说儿子疯了，需要住院治疗并服用药物。他甚至没有想到儿子的所作所为可能是在戏剧性地寻求关注。与帕罗斯类似的是乔瓦尼的自杀行为。在西西里岛的一个小镇上，人们发现独生子乔瓦尼躺在废弃的火车轨道上，等待着一列不可能到来的火车，从而试图引起不断争吵父母的关注。

在下一章，我们将通过介绍比安卡的案例进一步探讨有组织性的干预。比安卡是一名患有厌食症的女孩，病情严重时被带来治疗。每天晚上，她都会要求母亲在她熟睡时检查她，以确保她还有呼吸。母亲每天晚上都会这样做。我们知道，新生儿的父母最担心的就是孩子的呼吸，因此会不断地检查孩子是否一切正常，是否在摇篮里翻身。当一名18岁的女孩要求母亲检查她是否还有呼吸时，这意味着什么呢？显然，这一请求所蕴含的亲情意义是非常强烈的，但要以更成人化、更明确的语言来表达这种亲情也非常困难。因此，我们看到的是倒退成幼稚的行为。

最重要的是，家人应学会解读青少年复杂而隐晦的语言，即使是像前面所描述的那种精密的自杀尝试。不幸的是，父母和亲属在帮助青少年的第一阶段非常投入，可一旦青少年度过了危险期，他们就会把尝试自杀的行为轻描淡写地一笔带过，把它定义为孩子的幼稚行为，是他软弱和不成熟的表现，这种情况屡见不鲜。父母没有向孩子说明其行为的严重性和危险性，也没有向孩子表达他们的失望，因为他们真诚地认为，谈论这一事件是严重的，可能会增加孩子再次尝试自杀的风险，或者以其他方式加剧情况的严重性。实际上，当这种情况发生时，可能会变得更加极端，成年人的否认与孩子的不成熟思想相互叠加，从而使危险因素成倍增加。

实践案例：露西娅和不可能的生活

我们已经描述过什么样的家庭情况可能让孩子患上抑郁症。有时，孩子们的抑郁状态未被察觉，随后恶化，导致自我伤害行为的产生。在极端情况下，突然失去亲人、家庭暴力、虐待儿童、代际之间的混乱和扭曲、被忽视和社会边缘化、卷入三角化家庭关系中敌对父母的分离等，都可能导致青少年自杀行为。由于青少年往往带着自我牺牲的目的，我们不能低估父母一方或双方存在严重精神疾病（如精神分裂症、酗酒、躁郁症、吸毒成瘾等）的情况。当青少年认为父母的行为具有威胁性时，他们可能会认为自己的自杀尝试可以拯救家庭。

16岁的女孩露西娅在一次严重的自杀未遂后接受家庭治疗。父亲一直否认妻子长期酗酒的严重性，尽管多年来妻子曾多次试图自杀。母亲的酗酒和抑郁成了露西娅成长的情感基础。母亲在很小的时候被亲生母亲抛弃，觉得自己没有能力活下去。事实上，她好像“心死了”。父亲习惯于将问题最小化，甚至在露西娅从窗户跳下后也是如此。露西娅自出生起，就是家里唯一的活力源泉。她吸收着母亲的痛苦长大，并以自己的方式尽一切努力非常负责任地帮助母亲，直到她进入青春期，开始了自我伤害的行为。以前的治疗干预主要集中在拯救从窗户上跳下去的女孩，以及个人诊断和药物治疗，而没有关注家庭因素和行为。但是，如果不改变围绕着青少年并影响其行为的情感环境，我们能让她重获新生吗？

当一个人憎恨自己的身体时，另一个非常重要的风险因素就会出现。通常情况下，患有进食障碍并企图自杀的青少年在自杀前的几个月里，会过度关注自己身体，或出现疑病症，从而开始与自己的身体发生冲突。在家庭、学校或同龄群体中，感情关系中的失望、被贬低、在公开场合或私下被“贴标签”或被轻视的经历，都会对青少年产生破坏性的影响，并导致他们产生自杀意图。青少年自恋的脆弱性使其面临强烈的情感和心理痛苦，从而引发灾难性的羞愧感。常识告诉我们，“羞愧比内疚杀死的人更多”，而羞愧无疑是自杀尝试的一个关键因素，许多青少年往往因为深感羞愧而企图自杀。当青少年在恋爱中遭遇挫折时，父母往往会将情况合理化或最小化，或者与此相反，表现出过度担心。这给父母造成了困难，因为他们往往会寻找解决办法，而非通过倾听来与孩子建立联系，所以办法通常并不奏效，尤其是在孩子因失去了一些对他们非常重要的东西而感到痛苦时。

父母一般很难在家庭以外的社会文化中了解孩子的特质和弱点，尤其是因为他们不了解当今青少年的语言、沟通规则和复杂的友谊，所以父母很难理解孩子们学业上的失败，以及感到被同伴集体冷落或排斥的痛苦。我们只需要想想网络、主要使用短信进行交流、在游戏时与同伴交流及社交媒体平台对年轻人的重要性，就会明白父母和孩子的世界是完全不同的。

另一种棘手的情况出现在自杀未遂的青少年身上，他们发现自己在急诊室和重症治疗室接受抢救。许多青少年无法理解为什么他们在决定自杀后，自己的身体还能幸免于难。他们通常会表现出一种矛盾的情绪，一方面为自己活了下来而感到欣慰，另一方面又为自己的身体还活着而感到不满或惊讶。这突显了我们前面提到的“幼稚的游戏”，即对生命的价值认识不足，或没有意识到如果身体无法被抢救过来，根本不可能再有另一次机会。

与吸毒或类似行为相比，用摩托车或汽车事故等隐蔽的自杀企图更难预防，而且这类事故的数量非常庞大。即使在这些情况下，我们也要面对死亡的真相。想想那些不断冒死在车流中滑行的青少年，仿佛在赛道上驰骋，还有拒绝戴头盔的人，尤其是在意大利南部，真是令人震惊！令人难以置信的是，他们对生与死之间的界限意识如此淡薄，玩弄着死亡风险。我们认为，这些潜在的自我伤害行为的背后是一种被掩盖的抑郁症。

毫无疑问，自杀的最大风险因素是曾经试图自杀。这应该让我们反思，在首次自杀尝试发生时果断有效地进行干预的重要性。我们将在下一节讨论这个问题。

危 机 干 预

危机干预作为神奇的缓冲机会

紧急情况下，家人、心理学家或心理治疗师的介入并非当务之急。医院作为自杀未遂后的第一站，提供了一个神奇的缓冲机会，成了可以挽救试图自杀的青少年生命的场所。然而，如果我们认为这就是奇迹发生的地方，那就大错特错了。尽管急诊室、急救室和戒毒中心是不可避免的第一场所，也是最基本的一步。生命获救后的第二个问题是如何将其送回社会环境中。

医院、急诊室和急救室等医疗机构的常规做法是将试图自杀的青少年隔离起来，以防止给他们造成任何压力。这往往会在青少年周围形成一种保护气泡，使他们远离所有可能引起紧张或恐慌的因素。由焦虑、不安及父母强烈的自责、内疚和无能为力感所造成的家庭混乱，都被排除在只以挽救生命为重点的医疗干预之外。

我们认为，这种方法过于医疗化，没有把人际关系纳入考量。我们的观点则截然不同。我们认为，越早在青少年身边重新建立积极、正面的关系，就越能遏制问题的发展，促进积极的结果。当企图自杀的青少年来到急诊室时，我们应该尽最大努力立即启动支持网络，并且网络里不仅仅包括父母。父母本身可能是最薄弱的一环，因为他们可能直接或间接地卷入了自杀事件。惠特克一直强调，“系统越广，活力越强；系统越限制，活力越弱”。这里我们指的是更广义的家庭网络，包括兄弟姐妹、祖父母，以及重要的朋友关系。当然，支持网络还应包括医疗系统及各种专业人员。

巴黎克洛斯·贝尔纳医院的康复模式

我们的一些同事在巴黎从事精神科医生和家庭治疗师的工作，他们的经验极具启发性。他们开发了一种全新的、系统性的干预模式，在自杀未遂的青少年住院期间，可以有效地促进家庭的积极参与，支持青少年的康复过程。在综合医院接受短暂的急诊治疗后，转至克洛斯·贝尔纳医院的青少年需要满足三个基本条件：青少年必须同意住院，平均住院时间为10～15天；住院期间和住院后，家庭成员必须每周参加1～2次的家庭治疗；青少年必须在尽可能短的时间内重返校园。

最初的步骤是最需要小心的：从青少年及其家人到达医院的那一刻起，整个医院团队就开始工作。该团队由负责人、精神科医生、教育工作者和护士组成。首要目标是了解入院原因，为此要求全家人（父母、祖父母等）都必须到场，以争取整个家庭群体的合作。通常情况下，青少年一开始会拒绝入院，而父母则坚持让他入院。因此，首先要与家庭进行1～3小时的会谈，以达成一致意见。如果无法达成一致，团队会建议第二天再次会面。有时，如有必要，还会安排一次包括三代人在内的家庭访问。实际上，首次会面的重点根本不是自杀未遂事件本身。治疗团队利用这一紧急状况和达成协议的需要，对家庭、家庭历史和家庭关系发展进行了解，从而使包括青少年在内的每个家庭成员的行为和动机开始发生正面的变化。

与我们的观点一致，巴黎团队还认为，危机时刻，尤其是当家庭对孩子的自杀企图感到恐惧和沮丧时，是与整个家庭实现全面、高效合作的最佳时机，而这在一般情况下往往更加困难。对于父母离异的家庭，要同时开展工作，交替与父母一方或另一方的家庭接触，以达成共同协议。对于不会讲法语的移民家庭（这在巴黎很常见）则需要文化和语言调解员的参与。

克洛斯・贝尔纳医院的常规做法是邀请整个家庭参观病房和孩子将要居住的房间。在可能的情况下，青少年也有机会选择自己喜欢的房间，而这也是一种接待过程。探视的时间非常灵活，家人可以一整天都待在医院里，可以在医院里和青少年一起吃饭，也可以去餐馆吃饭。显然，这些选择都需要与临床团队进行讨论和决定。这种干预方式背后的理念是让家人感觉自己有能力并参与到医院环境中来，从而增强青少年的治疗意愿。这样，家庭和临床团队之间就会形成强大的合作，这是取得良好效果的基本要素。

青少年住院后，家庭治疗就开始了。这对于缓解青少年对自杀的恐惧、建立新的安全环境、帮助他们克服无能感和无力感，以及展开新的生活至关重要。出院后，治疗将在医院外继续进行，由同一个团队负责，目的是帮助青少年尽快重返校园，恢复正常的人际关系。作为标准的治疗程序，在提供家庭治疗的同时，必要的时候也应提供个体治疗和药物治疗。

出院后的护理：如何利用危机激发改变

在大部分情况下，即使患者已经出院，精神科医生和心理治疗师的干预方案也往往是避免给患者造成压力，限制家人参与青少年的康复，担心这可能会加剧压力或恶化家庭关系。但这样实际上减少了青少年可利用的资源。干预方案往往侧重于个体治疗，并经常涉及药物的使用。由于一些家庭和文化倾向于将青少年的行为正常化，并否认其未来的后果，所以许多情况未能引起医生们的关注，每个人都倾向于装作若无其事。在这种情况下，除非出现第二次自杀未遂并因此住院治疗的情况，否则我们无法追踪事态的发展。

我们发现，许多家长对自杀事件感到非常震惊，一旦危险过去，他们往往会对此事件进行掩饰。一方面，这是一种防御机制，为了避免思考自杀中的人际原因和体会到相关的负罪感；另一方面，由于自杀行为通常被视为应受谴责的、可耻的，所以人们倾向于对外进行隐瞒。值得一提的是，几十年前，教会还不允许为自杀者举行葬礼或将其埋葬在神圣的墓地中。

与上述情况相反的是，我们强调要从对家庭和社会都有好处的角度，深入研究促使年轻人将自己的生命置于危险境地的原因，以积极的态度、宽阔的视野看待不可避免的家庭危机，而不把该事件的意义归结为青少年的幼稚行为或精神错乱。年轻人尝试自杀对个人来说有属于自己的意义，因为是其自己的生命受到了威胁，而且这无疑是对其所认为无法忍受的生活状况的一种回应。然而，这一举动对关系的意义也不容忽视。正是该事件在情感关系发展中所具有的价值，才促使我们与整个家庭群体合作，为每个相关的成员寻找新的资源和发展方向。自杀会抹去家庭所有的“确定性”和习以为常的行为模式，但同时也为勇敢、好奇和尊重他人的治疗师提供了一个机会，陪伴家庭处理痛苦，而痛苦往往是自杀这种戏剧性行为的根源。

实践案例：何时死亡，毕业前还是毕业后?

卡拉今年20岁，是父母的独生女，父母都已50多岁，她正在罗马学习心理学。他们家住在意大利中部的一个小城市，卡拉每天都要往返罗马。多年来，卡拉一直患有焦虑症和抑郁症，并不时出现自残和自杀的倾向。她在当地的心理诊所接受治疗，并由家庭精神科医生提供抗抑郁药物。作为独生女，卡拉一直被认为是一个奇迹的孩子，但她也被视作母亲健康恶化的罪魁祸首。母亲安吉拉从11岁起就患有心脏病，因此一直被建议不要生孩子。事实上，结婚后不久，安吉拉就怀孕了，但因为健康原因选择了流产，对此她感到非常内疚。流产后的第二年，安吉拉的病情似乎有所好转，于是她战战兢兢地怀上了第二个孩子，并最终生下了卡拉。尽管父母为这个渴望已久的孩子的到来而感到高兴，但卡拉的成长并不顺利。母亲经常生病，无法照顾孩子，因此丈夫路易吉代替她打理一切。卡拉11岁时，母亲做了两次开胸手术，更换了两个心脏瓣膜。在此期间，女孩对母亲充满了保护欲，成了父亲照顾母亲的帮手。16岁那年，她对母亲产生了强烈的怨恨，这种怨恨逐渐加剧，直至今天。与此同时，卡拉也开始抑郁了。卡拉是个漂亮的女孩，但她因痤疮问题经历了严重的心理困扰。在接受心理治疗时，皮肤问题已经得到了改善，但她仍花费很多时间照镜子，感觉自己丑陋，讨厌自己的身体，并感到强烈的空虚和无聊。她和母亲心脏科医生的儿子约会，但这段关系令她深感失望。她通过在周末狂饮酒来逃避内心的不安。本案例的描述摘自《家庭的丧失与资源》(*Le perdite e le risorse della famiglia*)(Andolfi，D'Elia，2007)一书，并后经修订和完善。

卡拉非常珍视自己的写作，她在治疗中带来了大约80首诗歌。我们选取了其中最短的一首诗，让大家了解卡拉来到我们咨询室时的心理状态。

在寂静的深夜，
我想感受梦境和苍白幻想的微风，
但我只能听到一颗疲惫跳动的心在哭泣。
对我和我身边的人来说，这段时间是如此荒谬。
在夜里，我希望找到宁静和安详的休息，
而不是猛然惊醒，
充满痛苦和对明天的恐惧。
在迷人的夜色中，我希望找到永恒的安宁，
我想在梦中找到自己，超越今生。

以下是第二次治疗的摘录。卡拉在第一次和第二次治疗之间，再次试图自杀。治疗的参与者包括母亲、卡拉、父亲和治疗师。安多尔菲在单向镜后面进行督导。

治疗师： 那么，让我们听听这个消息。谁来告诉我这个消息？

卡拉： 我今天不太想说话，心情很糟糕！

（母亲向治疗师做手势，示意让女儿说话。）

治疗师： 女儿要告诉我这个消息吗？

母亲： 相当重要的消息。

治疗师： 妈妈为什么想让你说这件事？

卡拉： 我？

母亲： 嗯，亲爱的，这是你自己的事！

第三次自杀未遂发生在第一次治疗和第二次治疗之间。这似乎是卡拉的招牌，她用这种方式在家庭和治疗关系中引起恐慌和痛苦。面对这一行为，家人的反应是疏远和否认，就像是在理发店里谈论别人的事情。值得注意的是，这并不是因为家庭没有意识到问题的严重性，毕竟卡拉的母亲一生都生活在与生死斗争之中！相反，这似乎是家庭有意为之的选择。卡拉是这样描述自杀未遂经历的，她的描述清晰而富有启发性。

卡拉： 那么……周五晚上，我给自己调制了一种致命的药物鸡尾酒。他们不在家里。我家里有很多药，精神药物、抗焦虑药、止痛药……我服用了大量的药物，不是因为我想让自己平静下来，而是因为我想死。我把它们和酒精混在一起，然后就睡了。我想去厕所小便，从床上摔了下来。他（父亲）偶然发现了我，把我送到医院，我被送进重症监护室，他们给我洗胃。我在医院住了 3 天。

治疗师： 什么时候发生的？

卡拉： 26 号。

治疗师： （对父母说）她不像是会自杀的人！

母亲： 不像是。

父亲： 完全不像，那天是星期一，对吗？

卡拉： 是的，考试后第二天发生的。

母亲： 是在家里发生的。早上，她和父亲在罗马，她要参加考试。她没有去；然后，晚上，她回到家里，就做了那件事。

治疗师： （问母亲）你当时在场吗？

母亲： 我不在。我本来打算后天再来的。

治疗师： （对卡拉和父亲）所以只有你们两个人，加上她的家人（卡拉的外祖父母）。

父亲： 是的，但他们没有醒来，虽然我尖叫着叫醒卡拉，但……

治疗师： 你是刚好过去，还是你听到了她的声音？

父亲： 没有。我很晚才回来，当时我在厨房里，我听到她的房间里有一些奇怪的声音，我走了进去，我试着和她说话，我意识到这不是正常的梦中胡话，我试着了解发生了什么事。她喃喃地说了些我听不懂的话，然后我让她躺在厨房的地毯上，她很重，很难移动，之后我就叫了救护车。

治疗师： 这是第一次发生这种情况吗？

父亲： 第一次这么严重。至少据我所知，过去发生过……

卡拉： 发生过三次，第一次我吃了很多药，但没有致命，所以……

父亲： 药片。

卡拉： 不，药片和药水。我去了急诊室，他们给我打了点滴，但我不是故意的……

精神病理学测试

（督导通过对讲机与治疗师通话。）

督导： 告诉卡拉，安多尔菲医生希望她做一些测试前准备。请她在白板上写下不同类型的自杀，就像她必须参加青少年精神病理学测试一样。测试的问题是：列出青少年自杀的不同类型。

治疗师： （对着卡拉）安多尔菲医生问你，作为一名未来的心理学家……你离获得学位还有多远？

（卡拉和父母都笑了。）

治疗师： 他问你能否参加一个青少年心理病理学测试，你能写下青春期的几种自杀方法吗？写在黑板上。

（卡拉很感兴趣，起身开始在白板上写字。）

卡拉： 根据我在报纸上读到的文章和我所了解的情况，我认为女性更容易用药物自杀。

治疗师： 怎么会这样？

卡拉： 那么，最简单的方法就是去看精神科医生，因为这样你就有机会得到你想要的所有药物。如果你有处方，你只需要有足够的钱就可以买到药。你就算不能直接控制你有多少药物也没关系。因为你可以假装药丢了，再去买新的药，但实际上，你一直在收集药。我这样做，只是因为我不吃药，不是因为我想自杀，我爸爸很清楚这一点，我假装吃药，从而收集了大量的药物，然后他（父亲）发现了……

治疗师： 你是怎么调制药物鸡尾酒的？

卡拉： 是这样的，如果你对药物有所了解，你会关注剂量，你很清楚多少剂量会起作用，可能一开始你并没有故意这样做，但随着时间推移，你发现自己需要更多的药物来获得所期望的头晕和昏昏欲睡的效果，因为这些效果不会马上出现，所以你会服用更多剂量。例如，我尝试“控制”剂量，但总是不够，4 片不够，然后再 4 片，再 4 片，再 4 片，但始终无法入睡。

治疗师： 通常在哪里发生？

卡拉： 私下里。通常你会等待安静、周围没有人的时候，一般是在自己的房间里。

治疗师： 在房间里，白天还是晚上？

卡拉： 晚上。

治疗师： 这种尝试成功的概率有多大？

卡拉： 对我来说，这种尝试成功的概率很高。但是我运气不好，失败了！

治疗师： 你能写在黑板上吗？

卡拉： 成功的百分比？我认为这还取决于一个人受到的控制程度。总之，在我看来，成功的可能性是 60%。我被过度控制了，但一个人被家庭过度控制的情况也时有发生！

这个女孩学的是心理学，能言善辩，在被问及她的问题时，她似乎会立即切换到在课堂中回答问题的模式，用专业的方式回答问题。还有什么比利用她的专业能力建立治疗关系更好的办法呢？卡拉回答得很透彻，就像在讲课一样；她举例说明了自杀的各种类型、不同性别自杀的不同形式、自杀成功的概率，展示了从理论知识到实践的能力。她具有相当高的智商和反思能力，在谈到死亡时，她有着令人震惊的清醒和超脱。同时，就像治疗她的精神科医生诊断的一样，我们也排除了精神病性症状的可能性。

督导： （通过对讲机与治疗师通话）你介意我和她谈谈吗？（卡拉走向对讲机）喂，早上好！对不起，我知道这是一次心理治疗，但我希望你能想象一下，你现在是在大学里。

卡拉：我已经有考试的麻烦了！

督导：你考了几门？

卡拉：一门，就一门！

督导：哪一门？

卡拉：最简单的一门，教育学。

督导：教育学！但我感觉你在生活中了解的知识超过了考试的需要！

卡拉：我也是这么想的！

督导：我想让你回答一些关于心理病理学的问题，这是大三的考试。

卡拉：嗯，我不明白，你是什么意思？

督导：对不起，心理病理学考试不是在后面吗？

卡拉：是的，在大三。

督导：在大三。所以，我要求你把自己当成大三的学生来努力，你知道为什么吗？因为很多心理学学生把心理学和治疗学混为一谈，他们报读心理学，但他们工作中真正想要的是去治疗，你明白吗？

卡拉：我不知道……

督导：事实上，因为你自身也在接受心理治疗，所以也许你比一般人要好；你明白去哪里寻求治疗，去哪里找到专家，你觉得呢？所以，也许你的思路比其他人更清晰，这是一个好的开始。但现在有一个问题，即你可能拿不到学位，因为如果你在那之前就离世了……（卡拉笑。）

督导：是 5 年，对吗？所以，你知道，5 年是很长的时间，也许你需要更长的时间，如果你需要 6 年呢？所以，你得想想是在拿到学位之前死掉好，还是在拿到学位之后死掉好。这已经是一个问题了，你想过这个问题吗？

卡拉： 是的，我想过，但一直没说出口，不过……

督导： 好了！我希望你把我们说的这些话转告给父母和治疗师，好吗？你能帮我吗？

卡拉： 是的，就是这样，或者……

督导： 等一下，顺着话题往下说。我给你打电话是因为我是大五的教授……

卡拉： 嗯，我知道！我可以听你的课，因为我的姓是 M 开头的！

督导： 你是 M ～ Z 组的！所以，让我们现在就继续吧！也许，这对我们有帮助。如果你能升到大五的话，可以把这个当成考前测试，你明白吗？所以，我们首先要搞清楚你是否想活到大五。如果今天我们要参加心理病理学考试，也就是大三的考试，你需要给我们一些时间，这样你也能通过学习达到目标，知道吗？

卡拉： 好的。

督导： 顺便说一句，这也能让你的父母稍稍放心。这样，你就能让他们多活几年；否则，我们都会一直想着这件事……你知道他们经常玩雏菊游戏吗？“她爱我，她不爱我……”他们只能用扯雏菊花瓣来思考：“她自杀，她不……”这对父母来说很难，你知道吗？说到这个，我想你是你们家第二个经常思考死亡的人，至少在我们遇到的两代人中是这样。你妈妈是最多思考死亡的人，对吗？她经常深入地思考这件事！你看，在我的印象中，年轻的女儿们会有试图找到自我的方式，并用一种奇怪的方式来表达自己的需求，将自己与父母区分开来，对吗？她们有时用衣服来区分，用男朋友来区分，有时用生命来区分。就好像在说：妈妈一直是爸爸生活的中心，也是你生活的中心，因为她的病，她常常是处于危险中的人，一直是聚光灯下的焦点，而现在你希望聚光灯照在你自己身上。我希望你能用自己的话解释一下，我说的关于你父母的事情，然后把你写在白板上的东西擦掉，因为你关于自杀不同方式的解释得到了很好的分数……解释“如何自杀”很容易，但是要解释驱使一名年轻女性自杀的原因却很难。你出色地回答了第一个问题，现在我们需要谈谈自杀的深层原因。人们从来不会为了自杀而自杀，自杀总是与人际关系有关，你明白吗？现在你可以解释一下你的动机了！

卡拉： 我的？

督导： 当然！祝你分析顺利！

卡拉： 谢谢。（*卡拉回到白板前*）他说我的成绩不错。但现在他想知道自杀背后的原因……这对我来说比较困难，因为我从来没有读过心理学方面的书，我只知道自己的感觉。对于青春期的女孩，我认为这与……她对自己形象的排斥有很大关系，不是说她觉得自己很丑，而是说她觉得在很多方面被父母排斥了，他们可能对她说“你太这个了，太那个了……”我认为男孩更容易叛逆，更容易独立。对于女孩，获得父母对她所做事情的认可更为重要。有时，她甚至觉得自己不被朋友理解，觉得自己被朋友攻击和评判！然后，你知道，在小城镇里，人们会在背后议论你，说你的闲话，当你感受到多方面的攻击时，你会感到被人评判，会感到孤独，发现自己无法表达自己，甚至缺乏面对这一切的文化基础。这也许是因为你还年轻，没有人可以倾诉，甚至没有心理医生，然后你就会意识到你是被孤立的。对我来说，我遇到了一个不同的问题，更多的是性格问题，从根本上说我是一个悲观主义者，父母从来没有能够缓解这种情况。他们没能做到这一点，因为不得不说，我的情绪非常极端，我会快速地从对喜剧的欣喜转换到对悲剧的悲伤，这一切都没有任何意义，对我来说，生活不是喜剧就是悲剧！

治疗师： 总之，这次自杀尝试之后有什么变化吗？这是第三次了，对吗？与前两次相比，有什么变化？

卡拉： 这就是我不明白的地方：比如说，我觉得前两次我并不是真的想死。即使是第二次，也许是最戏剧性的一次。当时我一个人在罗马，吃了大量的药。我很清楚我只会胃痛、恶心、呕吐，但是我不会死。我想感到恶心，这是合理的，因为我想感到恶心到极点，然后感觉好一些。这听起来很荒谬，但确实是这样的。这次（第三次尝试）很戏剧性，我实际上非常清醒，因为我之前没有喝酒，我喝酒只是为了把药和酒精混合在一起。我非常清醒，开始服用我熟悉的药物，我知道何种剂量的药物可能致命。但我在服药时并没有意识到自己的潜在目的。与第一次不同的是，第二次在罗马时，我在服药的时候心里想的是："好吧，让我死去吧，我现在就要死了，所以我得快点结束！"这一次，情况发生了变化，甚至到现在我都难以理解。我没有意识到事情的严重性，甚至现在我也没有意识到，因为我当时并没有想到自杀。也就是说，我并没有想要去死，但我做了自杀所需要做的一切，就像我计划了很久一样，我服用了足够数量的药物来结束自己的生命！教授（安多尔菲）

问我，有没有想过还要再花五六年时间才能成为心理学家，我是否为此感到后悔……如果我自杀了，我就永远成不了心理学家，我就永远无法研究我可能喜欢的东西了！还有一件事，他（安多尔菲）问我，我在吃药的时候没有“想过父母和爱人吗？”我意识到自己太自私了，因为我从没想过这些事。我意识到我总是想着其他事情，如我的书、CD，我对这些太着迷了！

母亲： 还有她的照片。

卡拉： 是的，我的照片、东西、诗歌、衣服。我想过所有这些物品，对，它们是物质的，但它们也是我的生活。现在，我不再想大学的事了，我只想我的一切物品……

没有比这一段话更好地描述了女孩冒着生命危险试图自杀时，她会怎么想。我们在咨询中经常目睹这种情况。卡拉谈到了一种潜在意向，这种意向越不被人有意识地察觉，它就会变得越来越强大。她的话似乎传达出，自杀行为具有极强的戏剧性，有一种需要成为焦点的紧迫感。如果将其解读为一种肯定自我的需要，那么就能说明她在重要关系中感受到的“隐形”已经达到了她无法忍受的程度。在这些时刻，她脑海中呈现的是具体的物品、图书、CD、衣服、记忆，以及通过照片和诗歌表达的思想。在她的意识中，家人并不存在。她所谓的自私，实际上是对“我是谁”这个问题的无力回答。这个折磨人的问题往往很难回答，它与青春期的深刻蜕变和家庭关系密切相关，特别是鲍文所说的“家庭的集体自我”（family ego mass），或者说是家庭情感的大熔炉，那里的界限非常混乱，每个人都互补，就像一种环环相扣的拼图。卡拉的母亲一直扮演着患者的角色，父亲的首要任务是照顾安吉拉，其次是照顾住在隔壁公寓的年迈父母。在这种情感纠葛中，卡拉感到只有“如果她不在了”，她才能真正存在。对她来说，继续活着，就意味着继续成为这无差别的感情、家庭情感和互补角色的一部分。

让我们想象一下你已经离世

（督导走进房间，自我介绍。）

督导： （对卡拉说）你在学科上取得了好成绩，但你在生活中取得的成绩并不好！现在，虽然你在加深心理学知识，但是家庭中正在上演一出出戏剧性的场面！假设你死了，他们会发生什么（指着父母）？

卡拉： 我应该试着站在他们的立场上思考吗？

督导： 当然，从妈妈开始（面对母亲），你的心脏状况如何？如果女儿死了，你会心脏病发作吗？

母亲： 我想过，我也和她谈过这个问题。我想如果面对这样一个事件，这是父母最大的悲剧，我会承受不了。但是我做到了，就像其他人一样。

督导： 女士，我说的是关于女儿的死亡，而不是她对死亡的把玩！如果你回家后发现女儿死了，你会有什么反应？请原谅我谈论这个问题，但我们必须谈论可能发生的后果，以防止以前的事情重蹈覆辙……

母亲： 我会感到非常内疚。不好意思，我不忍心谈论这件事！

督导： 女士，很遗憾，这些都是我们不得不谈的。我想了解一下。（面对卡拉）然后，你试图在家里自杀，当时只有你们两个人在场！

（督导看向卡拉和父亲。）

卡拉： 不，爸爸已经出去了。

父亲： 是的，我和一些朋友有约，回到家时已经 1:15 了。

督导： 她是什么时候试图自杀的？

卡拉： 晚上 10:30。

督导： 好吧，我们假设她死了。你打桥牌回来，发现她死了。你的内心会发生什么变化？

父亲： 我不知道，我连想都不敢想。

督导： 你拒绝去想，但女儿实际上已经尝试自杀过 3 次！

父亲： 我不能去想，我不知道，在生活中，我通常会对各种事件做好充分准备，但这件事，在内心深处，我一直避免去想！

我们讨论过父母在子女自杀未遂后的频繁否认行为。最重要的是，治疗师不要与我们所说的家庭“否认阴谋”保持一致，而应该自由地进入这种纠缠之中。虽然卡拉用自己的生命作赌注，迟早会失去生命，但他们都无法面对事件的后果，因为它太痛苦、太令人不安了。父亲说“我甚至无法考虑”这种可能性，然而，他们都参与了某种俄罗斯轮盘赌博，没有人能够改变自己的剧本。我们写过一篇文章《治疗师是家庭戏剧的导演》（*The therapist as director of the family drama*）（Andolfi，Angelo，1981），该定义似乎很适合此情况。正如斯特恩所说，治疗师的职责是进入家庭戏剧，帮助治疗过程中的每个人找到新的角色，并在当下重新书写人生故事。这项工作需要回到家庭发展史的重点，转换其意义，以修补仍然存在的痛苦和未愈合的情感创伤。

然后，治疗可以激发家庭成员在三代人的历史中寻找被时间封锁的资源。

此家庭一直弥漫着阴郁的气氛，疾病的阴影无处不在：事实上，母亲经常住院。同样重要的是，安吉拉的父母也住在同一所房子里，她也是他们唯一的孩子。尤其是祖母，从小就对卡拉有着重要的影响。最近几年，祖父母的健康状况每况愈下，需要有人照顾。安吉拉和丈夫路易吉很少离开家超过几天。

母亲和女儿之间一直存在着强烈的竞争关系，她们都无法发展自己的女性特质，更无法发展自己的生命价值，因此她们通过疾病和死亡的主题来表达自己的女性特质。母女俩一直争夺路易吉的关注和照顾，尽管路易吉还要照顾生病的岳父母，但他一直在母女俩之间斡旋。

因此，卡拉从小就知道，她的主要需求必须通过疾病得到满足，而赢家显然是最引人注目的一方。

“走钢丝，掉下去就会死，不掉下去就会赢”的比喻描述了卡拉和母亲在家中的关系。母亲对治疗中所营造的“学术讲座”氛围感到惊讶，她第一次从另一个角度看待自己的女儿，并决定积极地参与家庭治疗。

渐渐地，这个家庭开始坦诚表达痛苦，体验痛苦，而不是将其隐藏或用作攻击或防御的武器。路易吉开始反思自己的“秘密生活”，并最终放弃了自己作为长期看护者的角色，认识到自己也是一个有自己需求和愿望的人。

安吉拉学会了不再利用自己的疾病，逐渐开始恢复妻子和母亲的角色，让女儿获得了第二次生命。经过两年的治疗，卡拉不再需要戏剧性的行为来肯定自己，表达自己的需求。她现在住在罗马，学习心理学，成绩很好。一旦角色和代际界限得到了很好的界定，她似乎就能以积极的态度面对自己作为一个年轻成年人在家庭内外所遇到的挑战。她已经用一群同龄人代替了抑郁症患者所体会的在精神病院的人际环境。

在治疗结束两年后的一次随访中，卡拉和家人进行了自我描述。安多尔菲让卡拉谈谈父母现在的生活，并向他们询问女儿的生活情况。

卡拉： 因为我一直住在罗马，所以没有亲眼看见他们的婚姻生活，但我可以看到他们更随和了，他们一起出去……

安多尔菲： 伴侣俩的空间更大了吧。

卡拉： 是的，我觉得是这样。伴侣间的空间更大了，也更和谐了。他们周六一起出去，还有自从祖父母去世后，他们就一起购物，以前他们从来没有这样做过！

安多尔菲： 你觉得卡拉怎么样？

父亲： 她还是很脆弱，一些小事还是会触动她，从心理上讲，她的行为已经不再像以前那样了，但她……

母亲： 没有那么咄咄逼人了，她更放松了，面对事情也更冷静了。另外，在考试方面，她不会让我们感到绝望。她的生活更加平静。

实践案例：150片卡马西平药片

埃琳娜第一次见到安多尔菲时，大约是10年前，那时她18岁。她由综合医院的一名精神科医生转介而来，因为她企图自杀而被紧急入院。她服用了150片卡马西平（Tegretol）药片，这是一种抗癫痫药物，4年前她被误诊为癫痫小发作。埃琳娜奇迹般地获救，但她在重症监护病房里住了很长时间，在生与死之间徘徊。本案例的描述摘自《家庭的丧失与资源》一书（Andolfi，D'Elia，2007），后经修订和完善。

因为埃琳娜的母亲怀了她，所以父亲卢西亚诺和母亲蒂齐阿娜很早就结婚了，当时他们大约23岁。但他们不久后便分居，母亲获得了孩子的监护权，而父亲几年来对她不闻不问。蒂齐阿娜依赖性强，性格不成熟，未能妥善照顾女儿，女儿很快就学会了充当母亲的角色，而母亲却无法给予她关爱，也无法承担最基本的责任。蒂齐阿娜生活在一个更注重生产力和社会形象而非真正情感关系的社会文化环境中，她迷失了自我。她染上了毒瘾，进了戒毒所，在那里待了大约3年。埃琳娜五六岁时，母亲被带走了，官方的解释是“她去了很远的地方治病”。在此期间，父亲又回到了她的生活中，不过主要还是外祖母在照顾她。

蒂齐阿娜从康复中心出院后，埃琳娜的照料系统再次发生了变化。照料者包括感到深深悲伤的祖母，以及曾短暂地、不定期地出现并认为自己能承担一些家长职责的父亲。孩子仿佛成了一件行李，不断地从一个家搬到另一个家。蒂齐阿娜和埃琳娜成了不可分割的两个人，10多年来一直住在蒂齐阿娜家的旅馆里，直到治疗开始。母女俩像客人一样住在一间套房里。虽然蒂齐阿娜表现出了非凡的创造力（她充满激情和创造力地作画），但家人认为她在工作上毫无建树，无法胜任母亲的角色。此外，她还交往了许多不靠谱的男朋友，这几乎让女儿难以忍受，但令她感到安慰的是，这些关系都维持得很短暂。

埃琳娜和许多遭受情感虐待的孩子一样，在成长过程中，她觉得自己被负责照顾她的成年人遗弃和操纵，所以她要为自己争取一切：她对家人和酒店员工颐指气使；让值班服务员接送她上学；她要求各种特权；周六晚上在酒店夜总会穿着大胆的衣服；带着朋友偷偷溜进迪斯科舞厅，让叔叔大吃一惊。如果她无法拥有真挚的感情，至少她可以争取感情缺失所带来的次要好处，如越来越昂贵的物品和要求。更重要的是，她经常昏厥（长期被误诊为癫痫发作），这给她造成了一种忧虑和过度保护的氛围，使她更加依赖照料者。虽然埃琳娜非常聪明和敏感，但她上学不规律，学习成绩也不理想。

父亲与女儿的关系越来越疏远，一方面是因为他的工作任务越来越重，另一方面是因为他与新伴侣组建了新的家庭，并且有了两个女儿。虽然他与蒂齐阿娜的关系表面上保持着礼貌，但他认为旅馆对女儿来说是一个不健康的生活环境。因为担心和前妻的亲戚沟通，所以他并没有采取任何措施去改变现状，也不去看望女儿或给她打电话。

在咨询中，与埃琳娜和父亲的谈话无疑是最艰难的，因为女孩一直在指责和报复卢西亚诺，而卢西亚诺在女儿指责他时，总是用冷漠和理性防御。埃琳娜对她认为脆弱、不成熟的母亲有很强的保护欲，但在父亲面前，她却什么都不愿意接受。从出生那一刻起，她就觉得自己不被需要，之后又被抛弃了很多年，最后她觉得自己被另外两个女儿取代了，尽管她声称自己和她们非常亲近。在这些对话中，埃琳娜的指责透露出难以置信的绝望，她渴望找到父爱，尤其是在青春期的时候。但父亲不知道如何避开言语责备，也无法理解她的感受，他过于依赖自己习惯的防御方式。尽管咨询的氛围对父亲来说很困难，但他从未缺席过任何一次咨询，即使在工作极其繁忙时，也同意带上他的原生家庭一起参加咨询。

埃琳娜和父亲之间的隔阂

下面的谈话摘自埃琳娜和父亲多次咨询中的一次，咨询的目的是试图拆除一直以来使他们彼此疏远和产生隔阂的那堵墙。

埃琳娜： 我和他的关系很僵……我很多事情都不能告诉他！

治疗师： 对不起，我能问你一件事吗？当你和他说话时，是否很难直视他的眼睛？

埃琳娜： 是的。

治疗师： 因为当你和他说话时，你看着的人是我，这就像是在打台球！

父亲： 但如果埃琳娜愿意，她也可以用镜子，我们的目光可以在镜子相遇。

治疗师： 那就更糟糕了！就连你也不能直视女儿的眼睛。你们互相回避了多少年？

埃琳娜： 不，不，我从不直视他。现在我觉得我又陷入了抑郁，我经常哭，晚上睡不着觉，有时吃不下饭……我正在经历一段艰难的时期。

治疗师： 在我看来，你们之间也缺乏信任感和亲近感。这与年龄和性别无关，亲密感和亲近感与你经历的艰难经历有关。也许，我们谈谈这个问题，就能取得进展。我认为你们的信任缺失已经持续很久了，我不知道是谁造成了这种情况。

父亲： 你在说什么？

治疗师： 我觉得埃琳娜不信任你。

父亲： 我可以说，我们确实没有足够的亲密感和信任感，因为它们必须通过比我们以前更亲密的关系才能建立起来，但我不认为这种信任……我真的信任埃琳娜。

治疗师： 你觉得爸爸信任你吗？

埃琳娜： 是的，他信任我，我觉得他信任我，但我不信任他，我觉得他在和我开玩笑。

治疗师： 你真的不信任他！你觉得他会对你做什么，背叛、抛弃？

埃琳娜： 是的，我觉得他有点在玩弄我，因为他很少给我打电话，对我也不是很感兴趣……我们只是因为物质原因才联系，用物质这个词不好……只有在我需要买东西的时候。

治疗师： 所以，你觉得自己没有父亲？

埃琳娜： 是的。

治疗师： 好像他对你来说已经死了？

埃琳娜： 是的，我感觉不到父亲的存在，是的！

治疗师： 他知道这件事吗？他感觉到了，还是否认了？

埃琳娜： 不，我想他有一点了解。我的意思是，有时我会给他打电话，但只是因为我做了努力，或者因为别人让我这么做。如果由我来决定，我根本不会给他打电话，因为每次我给他打电话，我都不知道该说什么，或者我觉得他很冷漠。他问我学校的事情，这对他来说很重要，而对我来说却不那么重要。学校对他来说就是一切，好像他只看重我的学习成绩。

治疗师： 所以，他唯一感兴趣的就是学校？

埃琳娜： 还有足球！

治疗师： 为什么，你踢足球吗？

埃琳娜： 不，我说的是我最喜欢的球队。

治疗师： 哪支球队？

埃琳娜： 拉齐奥……因为他知道我是他们的忠实支持者，所以我们谈论最多的话题就是学校和足球，否则我们就没什么可谈的了！

电话问题

治疗师： 你有没有想过他是为了另一个人背叛了你？他离开女儿是为了和另一个伴侣在一起？

埃琳娜： 我从没想过父母会为了伴侣而背叛孩子，虽然我和他们的关系不同，但我认为父母都是如此。可在我看来，自从他和这个女人在一起后，情况就不一样了，好像是她拖了他的后腿。是的，我可以这么说。

治疗师： 他有没有做了什么努力来避免被拖后腿？

埃琳娜： 比如说，他很少从家里给我打电话，也不做任何事情。

治疗师： 你的意思是，他不好意思从家里打电话，因为他的伴侣可能会认为他给女儿打得太多了？

埃琳娜： 是的。他总是在车里给我打电话，因为他到家的时候家里一团糟，有孩子，还有那个女人，所以他总是在车里给我打电话。另外，当我知道他要回家时，我也会给他打电话。

治疗师： 所以，你从不在家里给他打电话？

埃琳娜： 嗯，很少。那谁打得更多？

埃琳娜： 我打得更多！

治疗师： 为什么？

埃琳娜： 因为他不给我打电话！

治疗师： （对父亲）你同意吗？

父亲： 我本人对很多事情都不同意！

治疗师： 能告诉我是哪些吗？

父亲： 首先，我可以说一些愚蠢的事情，如打电话。我能实话实说吗？这真的让我很烦，因为仿佛我整个生活都在打电话中度过。我觉得这很荒唐，我不得不给旅馆的总机打电话，而一个愚蠢门卫却让我等了 10 分钟。教授，我要浪费 10 分钟。

治疗师： 为什么你要通过总机才能和她通话？

父亲： 当然！我必须通过总机通话，然后我就开始数数，一二三，谁知道埃琳娜会在哪里，也许她和奶奶在一起，也许和妈妈在一起，也许和阿姨在一起，然后 10 分钟就过去了。亲爱的教授，让我告诉你，这不适合我！

治疗师： 你给过她手机吗？

埃琳娜： 我有一部手机，我有的。我的手机一直开着！

父亲： 好的，好的。当我再给她打电话时，我会直接用手机打给她。

治疗师： 这么说，你不用通过总机了？

父亲： 当我需要并且有可能的时候，我会打她手机。当我没带手机或不能带手机时，我就得通过总机，因为我什么都记不住，我记不住电话号码，所以我就打到总机，这是我唯一记得的简单号码，然后……10 分钟、15 分钟后，线路就断了，你就得再打回去！

治疗师： 你就不能把女儿的电话号码放在钱包里吗？

父亲： 我的日记本和手机里都有埃琳娜的电话号码，我一有空就给她打电话。有时我必须使用固定电话，而我又不记得电话号码……

治疗师： 现在我明白了！

埃琳娜： 好吧，记电话号码也不是什么大不了的事！我记得你的电话号码。这是不是意味着，当你没带日记本或手机时，你就不会打电话？

治疗师： 女儿的电话号码是多少？

父亲： 我不知道，我不记得了！

自杀未遂

埃琳娜和我们之前提到的卡拉一样，是个作家。这是她自杀未遂后写的：

那天晚上，我没有恐惧，

一切都感觉毫无意义，
一切都不同了，
我看到了从未见过的东西，
然后吞下了150粒药丸，
我甚至不记得我把沉重的头，满脑子的想法，最荒谬的想法，
放在枕头上。

以下是她在医院醒来时对安多尔菲讲述的自杀未遂的摘录。

埃琳娜： 当我从昏迷中醒来时，我不记得是哪一天了，我看到爸爸走进病房。我一次只能有一个访客。然后，他问我第二天是要妈妈还是要他，我告诉他，妈妈。从那天起，我总是看到妈妈，因为我相信，既然妈妈经历过那样糟糕的时刻，在那样极端的情况下……

治疗师： 她能理解你。

埃琳娜： 是的。

治疗过程

我们很难在几页纸上概括3年来的治疗工作。不过，最重要的目标是重新定义，或者说从头开始构建代际界限，强化父母的功能，尤其是母亲的功能，让埃琳娜学会如何健康地度过青春期，而不是在娇生惯养的公主和母亲的护理者这两种身份之间徘徊。

在3年的治疗过程中，埃琳娜重新遇到了她整个人际关系网中的人们，他们以不同的方式接受了治疗邀请：在酒店的家人；父亲，他被埃琳娜和新家庭分隔开来；母亲，以一位母亲的身份第二次康复，慢慢地重新扮演起母亲的角色，并找到了一个真正的家，可以和

女儿一起生活；此外也很重要的是，埃琳娜的朋友们，一个经常被治疗师忽视的支持来源。最后，还需要与其他专业人员建立合作，如神经科医生，他推翻了癫痫的诊断，并修改了抗癫痫治疗方法，帮助她重新融入社会。在治疗的最后阶段，个体治疗师也做出了重要贡献，帮助她在放下过去之后，设想自己的未来。

十年后的随访

在这个家庭的治疗结束大约十年后，安多尔菲对埃琳娜和母亲进行了一次随访。事实上，这次会面是应埃琳娜的请求安排的，以解决她第一个孩子和孩子的父亲之间的关系问题。埃琳娜和孩子的父亲已经分开了，他现在住在意大利北部某城市。孩子很少有机会见到已经组建了新家庭的父亲，埃琳娜担心儿子会重蹈她与父亲关系不和的覆辙，在父母和孩子之间筑起一堵墙。埃琳娜在第一段感情中生下了孩子，孩子现在已经6岁了，她后来又和另一位男士结婚，并生下了一对双胞胎，他们现在已经2岁了。她在家庭旅馆担任要职，但与丈夫和孩子住在自己的公寓里。

在热情地相互问候之后，大家坐下来回忆治疗过程，并了解此后发生的事情。埃琳娜说，她和父亲的关系有所改善，父亲也变了。他们见面的次数多了，父亲也尊重她了，无论她是作为母亲还是员工。他们之间似乎消除了怨恨，因为卢西亚诺和蒂齐阿娜也在他们的关系中找到了新的平衡。

尤为令人关注的是，这两位女性认识到母亲的改变如何从根本上帮助埃琳娜成长。她们之间深厚的爱、认同和理解，让彼此在共同的隐形状态中紧紧相依，并成为对方的支持，让她们能够扮演不同的角色，并出色地履行自己的职责。让我们看看他们是如何向治疗师讲述这些的。

治疗师： 埃琳娜在电话里告诉我，你变了很多！

母亲： 她真的这么说了么？

治疗师： 我记得在治疗中，我们和你，以及埃琳娜一起工作，对吗？

母亲： 是的，是的。

治疗师： 当治疗结束时，你的生活肯定和我们刚开始见面时不一样了。

母亲： 空巢综合征、真正的男人、恐惧……

治疗师： 恐惧……还有些什么，你觉得家人长时间没有认可你，因为你做的是创造性的工作，他们认为你一无是处，对吗？你还记得吗？

母亲： 记得。

治疗师： 你当时已经做出了改变，但你现在怎么样？在工作层面，在情感层面……

母亲： 空巢综合征已经消失了，因为我一个人的时候也感觉很好。我是说，如果我一个人睡，我也睡得很好。所以，这已经是……

治疗师： 这是一个巨大的变化！

母亲： 然后，我找到了一个真正的男人。

埃琳娜： 他们在一起 3 年了！

治疗师： 创纪录了！

母亲： 最重要的是，我已经 3 年没有出轨了！因为我有出轨的倾向！我已经处理了这个问题。所以，我的内心……

治疗师： 你是怎么处理的？

母亲： 不出轨！对自己忠诚，尊重自己作为一个女人的身份，这意味着如果我决定处于一段关系中，我就会全心投入这段关系。一旦我有出轨的念头时，我就会质疑这段关系，这样我就可以放手了。

治疗师： 那么，你的自尊心增强了吗？

母亲： 是的，是的，还因为我不再持续地需要别人的爱了，所以……

（她还说，她在工作方面取得了很大的成功，她的艺术作品在多个展览上展出，甚至前夫也买了她的一幅画，挂在他的客厅里。）

治疗师： （对埃琳娜说）你看到她有多棒了吗？想想你的叔叔们曾经说过："她不是在工作，而是在画画！"

母亲： 啊，是的，我还在家庭中获得了胜利，我父亲想在酒店房间里展示我的画和照片。现在它们终于有了自己的位置，因为我是为酒店房间画的，但之前被他们拿到了乡下的房子里。

治疗师： 真的吗？

母亲： 这就是我感到有点沮丧的原因，他们不重视我的努力……

治疗师： 所以，现在每个人都对你改观了。前夫对你改观，他拿走了你的一张画，父亲也重新考虑了你……

母亲： 我的艺术！

治疗师： 你还想从生活中得到什么？

埃琳娜： 嗯！她也是个很好的祖母，孩子们都很喜欢她，她也会帮助我们！

治疗师： 难以置信！（对着母亲）还记得那些艰难的岁月吗？

母亲： 当然记得！我记得当时自己快要崩溃了……我有一种深深的悲伤，一种空虚的感觉，我觉得自己说话却没有人回应，但我最终找到了平衡！

治疗师： 你做得很好！埃琳娜现在似乎也在追随你的脚步。

母亲： 是的，是的。

埃琳娜： 是的，我也获得了自由，去那里工作了。我是说，现在我把旅馆当成了工作的地方，当成了我的后盾，因为我一直都知道我不想住在那儿。我不喜欢住在那里，对我自己和孩子都是如此。

治疗师： 接下来，我知道这些问题不好回答……你有没有反思过自己 18 岁时的所作所为？

埃琳娜： 那时的我是另一个人，我是说，我如今已经无法在那个人中认出自己了。就好像我曾看过的一部电影，或者别人告诉我的一样！

治疗师： （*对母亲说*）那你呢，你还记得你当时的样子吗？我是说，你是怎么想的？因为你没有试图自杀，尽管如此，你还是差点毁掉自己的生活！

母亲： 是的，事实上，我每天都冒着生命危险，吸毒，对吗？

治疗师： 没错。所以，你从未达到真正可能死亡的地步。

母亲： 是的，但我更糟，因为我试图一点一点地毁灭自己。

治疗师： 你还记得那段生活吗？它是你的一部分，还是你也在渐渐遗忘它？

母亲： 不，我认为那是我逃避现实的需要，是为了逃避面对那些包围着我的人的恐惧，因为我无法承受，他们在情感上让我害怕。所以，我寻求某种像茧一样包裹的环境。毒品就是我的一种保护伞。不幸的是，我当时没意识到那是恶魔的伞，它们在毒害我，我却觉得它们在保护我……后来，我告诉自己，如果我有勇气服用那些让我走向死亡的毒品，我也会有勇气走向生活！所以，当我感到脆弱时，当我感到恐惧时……

治疗师： 你找到了这种力量。

母亲： 我告诉自己“我一定要赢，因为我已经赢了很多场战斗”。

治疗师： 那么，是谁救了你？是你的女儿，还是想到有个女儿？是什么？

母亲： 我认为我必须为了孩子而拯救自己！

治疗师： 所以，真的是她（指着埃琳娜）。你一直在试图了解她出生的原因，对吗？是不是这样？

埃琳娜： 是的。

治疗师： 所以，你知道自己有多重要了吗？不仅是对你自己。如果没有你，谁知道妈妈今天会在哪里？

埃琳娜： 在天堂！

治疗师： 你真的是她的支柱，这就是为什么你能帮她这么多。

母亲： 是的，非常多！

治疗师： （对母亲说）她保护了你！我们大人总说要保护孩子，但很多时候恰恰相反，对吗？不仅如此，在家里没有人认可你的时候，你受到的待遇也很差。我还记得那段日子，仿佛就在昨天。唯一支持你的人就是女儿。不是吗？

母亲： 是的，是的，我看得出来！

治疗师： 你们两人互相帮助了很多。

埃琳娜： 是的，很多。

埃琳娜，几年后在一次家庭治疗会议上作为嘉宾发言

随访结束几年后，学会组织了一次关于“创伤与家庭复原力”的会议，其中有一场会议的主题是自杀未遂。安多尔菲萌生了一个想法，在这次会议上播放埃琳娜18岁时录制的治疗片段。当他打电话

给现在已经是两名小男孩母亲的埃琳娜，希望征得她的同意播放这段视频时，她却提出，如果安多尔菲更希望她来到现场，她可以现场参加会议，于是她和丈夫一起参加了会议。这是她在400名专业人士面前说的话：

请原谅我非常激动。安多尔菲教授的家庭治疗使我们得以拆除彼此愤怒和误解的高墙。一方面，我并不是父母所期望的非常支持他们、勤奋的女儿；另一方面，我总是责怪他们从一出生就不想要我。治疗帮助我们修复家庭中破碎的东西，重新建立那些仍然存在但被愤怒、痛苦、悲伤及绝望所掩盖的纽带。但要做到这一点，我们必须深挖内心，感受痛苦，把许多伤害过我们的事情揭露出来，而家庭治疗是让我们实现这一点的基础。

5. 扩大治疗系统

处在青春期的兄弟姐妹和在治疗中的他们

兄弟姐妹一起成长，一起成熟，一起变老。这种手足间的纽带是贯穿一生、从童年到老年的独特旅程。他们是家庭生命周期与重大事件的见证人和积极参与者。它是最持久的纽带，正因如此，其强度会由环境而异。萨尔瓦多·米纽庆将手足关系定义为**家庭边界的守护者**（Minuchin，1974）。

然而，兄弟姐妹在家庭内部并不总是具有相同的价值。可以存在**白骑士**和**黑骑士**（Whitaker，1989），他们被家庭认为拥有健康或病态的技能，可能是健康的或脆弱的，等等。由于性别、出生顺序和家庭经历的重大事件等因素，即使是出生在同一个家庭的兄弟姐妹，他们的家庭经历可能非常不同。兄弟姐妹在家庭中的待遇也可能非常不同；掌上明珠、问题孩子、妈妈或爸爸最喜欢的孩子、健康的孩子、生病的孩子、亲职化的孩子、害群之马等。甚至连名字的选择，往往也能反映出家庭的规矩、传统、故事及联盟。这些因素可能会导致家庭动力中的负性三角关系和扭曲，并使得兄弟姐妹走上不同的人生道路。

因此，兄弟姐妹之间的关系，是他们学习成为同辈群体的一部分的第一个实验室。他们在家庭中的经历，对其是否能巩固同辈关系，或者是否会形成一条脆弱且不稳定的纽带，有着巨大的影响。在同辈的世界里，兄弟姐妹学会了谈判、合作、竞争及支持。兄弟姐妹可以结成联盟，也可以走向两极分化。可悲的是，这往往反映了父母关系的质量。在健康的家庭动力中，家庭三角关系会有一个循环，即父母共同抚养孩子，彼此从对方身上学习。然而，当父母存在冲突时，兄弟姐妹通常会两极分化，在家庭的敌对阵营中站队。不论性别或年龄，兄弟姐妹关系的质量在很大程度上取决于父母在多大程度上允许孩子成为兄弟姐妹，而不使他们形成负性的三角化关系，并让他们卷入父母之间的动力和冲突中。因此，当父母共同抚养孩子时，兄弟姐妹之间就学会了相互合作；当父母双方都声称孩子是自己的时候，他们就会成为竞争对手。

在兄弟姐妹生活的后期，遗产的分配可能会引发冲突和竞争，并成为检验家庭关系质量的试金石。恰恰是父母去世后的资产分配，这一件具体而情感化的事件，重新配置了家庭规划孩子命运的方式，以及他们之间关系的性质。通常情况下，面对明显的情感不公，结果可能是兄弟姐妹之间心生隔阂和完全的情感断裂，或者在其他情况下，新家庭之间产生无休止的争斗。确实有办法避免上一代对下一代的这种严重破坏，但这往往会以极高的个人和关系成本为代价，因为有时为了在兄弟姐妹之间达成协议，摆脱由家庭恩怨组成的强大且无形的忠诚，就必须“背叛父母”（Boszormenyi-Nagy，Spark，1973）。

另一个证明了兄弟姐妹之间关系质量的重要因素是由班克和卡恩（Bank，Kahn，1982）定义的“接触程度”（level of access）。属于同一性别和年龄的接近性决定了高接触程度，在这些情况下，兄弟姐妹之间关系的典型特征是互惠、对等和共情（Dunn，Plomin，1990），并且他们分享情感体验，从而形成了具有高度忠诚的亲密而紧密的关系。相反，低接触程度的兄弟姐妹通常属于不同的性别，出生时间相隔数年，由于缺乏共同的过去，导致他们的行为就像属于不同的世代一样。正如班克和卡恩定义的那样，他们的特点是“部分不认同”（partial dis-identification），而这可能会导致疏离感。此外，如今继亲家庭的增多也导致了低接触程度兄弟姐妹的增多，因为第一段关系的孩子和新伴侣的孩子之间可能会有很大的年龄差异。

尽管如此，我们不得不说，在临床实践中，我们经常发现上述情况得到证实，但也有相反的情况。有年龄相近的孩子，但完全无法合作和分享生活经验；也有年龄相差很大的兄弟姐妹，年长者成了年幼者的英雄，是他们遇到困难时的行动向导。简言之，兄弟姐妹之间的横向关系，无论性别和年龄，大多数取决于父母在多大程度上允许孩子成为兄弟姐妹，而不是使他们形成负面的三角化关系，避免让他们参与父母动力关系和家庭要求（family mandates）中，这有时会破坏兄弟姐妹之间的自然世代联盟。

在共同家庭会谈中，兄弟姐妹子系统的参与及其具体的运作方式的展现，是评估家庭边界渗透性（Minuchin，1974），识别孩子可能的“亲职化”（parentification）（Framo，1992），或识别其他影响家庭平衡的必要因素的绝佳机会。正如我们稍后将会看到的，在家庭的关键和冲突时期，它也是一种重要的治疗资源。作为有生理或心理问题孩子的兄弟姐妹，本身对建立世代联盟来说是一个巨大的挑战。患有严重或慢性疾病的孩子通常会受到父母或大家庭的过度保护，而另一方面，健康的孩子在情感上不可避免地会被更多地忽视，或者从很小的时候就承担起成人的角色。

我们在治疗中发现，患有严重精神或身体疾病并需要持续照顾的孩子的兄弟姐妹可以大致分为三类。第一类是完全陷入患病兄弟姐妹处境中的人，他们为了照顾兄弟姐妹而放弃了自己的自由，吸收了家庭的情感氛围。在青春期，这些孩子很可能会经历深刻的悲伤，往往被忽视，因为每个人的注意力都集中在另一个孩子的疾病或困难上。第二类是随着时间的推移，逃离问题家庭，并在问题家庭之外建立自己兴趣的年轻人。他们经常被指责自私，因为“逃离家庭”，但又充满内疚，因为他们把自己的需要置于兄弟姐妹的一系列问题之上。第三类是健康的孩子，他们通常在患病兄弟姐妹的需求和父母的经常批评或评判之间不断斡旋。

《家庭叙述的治疗》（*La terapia narrata dalla familiglia*）（Andolfi，Angelo，D'Atena，2001）一书描述了一项全面的纵向随访研究，以评估家庭治疗的结果。采访兄弟姐妹帮助我们理解了许多事情。首先，我们了解到创建共同的家庭动机有多么困难。一方面，每个成员努力为一个共同的目标参与治疗；另一方面，他们也会考量治疗可能对个人产生的影响和获益。许多因为兄弟姐妹的心理问题而接受治疗的青少年在后续治疗中告诉我们，他们并没有真正理解自己出现在这么多聚焦于兄弟姐妹问题的会谈中的原因。他们承认，他们参加治疗只是因为父母出于共同利益的考虑，给他们施加了压力。在某些情况下，我们感受到他们的失望或遗憾，因为他们在治疗中没有找到合适的空间来谈论他们自己在家庭中遇到的问题或被忽视的需求。

一个曾在生理和心理都处于危急状态而开展治疗的厌食症女孩，在治疗结束3年后的一次随访中告诉我们，在很长一段时间里，她曾一直认为自己其实并没有妹妹，只是把她视为一个麻烦。直到她17岁彻底康复后，她才重新发现了拥有妹妹的快乐。而后者，比她小两岁的妹妹终于能够承认自己这么多年对姐姐的仇恨，因为她把父母从自己身边夺走了，他们没有像对待她那样关心和关注自己的教育。

所有这一切再次证实，疾病深深地影响着家庭的情感资产，常常导致兄弟姐妹之间的分裂，并在健康孩子中引起强烈的排斥感。治疗的范围，不应该仅仅治愈有严重问题的一方，更应该重新划定代际间的界限，加强兄弟姐妹之间的联盟与和谐。我们经常只围绕子系统开展特定的会谈，尝试鼓励去发现兄弟姐妹之间的情感和谐。在会谈期间，父母不在场的事实代表了两代人之间明显而强烈的差异，也为青少年提供了一次难得的机会，让他们可以在没有成年人干扰或调解的情况下进行互动。

孩子们对如何改变家庭高度功能失调的关系模式的评价和建议，一直非常有用。同时，我们对过去感兴趣：家庭的历史和孩子们多年来的发展；在导致家庭接受治疗的孩子患病或障碍之前，家庭生命周期中最重要的事件；父母之间的关系，无论是在照顾和引导层面，还是在伴侣动力学方面。我们常常错误地认为婚姻领域是私人的，忘记了孩子是父母组成伴侣关系的过程中享有特权的见证者和感兴趣的观察者，特别是在青春期，当他们开始尝试建立浪漫的恋爱关系时。

如果我们希望在兄弟姐妹之间建立一种强烈的理解，这些是可以激活他们的基本方式。他们在谈论家里禁忌话题时表现出的成熟和平衡常常令人惊讶。当孩子的疾病或障碍主导一切时，深度调研当下也是有用的。我们试图探索疾病和健康的领域是如何在家庭中保持区别的，通过功能的明确划分，即健康孩子和患病孩子的功能，我们试图利用兄弟姐妹之间彼此不同的生活经验，重建他们的独特能力。

在本书中，我们看到了如何重新定义功能失调的行为，以及许多精神病理症状的认知和经验价值是什么。我们也想重新定义和拓宽健康儿童的边界，他们往往对自己隐藏的弱点和病理缺乏真正的兴趣。令人惊讶的是，这对兄弟姐妹来说是多么的解放，他们终于可以用语言表达在孤独中经历的感受和情绪。

在探索了家庭层面，并在兄弟姐妹之间建立了真正理解的联系之后，就有可能探索年轻人与外面世界的关系，也就是学校和同伴的群体。当离开家庭环境时，我们常常可以观察到曾经用疾病困扰过父母的人（如厌食症或精神病患者），在面对外界时的极度脆弱。真正的恐惧往往是在家庭之外，即使在家庭内部也有情感上的斗争。与兄弟姐妹的会谈可以成为一个特殊的空间，在那里我们可以更好地了解每个成员的社会开放性，并在后面的联合家庭会谈中利用这个资源。

实践案例：爱将两兄妹之间的纽带从疾病转为健康

伊迪丝患有厌食症。虽然她的总体健康状况正在改善，但在这次治疗期间她仍在医院。母亲、祖父和哥哥都患有胰腺的遗传性疾病。伊迪丝的父母在她4岁、哥哥帕特里克7岁时离婚。后来母亲再婚，有了一个叫瑟奇的小男孩，这个男孩没有出席会谈。

下面的对话来自两年前安多尔菲在巴黎的一次现场家庭咨询。那时伊迪丝18岁，帕特里克21岁，父母和外祖母也在场，还有已经与他们一起工作了一年多的治疗师。

一次疾病的交换

咨询师： 那么，你联系家庭治疗师是为了帮助你解决哪个问题，具体来说？

伊迪丝： 我有厌食症。

咨询师： 所以，你带着家人来接受治疗？

伊迪丝： 他们建议我接受治疗。

咨询师： 但是，如果没有你的厌食症，他们就绝对不会来这里了？

伊迪丝： 嗯，我想我们真的需要它，但是如果我的病不是那么严重的话，我们是不会要求治疗的。

咨询师： 我明白了，也许我错了，我认为这些年来，帕特里克和伊迪丝之间有过疾病交换的情况……不是吗？你们明白我的意思吗？帕特里克是第一个遇到一些身体问题的人，对吗？这些问题严重吗？

帕特里克： 是很痛的。

咨询师： 很痛的，你能向我解释一下吗？我是一名医生。

帕特里克： 嗯，它与胰腺有关，来自妈妈和外公，是一种胰腺的疾病，会自我破坏，有时还会引发疼痛的危机。

咨询师： 你在哪里感到疼痛？

帕特里克：（指着自己的腹部）这里，就像被刀刺了一样。

咨询师： 从什么时候开始的？

帕特里克： 他们在我 4 岁的时候发现的。

咨询师： 所以也许你之前就有，但在你 4 岁的时候表现了出来。

帕特里克： 是的，它是遗传性的。

咨询师： 所以你不记得没有胰腺疼痛的前 4 年了？

帕特里克： 不记得了。

咨询师： 那么，你的整个人生，直到现在，一直是在与胰腺疾病作斗争。

帕特里克： 就像我妈妈一样。

咨询师： 那妈妈是怎么克服这个问题的呢？

帕特里克： 她很晚才发现，这种病会一点一点地彻底破坏胰腺。

咨询师： 它破坏了妈妈的胰腺吗？

帕特里克： 是的，所以她现在是糖尿病患者。

咨询师： 那这样是更好还是更糟呢？

帕特里克： 没那么痛了，但要复杂得多。

我们整个童年都在冲突中度过

咨询师： （对伊迪丝）这么说，多年来你和总是有健康问题的哥哥一起长大，他总是处于危机之中，并需要帮助。

伊迪丝： 在他的危机期间，我闭口不言，等待它过去，还曾认为这是他为了引起注意而做的事情。我认为我的想法是不对的，之前在很多事情上都错了。

咨询师： 你曾认为这些危机是一场骗局。

伊迪丝： 不，我知道这些都是真的，他很痛苦，但我处理得很糟糕，当帕特里克遇到危机时，我从来没有问过他是否需要帮助。

咨询师： 哦，你们两个不是一个团队吗？

伊迪丝： 不是。

咨询师： 从来没有？

伊迪丝： 我认为我们是一个团队，我们三个人，但在父母分开之后……

咨询师： 好的，但是一个由兄妹组成的团队和一个包括母亲的团队是不同的。

伊迪丝： 我们整个童年都在争吵，直到几年前的青春期，我们才开始接受彼此。

咨询师： （对帕特里克）她的厌食症对你来说意味着什么？胰腺炎是一种与家庭有关的遗传疾病，但厌食症是一种非常奇怪的疾病，有时你可能会认为这是被宠坏了的行为，有些奇怪；它不像胰腺问题引起的疾病那样是一种常规的疾病。但患者可能会死，实际上死于厌食症的风险更大，如果它变得非常严重的话，甚至比胰腺炎更加危险。

帕特里克： 我们不会因为胰腺疾病而死，但这也会导致心理疾病。我去看了一位心理学家，他给了我很多帮助。我认为现在对伊迪丝来说这绝对是一个痛苦的时期，对家人来说也是痛苦的，但对我来说，她一直在接受包括家庭在内的治疗是一件好事，因为如果伊迪丝没有这个问题，我们永远不会去做治疗。

一出希腊戏剧

咨询师： 爸爸，你是如何理解孩子们之间的过往的？你希望看到他们的关系发生什么变化？

父亲： 的确，帕特里克第一次去医院的时候，对每个人来说都是一次创伤。对这种疾病一无所知的我来说，对我妻子和岳母来说，这是一场灾难，对我们这对父母来说也是一个打击。

咨询师： 父母的关系开始破裂是不是因为这个？

父亲： 不，我不是这个意思，但那是一段非常艰难的时期，我们在一起非常坚强和紧密地度过了一年，之后可能紧张感有所缓解，结果几年后……离婚了。

咨询师： 所以，帕特里克的问题对家庭来说就像一场地震。

父亲： 是的。第一次，住院的前 3 个月很糟糕。

咨询师： （对帕特里克）你知道这些吗？

帕特里克： 不知道。

咨询师： 了解事情总是很重要的，你同意吗？

帕特里克： 是的，对我来说知道发生了什么很重要……

母亲： 住院的时间比预期的要长。

咨询师： 那时候伊迪丝多大？

母亲： 她一岁半了。

父亲： 我们要在两个孩子之间来回奔波，还必须陪伴伊迪丝。

咨询师： 所以，这是你们生活中非常艰难的一段时间。

母亲： 我清楚地记得，在住院期间，我们意识到这可能和我爸爸的问题是一样的。是我，我爸爸和帕特里克，我们三个人……这是命运……

父亲： 一出希腊戏剧。

咨询师： 你的女儿一直沉浸在希腊戏剧中，她现在正经历着自己的戏剧，但她的厌食症可以得到治愈。

妈妈： ……她有两次差点死了。

咨询师： 是的，但 90% 的厌食症患者都能痊愈，的确她的生命面临着很大的风险，我们不能轻视它，但我们需要了解如何克服它，她拥有所有能够克服它的资源，但在情感层面上需要发生一些事情。

魔法是可能的吗？爱可以战胜疾病

咨询师： 我们可以尝试一个魔法吗？我们可以拉近你们之间的距离，看看是不是真的有那么难？

帕特里克： 我们需要相互靠近吗？

咨询师： 是的，尽可能地靠近。（*帕特里克把椅子挪近妹妹。*）等等，这就是你能做到的最好吗？

帕特里克： 不，但是……

咨询师： 不要说话，让感觉存在于你们之间，不用言语。（*帕特里克把椅子挪近一点。*）这是最近的吗？等等，你觉得尴尬吗，因为你是男人？

帕特里克： 是的，这很尴尬，但不是因为我是男人。也许是因为我的病，我经常觉得我很自私，我用一种自私的方式思考。

咨询师： 当妹妹坐在你旁边时，你快乐吗？

帕特里克： 是的。

咨询师： （对伊迪丝）你呢？你快乐吗？

伊迪丝： 是的。

咨询师： 那就靠近一点，感受一下。（兄妹俩都被这种情感上的亲近感动了，把胳膊搭在对方的肩膀上，非常温柔地亲吻对方。）再这样多待一会儿，体会一下你们有多爱对方。这就是我们能做到的魔法，我们不能治愈胰腺，但我们可以治愈两兄妹之间的距离。你们等这个时刻等了多久？

伊迪丝： 很长一段时间。

帕特里克： 我们在医院做了一些尝试，但只是因为疾病，这并不自然。

咨询师： 你们应该在健康的时候相遇，像兄妹一样，带着爱，因为你们共同生活在一个艰难的家庭，然后又被分开了。你们共同经历了很多困难的事情，你们有一个共同的小弟弟，你们是最重要的一对，一个比医院或药物更重要的非常稳固的组合。这是一种特殊的力量（指着他们亲近的状态），也不是那么难实现。妈妈、爸爸、奶奶等待这个时刻很久了，但他们不能强求，这是你们俩之间的事。胰腺炎和厌食症是需要重视的，但能给你们力量的是你们的爱。

帕特里克： 的确，我们不是简单的人，我们很难对彼此说好话。

伊迪丝： 帕特里克一直很情绪化，我也是；如果我表现得不明显，那是因为我害怕太敏感，我认为这是我们的弱点……我们刻意保持距离是为了不受伤害。

咨询师： 敏感不仅仅只是一个弱点，它可能难以被接受，可能使生活更艰难，但它也让我们经历困难和快乐；你明白我的意思吗？我能提个建议吗？试着多感受身体上的接触，多感受亲近的味道，把你的理性放在一边。你们用言语来保持距离，这也许来自更高层的关系，即是从父母那里学来的？

帕特里克： 我们是新教徒。

咨询师： 这和我刚才说的有什么关系呢？

帕特里克： 是的，我想说我们倾向于保持距离，把事情合理化，用理智的方式处理问题。

咨询师： 当你们见面时，你们能忘记你们是新教徒吗？

帕特里克： 这是我们文化的一部分。

伊迪丝： 我想补充一些我认为很重要的事情。在我生病之前，我有一种这样的印象，我的父母虽然已经重建了他们的生活，他们一直很坚强，并且有良好的关系，但自从我生病以来，他们之间的情况一直在恶化，产生距离，我讨厌这样，对此我很抱歉。

咨询师： 是的，事实上他们的分离已经因为疾病而被消磨了，所以也许你需要改变方法让大家在一起；你们能够以更好的方式相遇，因为在这个家庭中，由病而结合的力量比由健康而结合的力量更强大，你们需要做出改变，而爱就是最好的良药。

这个治疗片段非常清楚地说明了兄弟姐妹纽带的重要性，以及如何在家庭会谈期间促进两个问题孩子之间的亲近和对爱的深度体验。

心理治疗经常被描述为基于语言交流和治疗性对话的认知接触。相反，经过多年家庭干预的经验和后续的随访，我们相信身体的语言、对物理空间的积极利用（亲近 vs. 距离）和触摸，是非常有力的鼓励深度个人和人际转变的手段。

像伊迪丝和帕特里克展示的那样，在适当的治疗环境中，亲近、揽住兄弟姐妹的肩膀、温柔地亲吻彼此都是非凡的治疗手段。更有意义的是，它发生在父母和祖母面前，他们是这一转变的见证者和间接参与者。疾病可能会分裂，但相互的爱可以恢复和谐。

一年后，在这次咨询之后，安多尔菲收到了他们的电子邮件（非常罕见的是通过一个共同的家庭朋友），先是父亲，然后是伊迪丝，因为那次咨询对每个家庭成员都有积极的影响。他们表示希望在不久的将来在罗马或巴黎与他再次会面。

三年后在巴黎的跟进

安多尔菲： 很抱歉我法语说得不好，我很想学习一下。

父亲： 今天又见到你，我们都很高兴。

伊迪丝： 我们真的很期待这一天。

安多尔菲： 太不可思议了，我们只见过一面！

父亲： 那是一次很重要的会面。

安多尔菲： 首先，我要感谢你，因为伊迪丝在过去的三年里一直是联系的纽带。你为什么要保持这种联系？

伊迪丝： 我一直相信这一点，与你的谈话对我帮助很大，这就是为什么我想保持这种联系。

安多尔菲： （指着家人）告诉我，你们每个人，这种联系对你们来说意味着什么？也就是说，是什么让你们所有人联系在一起？

母亲： 第一次见面的时候，我们已经和伊丽莎白、米歇尔做了很多次咨询，但我们不知道要往哪个方向发展。与你的会谈非常令人触动，而且我妈妈也在场。你触动了他们从未想过的东西。

伊迪丝： 可能，这是第一次，会谈的焦点不是我为某事责备别人。

安多尔菲： 比如说？因为什么责怪谁？

伊迪丝： 就好像，我创造了一个世界，实际上我过去常常放大一些东西，在会谈期间，我曾经把所有东西都扔出去……也许这也很好，但我太夸张了。

安多尔菲： 所以，你不是会谈的主角？

伊迪丝： 是的，我认为我不是……

安多尔菲： 那很好！让我们听听爸爸的想法。在你看来，到底创造了什么样的联系？

父亲： 首先是巨大的信任，大度的慷慨去理解和帮助……我们有了沟通。不管伊迪丝怎么样，我们通常都把那次治疗当作生命中的重要时刻，尤其是当伊迪丝和帕特里克走得更近的时候。一开始他们没有成功，因为有一堵墙……然后，他们突然拥抱在一起，整个过程中他们都没有分开！我们都很感动，外婆也是。

安多尔菲： 这是你长久以来的梦想吗？

父亲： 不，我们对这些困难感到惊讶……我们没有意识到，然后突然一切都发生了，而且保持了下去！

安多尔菲： 帕特里克，你在那次家庭会议上扮演了重要的角色。

帕特里克： 我对那次会谈有很好的回忆，它重新开始了治疗，我很钦佩你精神上的光辉，这不是单向的，而是相互的。

安多尔菲： 爸爸的话很有说服力，他让我想起了我在其他国家遇到的家庭。关于那次会谈的困难，以及当它能够实现的魔法。那么，问题来了，你今天怎么样？

伊迪丝： 很好，我在医院待了 10 个月。在那之前，我才在另一个机构待了 2 个月，但这对我并没有帮助……但这是必要的。在那 10 个月里，我改变了很多。那是我第一次被当作成年人看待。这帮助我承担起我的责任，并以更好的方式向世界敞开心扉。

安多尔菲： 那家医院叫什么名字？

伊迪丝： 巴黎附近的保罗-布鲁斯（Paul-Brousse）医院。

安多尔菲： 祝贺你！

伊迪丝： 我没有去上学，因为我住院了，但朋友们帮助我补习。在我住院的那年年底，我拿到了高中毕业证。

安多尔菲： 进展顺利吗？

伊迪丝： 很顺利……出乎意料的是，我没有太大压力。我给自己找了个借口，告诉自己我挺过了这么艰难的事情，毕业也没那么糟……这对我来说是一种挑战。在获得高中毕业证后，我开始准备上大学。我必须要住院，所以我经常白天去上课，晚上再回来。我过去常常早上出去上课，晚上回来。这很困难，但同时也帮助了我。这是开始真正生活前的最后一步。

安多尔菲： 所以，现在你过着第二段人生？

安多尔菲： 帕特里克，你也进入了第二段人生吗？还是你还在第一段人生里？

帕特里克： 对我来说是最近的事。今年年底。说实话，我想停止家庭治疗的原因之一是伊迪丝的病让我陷入了很长一段时间的困境。我需要找到自我，这就是为什么有一段时间，我需要和她保持一定距离。

安多尔菲： 你今天来这里高兴吗？

帕特里克： 高兴。

安多尔菲： 我很开心，因为我成功地让你意识到有一个兄妹团队，而不是公主和陪伴着她的哥哥……

安多尔菲： 妈妈呢，你发生了什么变化？

母亲： 我很高兴伊迪丝好些了……去年真是一场灾难。伊迪丝决定去和她爸爸住在一起。

安多尔菲： 什么时候的事？

母亲： 从她出院开始。严格来说，这对我来说并不是什么太大的变化，因为她以前住在医院里，现在和她爸爸住在一起，但自从她住在那里，我就很少见到她了。以前她住院的时候，我看到她的次数比较多。

安多尔菲： 你对这个决定满意吗？

母亲： 是的，绝对满意。我认为伊迪丝有必要选择她自己的生活，但她不能刚出院就这么做，因为她仍在康复中。我觉得去她爸爸那里是一个很好的解决方案。

安多尔菲： 所以，这对你俩来说是一个很好的平衡标志？爸爸，对你来说，你的第二段人生是什么？

父亲： 我一直以为有一天伊迪丝会醒来，变成另一个人，不再生病……现在看着伊迪丝，我觉得好像发生了很大的变化。她已经不是生病期间的伊迪丝了，我一直认为这场病会给她一种别人没有的力量。我没有第二段人生，我只是很高兴看到她现在这么快乐，玩得开心，也做了很多工作。

安多尔菲： （对妈妈说）你也有自己的小孩了，是吗？现在他多大了？

母亲： 八岁半。

安多尔菲： 我觉得有很多生命在同时成长，但总有某种东西把它们联系在一起……

母亲： 当帕特里克不在的时候，我总是与他同步情况，他也总是问起妹妹……但去年他经历了一段艰难的时期，我想这是由于伊迪丝的病……他们之间仍然存在一些嫉妒和怨恨。

安多尔菲： 我想再次向你们传达的讯息是，你们必须找到自我，作为没有胰腺炎和厌食症的兄妹。因为我觉得嫉妒在兄弟姐妹间是很正常的，但目前来看真的与你们的胰腺炎和厌食症有很大的关系。如果成功摆脱了这些，你会重新发现作为两个成年人相遇的乐趣，不论是在巴黎、洛桑，还是在澳大利亚。我不知道我是否说清楚了？

帕特里克： 是的，我希望对每个人都是如此……

安多尔菲： 你们应该进行一场有趣的仪式。你们必须拿一件代表胰腺炎的物品和另一件代表厌食症的奇怪物品，然后把它们烧掉，因为它们不再存在于你们之间。兄妹之间的嫉妒依然存在，这是不可避免的，但这是正常的，它不会通过疾病表现出来。爸爸妈妈，你们明白这个意思吗？（大家都点头。）也许我们可以拍张照片。

一艘救生艇上的青春期四姐妹

安多尔菲在西澳大利亚州的珀斯被一位当地治疗师请去做咨询，他要去见一个有4名青春期女儿的家庭，她们分别是18岁的珍妮、17岁的苏西、15岁的朱莉和13岁的海蒂。父亲杰克在海军服役，母亲贝琳达是一名教师。二女儿苏西去年一直患有厌食症，6个月前曾试图自杀。在与家庭工作的过程中，当地的治疗师发现，在妹妹患上厌食症之前，大女儿珍妮就已经离开了家庭，而且她和母亲的关系非常疏远，经常发生冲突。治疗师能够很好地与整个家庭相处，除了珍妮不愿意参加家庭治疗，也一直远离家庭，远离母亲。当地的治疗师决定请安多尔菲进行一次家庭咨询，以帮助解决家庭中仍然存在的问题。

在咨询中，有趣的是，苏西（最初“被认定的患者”）坐在父母之间，母亲坐在离安多尔菲最近的地方。最小的女儿海蒂坐在父亲旁边，其次是朱莉，最后是珍妮，她坐得离母亲最远。安多尔菲在咨询期间为这家人做了很多事。他带着一份家谱图和一个世界地球仪，从探索这个家族的发展史开始了这次咨询。在探索母亲这一方家庭的过程中，他很快发现，虽然母亲与她父母的关系非常亲密，但却与她自己的妹妹很疏远，她觉得妹妹在情感上过于依赖她，直到她决定疏远妹妹。这反映了珍妮自己远离母亲和家庭的行为，因为当父亲作为海军离开家去工作时，母亲经常依靠大女儿来帮助照顾年幼的孩子。母亲从会谈的一开始就非常情绪化，这似乎也引发了小女儿的情绪反应，母亲一开始哭，小女儿也开始哭。安多尔菲能够确定，母亲过于担心她的孩子，也许孩子们，尤其是海蒂，正因如此承载了太多她的痛苦和担忧。

在探索父亲的原生家庭时，安多尔菲能够确定父亲与自己的家人，特别是他的父亲非常疏远，几乎没有任何联系。尽管显然这位父亲是一位忠诚的丈夫和父亲，但他倾向于避免谈论自己的情绪反应。

安多尔菲：（对女儿们）你们有什么想问爸爸的吗？

苏西： 你童年最困难的事情是什么？

对此，这位父亲谈到了他的学业，但很明显，他避免谈论自己的痛苦经历以及与家人的关系。他承认自己不想回英国看望年迈的父母，并说妻子是他的“磐石”。安多尔菲用这个比喻来谈论伴侣关系中的问题。

安多尔菲： 啊……磐石，磐石可以很好，但是磐石也可以崎岖不平，有时候磐石也很脆弱，不是吗?

苏西的厌食症和自杀企图也被温和地提了出来，并被公开探讨。听到这里，苏西变得非常激动，哭了起来。

安多尔菲： 你为什么哭?你感觉不好吗?你感到内疚吗?

苏西： （抽泣道）是的……

安多尔菲： 你为什么感到内疚呢?毕竟，这不是你能控制的事情?你当时很痛苦，不是吗?

在姐妹群体中，安多尔菲发现，出生顺序的角色发生了变化。当地的治疗师已经注意到朱莉和苏西的位置发生了变化，但在这次治疗中，安多尔菲发现，实际上珍妮与家人和姐妹之间的疏远，意味着朱莉已经从第三个姐姐的位置转变为在家庭中谈论“大姐”的位置。珍妮显然被触动了。

珍妮在整个会谈中一直很沉默，但你可以看到她在专注地听着。安多尔菲温和地提到了她不愿意与家人一起接受治疗，以及母女之间的愤怒和距离。他没有直接对抗这个问题，而是转而给家庭开出了处方，让家庭可能发生进一步的转变。他建议珍妮和母亲去某个地方进行一次短暂的一日游，但规定她们要去享受这一天她们在一起的时间，而不是谈论她们之间的问题。他还建议四姐妹也可以在一起做一些类似的事情，而不让父母参与，以重新连接她们之间的亲近纽带。他把注意力转向父母，并建议:“爸爸必须学会谈论让他觉得不舒服的事情，妈妈必须学会不要担心太多!”最后，他建议全家人生一堆篝火，象征性地烧掉他们一直背负着的所有内疚、担忧和愤怒。

咨询的几周后，当地治疗师向安多尔菲反馈说，这个家庭已经有了很大的进展。大女儿已经开始自愿参加家庭治疗，甚至开始要求姐妹和父母一起参加治疗。四姐妹也重新开始四人一起做一些事情，如一起去野餐、玩棋盘游戏、看电影。珍妮告诉当地治疗师，她已经准备好重新担任“大姐”的角色。

治疗中的青少年和朋友们

朋友在人的一生中具有非常重要的情感价值，尽管他们在不同的人生阶段发挥着不同作用。朋友是我们童年时期的玩伴，成为我们在家庭之外的社会环境中评价和衡量自己的第一个参照系。此外，他们代表了生活中我们需要重新审视分离和个体化过程时的情感支持，具有缓解其困难所带来的痛苦的积极功能。友谊帮助治愈生活给我们造成的情感创伤，并弥补我们在其他关系中的不足，如在疾病、丧亲、敌对父母分居和孤独的情况下。

让我们以父母分居的青少年为例，考虑同辈团体的价值：青少年通过这一时期典型的情境和仪式，相互帮助，分享因家庭解体而产生的思想和情感困难。友谊是人们可以发展自己在家庭中无法接近或未被探索的部分的地方。

朋友的巨大情感价值在于，他们代表了我们在家庭和社会发展过程的记忆，因为他们与我们分享了我们存在的一部分，多年来，我们与他们建立了一种充满信心和深刻理解的关系。在某些情况下，朋友甚至可以具象化我们的家庭。例如，非常孤独或烦恼的人，经常遭受边缘化或孤独感的折磨，可能会从对他们的生活表现出真正兴趣的朋友中找到安慰。

拉塞尔·哈伯（Russel Haber）是第一个在治疗中使用友谊的治疗师（Andolfi，Haber，1994），并提出了朋友在家庭治疗中扮演顾问角色的理论。实际上，哈伯是在对一位好斗的青少年进行家庭治疗时偶然发现这一点的。治疗帮助解决了一些家庭问题，但并没有改善男孩在学校的行为问题。邀请男孩的朋友参加会谈是克服僵局的很好资源，从那一刻起，哈伯决定把它作为一种治疗工具。

根据他的案例，多年来我们一直在治疗中囊括朋友。因此，我们邀请青少年的朋友、父母的朋友、大多数成年人的朋友、老年人的朋友及移民者的朋友参加治疗，他们是家庭背井离乡、远离社会和家庭世界的真正见证人。治疗目的始终是一样的：探索能让我们拓宽对家庭和个人问题视野的社会背景，并在前来寻求帮助者的情感世界中找到具体的资源。即使是在治疗中，向朋友寻求帮助也能激活团结和理解。对于正在经历特别脆弱的时刻，需要重新对自己和人际关系建立信心的人，这是非常重要的。朋友，实际上是一群青少年在家庭之外发展的享有特权的见证人，可以为其生活提供不同且非常有用的描述。

实践案例：治疗中，路易莎的弟弟和朋友

在路易莎的案例中，即第3章谈到的肥胖女孩，我们可以体会到与弟弟、朋友和男朋友组成的子系统进行联合会谈的好处，因为这些子系统都属于同一代。接下来的内容是在治疗的后期进行的一次治疗，当时这个女孩已经减掉了几公斤。参加会谈的还有比她小两岁的弟弟埃米利奥、男朋友吉安卢卡和朋友伊曼纽尔。

治疗师： （对全体）你们注意到路易莎最近有什么变化吗？

伊曼纽尔： 我注意到了一些东西，我真的无法接受这件事，它让我……嗯，这不会让我痛苦，但会让我难过。路易莎胖的时候，她总是性格开朗，总是喜欢开玩笑。我们的友谊很牢固……我和她在一起时真的感觉很好，我经常大笑。但当她瘦下来的时候，我不知道为什么，也许是由于她的努力……她更克制，她看起来更严肃、安静、不愉快……

治疗师： 更成熟？

伊曼纽尔： 是的。

埃米利奥： 更成熟！

伊曼纽尔： 我很抱歉，因为我想让她一直快乐。

埃米利奥： 没错，她说得对！

治疗师： （对路易莎）你看到了吗？你的朋友真的明白！

埃米利奥： 我也注意到了这一点，但我以为我是唯一一个这样想的。

治疗师： 所以，在这两个月的治疗中，我们通过让你减肥反而制造出了一个问题！

伊曼纽尔： 不，我想让她减肥，但我也想让她保持开朗！

埃米利奥： 有时她会跌到谷底，有时她会越过顶峰，有时她会尽最大努力……我也不知道，我不知道她怎么了！

治疗师： （对路易莎）通过与家人的接触，你对自己有什么了解？今天你会用简单的话告诉他们什么？

路易莎： 是的，嗯……首先，在进行的各种治疗中，我明白了我的焦虑不仅仅是因为我自己，我看起来很恶心，等等。我明白了事情是由各种因素造成的，而不仅是一个人造成的。

治疗师： 所以，我们已经克服了“厌恶综合征”！（大家笑。）

路易莎： 差不多吧！关于你告诉我的“王牌”，我也想了很多。因为我知道一些事情，但这还不够。

治疗师： 他们知道王牌的事吗？

路易莎： 不，他们不知道。

治疗师： 你想自己告诉他们吗？（*对朋友们说*）你们打牌吗？

路易莎： “收养”（adoption）是一张王牌，我用收养来隐藏自己，为自己辩护。

吉安卢卡： 就像一张王牌！

路易莎： 是的。

埃米利奥： 是我错了吗，胖不也是这样吗？

路易莎： 没错，这是一个很困难的情况，因为在减肥的时候，我觉得我必须扮演不同的角色，必须在苗条的时候表现得很好，必须以某种方式做某些事情，而当我很胖的时候，这就不重要了！

伊曼纽尔： 你真的要放过自己！

吉安卢卡： 不管怎么说，上次她减肥的时候，瘦得像耙子一样……

治疗师： 什么时候？

埃米利奥： 当她进行超级节食的时候！

路易莎： 去年夏天我瘦了 20 公斤！

吉安卢卡： 就是这样，当她终于瘦下来的时候，我记得她告诉我：“现在我已经解决了这个问题，但我看到还有其他很多事情要处理”……（*对路易莎说*）好像你被抓了个正着，是吗？

（*路易莎点点头。*）

埃米利奥： 我想也许她认为这是她唯一的问题，并将其视为人生目标。一旦克服了这个问题，她对自己说：“我就不会再有任何问题了。”但是，当她减肥成功的时候，她意识到可能还有更大的问题。于是，她对自己说：“不如回到胖的时候，这样目标就是减肥，就不用去想其他事情了！”

这段简短的摘录让我们首先观察到，在一群同龄人中，他们都意识到她的问题，尽管每个人的角色都非常不同，即弟弟、朋友、男朋友，但可以坦率、简单、迅速地谈论青少年的身份、收养、肥胖等核心主题。这些主题在路易莎的生活中经常出现，每一个主题都可以作为她隐藏起来、避免成长的王牌，从而逃避伴随正常生活而来的责任。你可以在胖的时候开心，但也可以在苗条的时候开心，只要你能把属于别人的“体重”抛在脑后。所有这些都是同伴群体给路易莎的信息和积极的强化，她肯定会珍惜这些。

实践案例：12个朋友……就够了！

克劳迪娅和罗伯托这对青春期的兄妹，从小就受到父母情感上的虐待，他们的案例就非常不同，他们朋友对治疗的参与让人感受到强烈的释放。妻子因为丈夫的性无能而要求伴侣治疗。他像上法庭一样被拖去参加会谈，她非常不满，毫不尊重地用言语攻击他。妻子对性功能障碍的描述非常露骨和粗俗，丈夫在她的侮辱面前显得完全“无能”和无力。而且，这位女士相当没有魅力，肥胖得很明显。

在这样的前提下开始伴侣治疗似乎是相当困难的，但似乎更令人震惊的是，青春期的孩子们总是被牵扯进这对父母的动力关系中，包括他们的性问题。母亲不断向他们抱怨丈夫的性问题，而他的被动和对妻子的完全顺从，则引起了他们的怜悯。没有代际界限，孩子们被抛来抛去，他们的感受丝毫没有被尊重和关心。

我们提出了一种治疗方法，其首要目标是“把孩子带出父母的卧室”，幸运的是，大家都接受了。这是一个非常具体和细致的计划，基于一个基本原则，即孩子应该完全远离伴侣问题，从而在两代人之间建立起一堵保护墙。在接下来的会谈中，我们定期监测一周中发生的事情，然后我们做出决定，会谈应该与父母和孩子交替进行。

让孩子们远离父母卧室的协议实际上使孩子们摆脱了极度尴尬和羞耻的境地，让父母第一次为孩子们的幸福做了些有意义的事情，而这本身就是一大步。一旦削弱了困住青少年的功能失调的三角化关系，在没有父母的情况下，他们在会谈期间的直接合作就会成为重建代际理解的强大基础。在这一点上，我们建议邀请他们的朋友来参加会谈，这对兄妹热情地接受了。

在接下来的会议上，他们带来了12个朋友，似乎是为了证明他们的友谊网络是非常稳固的。其实，我们也意识到，在家庭之外有一个同辈群体对克劳迪娅和罗伯托来说是多么重要。在这次会谈中，我们聊了很多事情，如学校、音乐、旅行，还有其他一些典型的青少年话题，说笑着，好像青春期的活力终于进入了那个房间，那里曾经有很多的粗俗和不成熟。然后，这些青少年在一家比萨餐厅继续他们的会面。

实践案例：乔瓦尼和他的狗

当家里有宠物的时候，尤其是猫或狗，它们对家庭成员，尤其是对儿童和青少年来说，总是承载着非常重要的情感价值。这些通常都是非常深刻的“爱的故事”，尤其是涉及被遗弃或被忽视的动物和它们的救星时。

狗和猫可以成为边缘化人群的依靠，可以在哀悼所爱之人逝去时提供帮助，吸收我们对逝者的感情和关注。它们通常具有补充或替代人际关系的功能（Bruni，2009）。以狗为例，一方面可以丰富情感世界，另一方面也具有替代功能。乔瓦尼的例子也是如此，我们在前一章提到过，这个男孩多次躺在废弃的铁轨上希望被碾过。

乔瓦尼是一名14岁的男孩，是两位医生的独子。他非常抑郁，发出非常明显的、令人担忧的信号，试图引起父母的注意，但极度敌对的父母却在不断地争吵。他的处境是绝望的，只有他的狗——查理，一只出色的德国牧羊犬能够缓解。这就是为什么我们要求乔瓦尼带着他的狗来治疗，他欣然接受了，第一次露出了灿烂的笑容。这家人来自西西里岛，为了把查理带到罗马，他们要坐很久的车。下面的摘录描述了这只狗在乔瓦尼生命中的价值。

治疗师： （对乔瓦尼说）如果有另一个孩子，而不是查理，一个兄弟或姐妹，家里会发生什么？你会喜欢吗？

乔瓦尼： 不会。

父亲： （超然地）我们这么说吧，当时的情况很困难：玛丽亚在工作，我也很忙，我们没有很多时间陪孩子。事实上，乔瓦尼是奶奶带大的。我们本应该把另一个孩子给奶奶抚养（乔瓦尼向狗招手），但我们无法处理两个孩子，就像我们无法处理一个一样。如果父母双方都工作，我觉得很难再多生几个孩子。这就是客观情况！

母亲： （生气地）不，不，我们讨论了我怀孕的可能性，而且你明确地告诉我，如果是那样的话，我就必须堕胎，你很清楚这一点！

治疗师： （走近男孩，蹲在他和狗之间，开始抚摸查理；然后对乔瓦尼说）在这个家里，做孩子容易，还是做狗容易？

乔瓦尼： 狗！

父亲： 乔瓦尼在说谎，你知道那不是真的！

治疗师： 但是在家庭里，另一个孩子不可能成为……

乔瓦尼： 像我这样的失败者！

治疗师： 嗯，也许你可以分享你的不幸……

父亲： （仍然愤怒地说）你为什么不告诉他你在家里的特权呢？你所做的一切？你总是想做什么就做什么，你总是想掌控一切！

母亲： （对着乔瓦尼，完全无视丈夫）你是这个意思吗？不幸是因为你是独生子吗？

父亲： 没人在听我说话吗？在家也是一样，我说话但没人听！

治疗师： （对父母说）我希望你们保持沉默 3 分钟并打开你们的耳朵。（对男孩说）我让爸爸妈妈保持沉默几分钟，这样他们就可以听你说，也许还可以听一下查理的话，正如你所看到的，它总是想被抚摸。你说话呢？他们能听进去吗？

乔瓦尼： （明显地被触动了）谁知道呢？

（狗躺在地板上，就在主人的脚边；悲伤了几分钟后……）

治疗师： 那么，你怎么看？如果再有一个孩子呢？

乔瓦尼： （眼里含着泪水）我想他会很不幸的……

治疗师： 为什么，你很不幸吗？

乔瓦尼： 很不幸。

治疗师： 你现在看起来很伤心。你觉得谁能理解你的悲伤？

乔瓦尼： 谁明白？查理！

（当狗听到它的名字时，它一动不动地躺在地板上，但抬头看着乔瓦尼。）

治疗师： （抚摸着狗的头）查理明白，也许是因为你觉得自己有点像查理？

乔瓦尼： 不完全像查理……至少在他们开始争吵之前，我曾得到过母亲的爱。

治疗师： 你觉得你现在还拥有吗？

乔瓦尼： 我想是的。

治疗师： 那爸爸的呢？

乔瓦尼： 没有！

治疗师： 你觉得查理感觉如何？

乔瓦尼： 孤独。

治疗师： 孤独？像狗一样孤独？

乔瓦尼： 是的。

治疗师： 那你是如何想象这种孤独的，你认为一只狗在孤独时是什么感觉？

乔瓦尼： 不开心！

如果没有查理，这次会谈就不会这样了。狗的在场，让我们能够突出男孩的孤独和悲伤，并生动地表现出来，希望父母能够看到他们听不到的东西。事实上，对于这对父母，乔瓦尼似乎更像是一个负担而不是快乐，实际上他们似乎更适合作为专业人士而不是父母，并且忙于竞争而没有时间合作。对他们来说，乔瓦尼是一个他们必须处理的儿子，一个需要传递给别人的义务，而对乔瓦尼的狗来说，他是它的指路星，它爱的主人，总是需要被照顾。这两种关系是截然相反的。

在治疗过程中，男孩的非语言行为，与查理的拥抱，他投射在**想象中的兄弟**身上的悲伤（Andolfi，Haber，1994），都是有助于创造一个特定环境的因素，在这个环境中，甚至父母都能够，也许是第一次，感受到孩子的痛苦；在自己房间里独自度过青春期的孩子，幸运的是，他被一只忠诚的狗照顾着。如果连一只狗都能感受到男孩的悲伤，要怎样才能让他的父母也意识到呢？

网络式干预

网络（network）的概念是指所有的这些系统，无论在个体生活中是主要的还是次要的，都可以作为支持治疗干预的资源。

网络式治疗是在20世纪70年代由罗斯·斯佩克和凯瑟琳·阿特尼弗（Speck，Attneave，1975）发展起来的。它是一种临床干预模式，其特点是扩大的家庭治疗（包括朋友、亲戚、邻居等），它激活了那些受到精神疾病影响的人在社会结构中的治疗力量。两位学者进一步确定了他们称之为“部落”（tribes）的网络，这些网络可以为人们提供一种关系链，并在更广泛的社会背景下赋予一种认同感和归属感。

三四十年前，社会层面是我们观察家庭正常或病理发展的框架。描述一个家庭，不可能不突显其成员的社会关系的质量和问题这一基本要素。

当家庭因婚姻问题或家庭成员的个人心理障碍而陷入困境时，社区是可以激活的资源。在绝大多数卫生服务机构中，家访是一种常用和有效的程序，尤其是在危机期间。团队会面也具有类似的社会价值，即照顾患者的不同专业人员，无论是个人、一对伴侣，还是一个家庭，都围坐在同一张桌子旁。

安多尔菲和家庭治疗研究所组织的第一次历史性国际会议于1975年在罗马举行，后来于1978年在佛罗伦萨举行。这些会议的议题是“社区内的家庭治疗”，强调社区是治疗师可以用来观察和帮助问题家庭的优先场所。

我们现在应该问问自己，社会框架在治疗中变成了什么。一方面，个体干预又回归了，这与如今个人主义的增加是一致的：想想关于个体系统-关系治疗的出版物数量，或者“后现代”的观点，即使是个体干预也是家庭治疗的形式。另一方面，社会排斥的增加、西方国家家庭的社会解体和移民现象的增加，导致这些国家中存在大量不同的文化，这应该让我们回到网络式干预，这条道路是家庭治疗师在20世纪70年代铺就的。我们要感谢罗斯·斯佩克（Speck，Attneave，1975）、萨尔瓦多·米纽庆（Minuchin，Montalvo，Guerney，Rosman，Schumer，1967）、阿尔伯特·舍弗伦（Scheflen，1973）、迪克斯·奥尔斯瓦尔德（Auerswald，1968，1972）和伊斯雷尔·泽维林（Andolfi，Zwerling，1980）等人的非凡经验。

2005年3月，安多尔菲为意大利杂志《家庭治疗》（*Terapia Familiare*）的一个特别版写了一篇题为《重返社区工作；乌托邦还是家庭治疗的必需品？》（*Il ritorno al sociale; Un'utopia o una necessita per i terapeuti familiari?*）。在关于这个问题的许多思考中，他写道：“有时我问自己，创造力去哪儿了，这个运动的活力到哪里去了？这个运动这么多年来一直在从那些前来寻求帮助的困难家庭和他们的社会关系中寻找资源。我对由一个开放且充满激情的多学科团队进行的案例讨论有同样的感受，这与当今新的、分离的系统范式形成了鲜明对比，后者往往建立在患者的基础上，而不是与之一同工作来做出积极贡献。”

2006年，本着重返社区工作的想法，家庭心理学院在墨西哥南部的瓦哈卡市组织了一次题为“与边缘化家庭和社区合作”的国际会议。这次会议的目标是拥抱在基层工作的许多专业人士的重要经验，他们在世界上最不同和最偏远的地方工作。在那里创造的情感氛围令人感动——倾听在暴力、贫穷和边缘化的环境中的工作经历，如哥伦比亚、墨西哥、巴西、埃及或巴勒斯坦等。更引人注目的是，那些通过高质量的镜头和照片蒙太奇来呈现和展示社会和家庭环境中的人的创造力和想法，这些环境既被剥夺，又充满了做梦也想不到的资源。简言之，这个框架由社区治疗和社会心理干预组成，每个人都要处理出现的问题。巴雷托（Barreto）和他在巴西福塔莱萨的团队展示了网络式干预（Barreto，2008），让人想起罗斯・斯佩克的开创性工作，在那里，每个人都在一起跳舞、吃饭和聊天，感受来自具体层面上的团结和基本社会需求的现实力量。每个工作日都由麦德林交响乐团的表演结束，该乐团由33名被从街头解救出来并有机会成为最高水平音乐会表演者的青少年组成。这是一个遵循，“一个学会演奏乐器的孩子永远不会带枪”格言的心理社会项目。我们就是这样从武装团伙变成乐队的！我们建议感兴趣的读者阅读《瓦哈卡之书》（*The Oaxaca Book*）（Andolfi，Calderson，2008），以获取更多信息。

事实上，网络式干预在今天的危机、个人、家庭或环境危险及紧急情况下仍然非常有用，因为它们通过利用最大数量的可用资源来对严重问题做出强有力的反应。这项工作聚焦于主要网络的价值，主要网络由个体在生活中建立的关系组成，不仅是与家人，还有邻居、朋友和同事。

家　访

如果假设在家庭的自然环境中比在办公室中更了解家庭，我们就能更好地理解家访的独特作用。在20世纪70年代和80年代，了解具体个体症状或关系冲突的社会和环境因素变得尤为重要，这并非偶然，家访在精神卫生机构中成为相当常见的程序，并为患者和家庭的治疗做出了非凡的贡献。内森·阿克曼（Nathan Ackerman）是第一个谈到家访的人，并在战后时期对其进行了实验。在位于费城南部贫民窟中心的儿童指导诊所，萨尔瓦多·米纽庆和布劳略·蒙塔尔沃（Braulio Montalvo）在超市里举办了督导会谈，并与城市中最贫困社区的家庭见面。在纽约，有多学科团队定期在会谈家庭自己的家中与其会面。

那时，家访在意大利也很常见。时至今日，这种情况仍存在，但只是偶尔发生，而且出生在特别文明的中心。造成这种情况的原因多种多样，包括交通堵塞、缺乏时间或工作量大。尽管这些都是正当的理由，但我们认为，整个干预理念已经发生了变化，即变得越来越技术化，由药物和非个人的政府程序进行调解。患者，无论是独自一人还是有人陪同，都被要求到我们的办公室来（公共办公室更简陋，私人办公室更舒适），且都是基于同样的原则：专业人士不会放弃制度确定性，虽然患者是寻求帮助的人，但必须适应我们的文化和规则，就像移民者一样。

随着生物治疗和个体干预措施的显著增加，家访变得越来越少。然而，如果我们恢复这些体验，将能够改变许多偏见，并与患者建立更密切的联系，缩小治疗者和被治疗者之间的差距。许多心理治疗师告诉我们，家访有“让我们失去治疗能力”的风险，仿佛被患者邀请一起喝咖啡或吃东西，就会对专业知识构成真正的威胁。他们往往忽略了这样一个事实：与患者在他们的层面上分享一些东西，才是我们的干预措施真正具有治疗效果的地方。经验和专业知识不会因为我们与通常在办公室会面的家庭一起吃一盘意大利面而丢失。当然，如果我们的人性不断受到角色和治疗干预的监控，那情况可能会变得不舒服和令人不安!

然而，如果故事真的能治愈（正如我们在本书中经常提及的那样），那么没有比患者居住的家更好的地方了，在那里谈论了他们之间的联系，帮助我们理解故事，并为其增添新的元素。探索家庭和家（父母和孩子的卧室、厨房、客厅、浴室），为我们提供了更多关于家庭关系质量和家庭问题的信息，这远远超过我们在专业办公室所能收集到的信息。很多情况下，我们能够在短时间内理解许多关系扭曲的本质。

实践案例：我知道你知道我知道!

关于功能极度失调的家庭动力，我们记得30年前安多尔菲和一位精神病学家同事在距离罗马两小时车程的小镇进行的一次非常重要的家访。如果没有去拜访家庭，他们永远也不会理解家庭的共谋和厌食症的动力情况。

厌食症的女孩不在家，两位年迈的父母来迎接他们，终于可以自由地向他们展示家里发生的事情。他们先被带到厨房，女儿整天都在厨房里忙活。父母不被允许去那里，而女儿每天会做几次新鲜的食物，之后会在隔壁的浴室吐出来。父亲是农民，每天要去市场3次给女儿买吃的。当在罗马接受治疗时，他带着一大堆收据和购物清单。他都保存了下来，似乎是为了证明他是多么拼命地想要喂养和照顾女儿。

客人们离开厨房，被带到了父母的卧室，在那里，更大的惊喜在等待着他们。父母偷偷地（好像女儿随时都可能抓住他们似的）给他们看藏在床下的东西——一个装着罐头食品的小储藏室，当父母饿了的时候，就在自己的房间里偷偷地吃。更令人震惊的是，他们接下来看到的东西：一个镜子游戏，让父母能够监视自己的女儿，也允许女儿监视父母。小女孩把厨房的门半开着，因为她知道父母通过微微打开的衣柜门镜子看着她，这样父母就可以在不被看到的情况下查看女儿的饮食习惯。

纽约危机干预小组

安多尔菲仍然记得20世纪70年代在纽约的经历，当时他是危机干预小组的一员，这是一个多学科小组，每周两次离开南布朗克斯（South Bronx，纽约市的一个地区）心理健康中心，去拜访为家庭成员的严重危机请求帮助的家庭。紧急情况可能是精神病发作的年轻人、在家里有暴力行为的青少年、被丈夫虐待的女人，等等。

理论上，在威胁或暴力事件期间进行家访可能看起来毫无用处，或者至少是非常危险的。但如果愿意克服恐惧和偏见，我们可以发现不同的人性现实和意想不到的资源：哪里有暴力，绝望就在隔壁的房间里等待着，而在隔壁的房间里，我们可能会发现意想不到的希望！所以，也许，我们需要穿过整栋房子，而不是站在门口的台阶上！

实践案例：枕头下的刀

以一个几十年前搬到纽约的意大利裔美国家庭的故事为例。有人打电话给心理健康服务中心，说22岁的儿子用刀威胁他的母亲。男孩把刀放在卧室里的枕头底下，作为随时可用的武器。

危机干预小组由三个人组成：安多尔菲、一名社会工作者和一名专业护士。母亲明显受到惊吓，将他们迎进客厅。她说，儿子把自己锁在了卧室里。干预小组让她打电话给他，这样他们就可以和他说话了。约翰走了出来，他又高又壮，似乎并不怀有敌意，也不介意他们的存在。

拜访者们做了自我介绍，安多尔菲告诉他，他是一个暂时住在美国的意大利专业人士。然后，他跟男孩说了几句意大利语，虽然男孩意大利语说得不好，但却能听懂。这种口头交流是一种很好的加入方式。显然，那些与移民工作的人都知道，回到过去，谈到移民之旅，总是一种不可思议的资源，尤其是当提出问题的人来自自己的祖国时。他们回溯自己的移民历史，他们是如何在20世纪40年代离开祖父母所在比萨附近的小镇，移民到纽约的。最近的过往是最艰难的：在独生子约翰14岁的时候，父母因暴力而分居。

其实，是母亲觉得这样对儿子最好，也为了给人一种家庭团结的感觉，把房子分成两部分——母子住在一楼，前夫和新女友住在楼上。需要说明的是，这两层楼是由一段从一楼就能清晰看到的室内木楼梯连接起来的，两家之间的界限只是虚设的。父亲很少在家，因为他每日很早出门，很晚才回来。约翰几乎和父亲没有任何联系，也很讨厌他，因为他选择了新女友而不是母亲。

母子作为搭档生活在一起，而毫无疑问的是，男孩在青春期就开始对她表现出攻击性的迹象。他从母亲的保镖变成了对她深感厌恶，因为她以如此混乱的方式把他带大。

约翰在一栋公寓楼里担任看门人，在那里他因为品行端正而受到赞赏。因此，他的暴力行为是有选择性的，主要针对母亲。这些问题相当困难和棘手，会谈持续了一个多小时。似乎一个安全的环境使母子更容易在不带敌意的情况下讨论这些主题。男孩似乎觉得卸下了负担，好像讲述家庭的故事虽然痛苦，但有了有益的效果。

在会面中，安多尔菲要求男孩把刀拿来，因为他想看看。这就像是接触到了代表家庭关系暴力的对象。约翰递给他一把刀刃有锯齿的面包刀。安多尔菲接过它，看了看，把它放在咖啡桌上，然后开始用刀把家庭中的事实、情感和怨恨联系起来。他试图重新定义约翰在母亲面前挥舞刀时对她做出的威胁。这个动作显示了男孩的无能，他通过愤怒表达了这些年来被一直灌输的不可思议的暴力，这种暴力长久以来一直存在于房子里，仅由一个木制楼梯连接着战争中的家庭的两部分。

在会面的最后，母亲似乎非常释然，给大家递上了一杯咖啡。她带着儿子，给拜访者看挂在客厅墙上的全家福照片。最后，在男孩向他保证刀会回到厨房用来切面包之后，安多尔菲在心理健康中心为母亲和孩子安排了一次会面。

实践案例：去厄立特里亚！

在与移民家庭合作时，更重要的是了解问题并观察其家庭和社会背景。在意大利有越来越多的外国社区，他们似乎聚集于强烈体现其同胞存在特征的社区和地区。托斯卡纳（Tuscany，是意大利的一个省）一个小镇的心理健康部门团队在治疗最近企图自杀的厄立特里亚（Eritrea，是位于非洲东部的国家）青年桑巴并遇到严重阻碍后，请求安多尔菲进行家访，出现了很有趣的结果。

这个家庭由一位厄立特里亚母亲和她与意大利男人所生的三名青春期的孩子组成。几年前，意大利男人抛弃了家庭，与孩子们的保姆住在意大利北部。自那以后，母亲想尽一切办法独自抚养孩子，为他们的福祉提供保障，整天做着清洁女工的工作。从童年起，桑巴——问题中的年轻人，就在家里扮演了父亲代理人的角色，照顾妹妹们。

但是，正如“亲职化”（parentified）的孩子经常发生的那样，桑巴在面临典型的青春期身份认同危机时，从家庭的主要情感支柱变成了通过意想不到且严重的自杀尝试来体现家庭最严重问题的人。

桑巴和家人正在心理健康部门接受治疗，一位精神科医生负责药物治疗，一位心理治疗师对桑巴进行心理治疗，而另一位心理治疗师进行家庭治疗。虽然机构对此家庭的投入很大，但治疗团队表示，因为家人的配合度不高，治疗效果一直不理想。

咨询主要针对的是专业人员团队，他们最初对咨询师“去厄立特里亚”的建议有些困惑，这是对此家庭家乡的隐喻。事实上，坚持团队应该“去厄立特里亚”了解桑巴及其家庭的问题和资源，引发了治疗师的好奇心，而好奇心是偏见的有效解药。事实上，他们的第一个回复是：“我们不相信他们会在家里和社区接纳我们！”尽管如此，他们还是惊讶地看到了这家人对他们家访提议的反应，并感受到了他们的欢迎。母亲告诉许多厄立特里亚朋友，多达三名医生将来看她，并将参加周日的烤咖啡仪式，该仪式是厄立特里亚社区非常普遍的做法。

更有趣的是，在随后的团队会议，三位治疗师热情地展示了他们拜访这家人的幻灯片，对厄立特里亚的咖啡赞不绝口，仿佛通往一个完全未知世界的大门已经向他们敞开。此时，治疗可以走一条不同的道路，因为治疗师和家人都能够以增多的信任来迎接和面对挑战。他们进入了一个新的领域，我们将其描述为第三个星球，在那里技能是共享的，不再分离进行治疗且知识渊博的人与受苦而不知道该做什么的人（Andolfi，2003）。

实践案例：什么时候家访可以治愈家庭的悲痛

家庭请求治疗支持，因为他们突然失去了19岁的儿子，他在一个饱受战争蹂躏的国家做志愿者时被一个精神不正常的人杀害了。几个月来，对儿子关怀备至的父母与妹妹带着深深的丧失感和绝望前来参加治疗。生活对他们不再重要。母亲是一名小学教师，她这段时间无法工作，父亲非常关心她的健康。家庭住宅是会谈期间反复出现的主题，即儿子的卧室。他的卧室一直被保存着，就像他离开之前一样，自从悲剧发生以来，没有人动过任何东西。父亲把房间的钥匙藏了起来，试图保护妻子免受进一步的情感困扰。

在家庭的哀悼过程中，需要几个月的治疗才能迈出第一步。那位母亲，她其实知道钥匙在哪里（母亲总是知道一切），她走进这间被当作神龛的房间，哭着抚摸物品、枕头和儿子的衣服。走进儿子的房间，是家庭情感系统发生变化的开始，通过分担痛苦，三个人得以获得慢慢恢复正常生活的力量。当两位治疗师（一男一女两位专业人士）觉得自己已经被完全接纳和信任时，他们提出了一次特别的家访，家人欣然同意，感到非常团结。

这次家访对家庭成员和治疗师来说都是一种情感触动的仪式。它从儿子的墓地开始，然后到家里，在儿子的房间里进行，最后愉快地在客厅结束。去墓地，去儿子的房间，与他共进午餐，这些都是亲密而不可替代的时刻。泪水和情感联系在一起，给了家庭和治疗师力量。这种真实的会面使每个人都能接触到他们共同人性的真正本质，这是任何治疗过程的核心。

实践案例：一次非凡的会面——23位嘉宾……在比安卡葬礼之前

本案例的描述摘自《家庭的丧失与资源》（Andolfi，D'Elia，2007）一书，后经修订和完善。比安卡是需要迅速扩大资源的一个典型例子。几年前，她向安多尔菲寻求治疗，当时她患有严重的厌食症，她骨瘦如柴，面容憔悴，体重只有30公斤，身高1.73米（约重66磅，身高5英尺8英寸）。

父母都是成功的专业人士，在她顽固地拒绝任何帮助的态度面前，他们感到绝望和无力。她只同意和家人一起去接受心理治疗。除了父母，妹妹也参加了治疗。治疗期间充满了无助的氛围。矛盾的是，在治疗过程中最活跃的人是比安卡自己，她以一种非常活跃的方式回答了治疗师关于她小时候家庭环境的问题。她说，家里一直有一种悲伤的气氛，她从来没有见过母亲微笑，因为她总是从一个亲戚的病床边走到另一个亲戚的病床边，包括她自己的亲戚和丈夫这一边的亲戚。另一方面，父亲也很受家中女性的爱戴，但因为工作的关系总是离家，并对女儿的问题漠不关心。

母亲说，比安卡的病情在第一次和第二次会谈之间恶化了，如女孩要求她每天晚上去她的房间检查她是否还有呼吸。

鉴于情况的戏剧性客观，以及家人对生与死之间微妙界限的生动描述，治疗师建议他们举行一次特别的会谈，比安卡可以邀请父母的亲戚、朋友和同事，真正关心她和家庭的人，以及可能出席她葬礼的人——由于比安卡的病情之严重，葬礼显然是可能发生的。安多尔菲以这样的话结束了他不寻常的请求："也许，在他们的帮助下，我们可以避免让葬礼发生！"

这一建议的提出，来自意识到有人宣称要自杀，而家庭似乎完全无能为力，并且可以理解地陷入了绝望，同时比安卡提高了赌注。此外，它还来自一种坚定的信念，即当核心家庭陷入严重的僵局时，我们需要在大家庭和友谊系统中寻找资源。

几天后，令治疗师非常惊讶的是，比安卡的母亲打电话告诉他，比安卡邀请了23个人参加特别的会谈。在临床工作中，安多尔菲见过几次大家庭，但他从来没有同时接待过23个人！我们应该意识到，比安卡能够号召这么多人参加会谈已经是希望和团结的标志。

这次会面是一次对家庭家谱图的生动再现。比安卡把所有的客人介绍给治疗师。他们都是她亲自选择的，只邀请了她觉得最亲近、最真诚的人。她召集了祖父母、父母、叔叔阿姨、表兄弟、朋友及熟人，他们都成了这场联合仪式中的演员，其目的是让一位似乎坚决不想活下去的女孩重新拥有生命。气氛几乎是喜庆的，好像他们都在那里庆祝什么，也许是集体想要帮助比安卡和父母重生的愿望。

通常在危险迫近的情况下，他们都提供具体的解决方案，对比安卡、痛苦的母亲、缺席的父亲或治疗师自己提出了关于生命价值的建议。我们相信，这次不同寻常会面的力量恰恰来自所有人的在场，而不是来自会谈期间交流的口头内容。他们那天的在场是为了帮助比安卡，表明他们对女孩和她父母是真正关心的，这是一种不可思议的治疗资源。

这次会面的第一个重要结果是，在随后的会谈中，比安卡表示她想住院。由此开始了一场长达两年的漫长而复杂的家庭治疗。比安卡和父母经常会提到治疗师见过的亲戚，或者那对朋友，或者表兄妹，并向治疗师指出他们在联合治疗期间的座位。这次不寻常的会面中的23个人物，似乎被“铭刻”在治疗师的办公室里，并继续见证着女孩及其家人所取得的进步。女孩用以下几句话来描述真实的人际关系对重新树立积极的生活愿景的重要性：

“我试着像盲目乐观的人一样，寻找事物的美。那些对我没有任何好处的人似乎也经历了自然的选择，就是那些与其找到不如失去的人。我也做出了正确的决定——接受治疗，因为我希望了解我的父亲，也希望挽救我和妹妹的关系。”

青少年越轨行为的社会建构：南布朗克斯的经验

对安多尔菲来说，南布朗克斯（美国纽约最糟糕的地区之一）一直是“人生经验的学校”，也是理解许多青少年人格发展的基础课堂，这些青少年成长的社区从家庭和社会的角度来看都是分裂的。20世纪70年代，他在南布朗克斯的一所初中有过两年多的亲身经历，他能够证明，当缺乏建立积极的身份认同的基本需求时，青少年的违法和越轨行为导致了几乎不可避免的“犯罪生涯”。与此同时，他设法观察了一群青少年的发展可塑性（他们在前几年已经被严重地污名化和边缘化），发现一旦有机会为每个人在学业和家庭层面创造个人成长的空间，他们在个人和社会康复方面的能力令人难以置信。

这项研究的项目源于他之前在罗马卡萨尔德尔马尔默（Casal del Marmo）少年监狱的经历。他在那里担任法官的专家顾问，为被预防性拘留的青少年建立心理和社会心理档案。即使在当时，安多尔菲也观察到后来在南布朗克斯发现的被放大了的影响青少年的相同因素。第一个也是最悲惨的观察是，这些孩子一旦开始违法，就从人变成了单纯的案件。从那时起，程序就被强烈地官僚化了，人们关注的重点是犯罪行为，而不是处于危险中的青少年的个性或潜在资源。少年司法系统的总体态度是严肃的家长式（南布朗克斯的监禁要严厉得多，缺乏真正的康复结构），缺少的不是在预防性拘留系统中积极性、有能力的专业人员，而是随之而来的，即一旦青少年回到他的自然环境中，就需要对他进行真正的社会康复。因此，监狱结构的内部和外部成为一个连续体，青少年逐渐失去自尊和对他人的信心，别无选择，只能给自己建立一个消极的身份认同，这成为他面对生活逆境的唯一方式。

我们现在回到布朗克斯，一所主要由非裔美国人和波多黎各青少年就读的公立学校，那里甚至连墙壁都散发着种族暴力。出现在学校大楼附近的大量警察是学校系统的组成部分，他们随时准备好在学校发出信号时进行干预，或者在发生身体攻击时，教师也会干预。在这所学校里，男孩和女孩需要从老师那里拿到通行证才能上厕所，厕所是上锁的，并由一个“管理员”监督。因此，一种不可避免的生理需求与预测可能进行的犯罪行为（如使用或交易毒品）被混淆在一起。

在这样的氛围下，很难区分施暴者和受害者，因为这样的暴力恶性循环使得人们很难理解何时该进行干预。然而，毫无疑问，对于12～15岁的学生，这所学校已经失去了任何教育价值，成了一所生活学校，孩子们在这里逐渐学习并建立了犯罪生涯，从被忽视和手无寸铁的孩子过渡到“街区的硬汉”。这些环境下的孩子识字和算术水平比全国平均水平低了70%～80%，这剥夺了青少年获得有尊严工作的未来。除此之外，他们唯一的可能就是在被剥削做苦力劳动之余，发现加入犯罪团伙更容易，也更有利可图。

家里普遍没有父亲的形象（离经叛道的职业生涯始于前几代人），邻里之间的社会共识被一种压制性的法律所取代，这种法律以学校内的警察为代表，为不知所措、无法教学的教师提供支持，这样一来，上学就像去惩教所的想法就形成了。

当地的精神卫生中心了解这些学校内部发生的事情，并且与纽约的阿尔伯特·爱因斯坦医学院有联系，接受了安多尔菲（当时是社会社区精神病学研究员）的建议，完成一项系统的实地研究。他们决定每周花两个小时与老师和邻居家庭（或部分家庭）一起参与课堂。该项目还建议，安多尔菲应该加入学校理事会、决策委员会，主要负责纪律处分，如决定休学和把孩子送到其他学校，而校长、指导咨询师（连接学校和家庭的社会工作者）和教师则代表领导。他在决策委员会的存在也产生了意想不到的效果，即在他任职的两年里，对学生的纪律处分减少了，学生们开始意识到学校委员会的存在是积极的。

最初，难以组织与一群学生们的会面，但随着时间的推移，这变得非常有成效，因为年轻人们从未感到被一个成年人倾听和考虑。安多尔菲得到了乔伊的极大帮助，乔伊是一位在南布朗克斯出生和长大的非裔美国女性准专业人士，我们今天将这种宝贵的合作定义为文化调解。安多尔菲本人，也许是因为他的英语不太好，也许是因为他是一个不属于主流美国文化的白人外国人，尽管他是那里唯一的“白人”，但他从未成为种族主义评论的对象。

对于青少年经常会提问的关于身份认同的问题，很难找到答案：“我是谁”或者“为什么我是坏人”。但是，尝试回到他们“坏”的根源是值得的，也许可以重新找到一个改变方向的点，开始寻找价值和积极感受。安多菲尔和乔伊在学校里进行了许多次会面，这些会面的对象有一名男性或女性学生和一名家庭成员（其中绝大多数是母亲或祖母），目的是发掘孩子的积极一面。他们用一种温暖而安慰的语气问家属：“妈妈，你能告诉我一些约翰或米歇尔的积极方面吗？”之后往往是长时间的沉默，或者是一个惆怅的手势，仿佛在肯定儿子或女儿只有不好的。这个问题被问了第二遍、第三遍，之后母亲会低声回答，约翰篮球打得很好，或者米歇尔饭做得很好。此时，男孩和女孩都轻松了，因为他们在生活中看到了一线希望。观察到一个简单的积极表述，对这些在一无所有中长大的青少年产生深远影响，这真是令人印象深刻！

与教师的合作无疑更加困难和复杂，因为他们几乎没有动力去发现学生身上的积极方面，他们用沉重的字眼来称呼学生，并认为他们已经失去了任何重新融入社会的机会。如果有什么区别的话，学校课程的主要目标是为了让教师和学生活下去，因为教师和学生之间经常出现一个恶性循环——前者威胁要停课并报警，而后者则实施暴力。还必须指出的是，教师经常被限制在南布朗克斯，所以他们往往是该地区最糟糕的因素。无论如何，通过对他们的抱怨给予支持和关注，他们在某种程度上能够恢复对学生在课堂上积极行为变化的赞赏。

同样的，寻找青少年个体积极方面的程序，也被扩展到家庭和社区系统中，每两周在邻居或他们家的院子里举行一次聚会，通常是由母亲组织的，因为她们已经开始看到自己孩子的变化。经过在学校两年的日常工作，安多尔菲和乔伊能够亲眼看到，只要给学生空间，让他们找到存在的意义，青少年的人格结构和关系模式就会发生根本性的变化，家庭和社会实体也包括在内。这些青少年的家庭在当地的公园为安多尔菲、乔伊和学生们举办了一次烧烤聚会，这充分证明了扩大治疗工作范围以包括心理社会干预的价值。安多尔菲和乔伊还带着学生们去了康尼岛的主题公园。这两个例子证明了我们努力将工作扩展到更大的社区所获得的成功。

这在以前的出版物中也有描述（Andolfi，1979）。最大的困难是，将研究成果转变为学校中稳定的系统干预，哪怕至今这也依然存在困难。这样的目标不可避免地需要想法、奉献、经济资源，以及学校、家庭和司法等各种系统之间的协作。当成年人缺乏动机时，付出代价的总是那些最年轻的孩子。这就是为什么我们可以说，越轨和犯罪行为实际上是一种社会建构的结果。

6. 家庭的秘密和谎言

秘密和谎言

秘密和谎言存在于每个家庭中。每个家庭都有其“隐藏的秘密档案”，包括被埋藏和不被提及的事情，以及被禁止提起或谈论的话题。在这一节中，我们将探讨秘密和谎言对青少年家庭的影响，以及如何克服这种需求，努力向披露真相的方向迈进。通常，家庭的谎言是出于保护的考虑，它们源自家庭内部未被公开的秘密。但需要明白的是，无论谎言的出发点是多么的善意，它终究不是安全的。虽然谎言可能是源自保护的初衷，却可能对家庭关系造成极大的伤害。与其藏着掖着，不如早点说出真相，因为秘密保守得越久，带来的震惊、背叛和愤怒就会越强，关系破裂的可能性也就越大。

让我们看看“**秘密**”和“**谎言**”两个词的词根。“秘密”来自拉丁词汇“secernere”，意思是分离、隔离、划分。“谎言”则是有意隐瞒真相，意图欺骗，陈述与现实相悖的事情，是一种对现实的操纵。家庭的秘密和谎言通过与知晓秘密的人建立隐秘联盟，将他们与不知晓真相的人分开，从而导致家庭成员之间产生隔阂。这种行为不仅在几代人之间（祖父母、父母、孩子等），在同代人之间（兄弟姐妹、表兄妹等），甚至在伴侣关系中也会造成痛苦和疏离。

家庭秘密通过家族传说的形式发展，并在代际之间传递。它们在家庭生命周期的关键时刻形成，如重大的丧失（家庭支柱的死亡、未公开的自杀、子女的突然死亡等）、家庭纽带破裂（断绝关系、离婚、移民等）、家庭经济困境和重大经济损失、社会文化偏见（同性恋、婚外情、性虐待、堕胎、家庭暴力等）、慢性疾病（如癫痫、麻风、获得性免疫缺陷综合征、性病等）、犯罪行为和监禁。根据情况的不同，谎言可以分为不同的类别：在发生诸如死亡、离婚或疾病等生活悲剧之后，对儿童或脆弱的家庭成员的**保护性谎言**（protective lies）；在遭受背叛、学业失败、工作或财务失败之后的**防御性谎言**（defensive lies）；以及由于谎言癖、吸毒和酗酒、赌博、家庭暴力和性虐待而说的**病理性谎言**（pathological lies）。

另一种值得注意的谎言类型是自我欺骗，即对自己撒谎和否认真相。在这里，我们从霍尼（Horney）的理论获得启发，她对**真实**（real）自我（我们真实地是谁）、**理想化**（idealized）自我（我们认为自己“应该”是谁）和**被蔑视的**（despised）自我（自我憎恨的表现）进行了理论化，也要感谢温尼科特（Winnicott）对**假性**（false）自体的定义（创造一个不真实的自我作为一种保护性的防御机制）。那些不真实的人总是会形成“不诚实的关系”，因为他们在扮演非真实的自己。因此，秘密和谎言会导致家庭功能失调，因为它激发了不真实的需求，并建立了一个以羞耻和内疚为武器的相互保护的系统。问题在于，人们为了尊重或保护他人，往往会避免真实和直接的交流，但这实际上与真正的尊重和保护恰恰相反。当一个人有勇气表现得真实和直接时，其实是表现出了对他人的深刻尊重。

治疗中揭露秘密和谎言的时机与方法

秘密和谎言往往会将家庭成员困在悲伤和痛苦的“独立孤岛”之上。为了打破这种局面，治疗师需要学会如何在家庭中让痛苦、悲伤、哀伤及绝望循环，并能够将一个起分裂效果的秘密转变为联合家庭的新叙事。治疗师需要学会**欣然接受任何走进治疗室的事物**，在处理家庭秘密和谎言时，治疗师需要矛盾地学会“享受谎言”，以寻找其积极功能来转变它。我们总是需要探索家庭的发展史以理解家庭的问题。因此，治疗师需要与家庭建立治疗关系，与每个家庭成员建立信任。为此，他们需要利用所有可用的资源，在真实和好奇的基础上建立新的家庭联结。治疗师必须认识到他要从“当前问题”中转移开来，通过探索跨代问题和家庭中浮现出联结的主题来拓展治疗视野。在当前情况下，引入其他案例的类似情况，甚至治疗师根据自己的生活经验进行相关的自我暴露，也可能有效地帮助家庭提高对当前情况的认识并转变视角。最后，他们需要营造一个**安全的治疗空间**，在大家庭的象征性存在下透露秘密。

安多尔菲最深刻的名言之一是，“痛苦的真相胜过美丽的谎言”。他教导我们，即使是出于最好的意图，不经深思熟虑而表达的真相就像一把“刀”，可能严重地伤害他人，但慎重表露的真相，显示了对他人的深切尊重。用心说出的真相胜过最好、最善意的谎言，而了解是真正的优势。向孩子们展示爱，不是通过谎言保护他们，而是通过揭露真相来尊重他们。父母需要学会从**保护孩子**转变为**尊重孩子**。他们需要明白，虽然他们试图保护孩子，实际上却导致了重要家庭关系之间的情感隔阂和疏离。通常情况下，如果父母告诉青少年真相，他们会感到被尊重，他们就不太可能进入“报复模式”。对于青少年，采取报复模式是他们对现状深感不满的表达，这一点我们通过之前卡米拉的案例得以证实。接下来，让我们通过一个案例来了解家庭的秘密和谎言是如何影响家庭关系，以及如何帮助家庭向揭露秘密和谎言的方向努力。

实践案例：从保护到尊重

安多尔菲接到了一对马来西亚华裔家庭的咨询请求，他们希望在珀斯进行家庭治疗。这对伴侣有一个名叫咪咪的女儿，当时11岁。这位母亲联系安多尔菲并表示，他们希望和女儿一起来接受治疗，但条件是安多尔菲不能透露她和丈夫已经分居多年的事实，自从咪咪4岁起他们就分开了，并且已经在3年前正式离婚。父亲在新加坡生活和工作，周末回到马来西亚的家中。安多尔菲同意见这个家庭，并向母亲保证他不会泄露任何秘密。母亲表示家庭正在经历的问题是女儿变得孤僻且对父亲非常有攻击性。当父亲从新加坡打来电话时，她经常拒绝和父亲说话。父亲周末回家时会给女儿带昂贵的礼物，但女儿总是对礼物很不满意，并拒绝接受。她解释道，对父亲来说，女儿是这世界上最重要的。

安多尔菲提议与这家人进行两次长时间的会谈。在第一次会谈中，女孩看上去比一般华裔要高，显得比实际年龄更成熟。她穿着一件连帽衫，面带怒容。她坐在父母中间，显然是被强迫参加这次会谈的。在多代家庭治疗（multigenerational family therapy）中，要采取的第一步是**尝试将孩子的问题行为重新定义为有意义的行为**。

安多尔菲： 你很生气，也很沉默。我喜欢这样！通过表达这两种情绪，你向我传达了很多关于家庭的信息。

安多尔菲把父母准备好的家谱图放在桌子上。令他印象深刻的是，这份家谱图没有提到家族中任何其他家庭成员的名字（除了他们三人）。虽然家谱图的确记录了他们的年龄和所做的工作。家庭主要从事教育领域的工作，母亲是一名顾问，父亲是一名工程师。当话题转移到祖父母身上时，女孩变得更加活跃和投入。安多尔菲提议让她画出她的家庭时，她积极地回应了，可能是因为安多尔菲没有提到她对父亲的攻击性，这可能是她一直在预想和害怕的。

咪咪拿起黑色记号笔，用幼稚潦草的字迹画出一个又一个成员。她把母亲和外祖父母画在一边，父亲和祖父母画在另一边，把自己和小狗画在中间。在背景中，她用绿色彩笔画出了另一个孤独的身影，并标上了“爸爸”；因此，父亲被画在了两个不同的地方。尽管纸张相当大，但画中的人物却非常小，画作本身显得冷漠而悲伤。这时，她突然显得非常愤怒。安多尔菲问女孩是否可以信任他在接下来的一个小时里单独会见她的父母，她同意了。

揭露真相的力量在于帮助父亲意识到，无论他有多爱女儿，并试图通过每周定期打电话、每个周末回家和给她带来昂贵的礼物来表明这一点，他对她的爱都被一个巨大的谎言所包裹。要帮助人们从不同的角度来看待自己的处境，一种有用且有力的方法是讨论其他具有相似主题的案例，因为相比于看清自己，我们通常更能看清别人的情况。因此，安多尔菲通过向这对父母讲述其他为保护孩子而保守秘密的相似案例来开展会谈。他举了一个曾工作过的家庭案例，在此家庭中，两名十几岁男孩的父亲隐瞒了母亲有精神疾病的事实，以及实际上母亲是自杀的。两名男孩只是被告知母亲病重并去世了。安多尔菲谈到，当父亲鼓起勇气告诉儿子们真相时，家庭的距离和问题是如何得到治愈，以及这如何使父亲和儿子们之间的关系更加亲近。

接着，他又提到了另一个案例，一位因犯罪而被判终身监禁的父亲，他害怕告诉7岁的儿子自己的真实情况。事实的真相是，这位父亲在监狱服刑时遇到了母亲。母亲一直在关押他的监狱里做演员，在一次节目中邀请了犯人一起参加。在那里，他们相遇并坠入爱河。幸运的是，对这对伴侣来说，表现良好的囚犯可以在白天外出工作，但每晚都必须返回，这名囚犯也获得了该项特权。就这样，他们确立了关系，后来她怀孕了，他们有了一个儿子。随着儿子慢慢长大，他们告诉他父亲在监狱里当狱警值夜班，以此来解释为什么父亲晚上从来不在家。当儿子6岁时，他要求去父亲工作的地方看看。父亲也获得了典狱长的同情和善意的配合，让孩子相信他真的在监狱工作。当儿子来到监狱时，他看到穿着便服的父亲站在典狱长驾驶的军用吉普车旁。儿子坐在吉普车里，紧挨着父亲在监狱大院里四处兜风，激动不已。

实际上，安多尔菲在这位母亲还是青少年时，被她的母亲带到这里治疗厌食症时认识了她。多年后的今天，这家人再次向他寻求帮助，因为他们不知道如何最好地向孩子透露真相。在与父亲、母亲和外祖母的联合会谈中，安多尔菲帮助家庭一起反思他们的困境，并询问他们告诉孩子真相的目标是什么。他要求他们仔细思考向孩子隐瞒真相的影响，因为最大的危险是，他们隐瞒真相的时间越长，儿子就越有可能因为父母对他撒这么久的谎而憎恨他们。他向他们讲述了孩子的韧性，并鼓励他们鼓起勇气坦诚、真实地面对儿子。最后，这位非常爱儿子的父亲意识到，如果继续对孩子撒谎会造成多么大的伤害。在接下来孩子也参与的会谈中，父亲温柔地拥抱了儿子，用一种让人触动的语气告诉了儿子真相，而儿子也亲吻了他好几次。

在与马来西亚家庭的第一次会谈结束时，安多尔菲不确定这次会谈对他们有什么影响。作为一名治疗师，通常很难真正猜测一次会谈得到了怎样的反响，以及结果会是什么。第二天，当这家人回来参加第二次会谈时，父亲非常有力地与安多尔菲握手，这向安多尔菲表明了这样的信号：父亲准备对女儿说实话了。寒暄过后，父亲把椅子挪到女儿身边，深深地看着女儿的眼睛，开始解释整个情况的真相——分居、离婚，以及他在新加坡的新生活，其中还包括和他一起生活的新伴侣。他补充道，他已经决定不再要另外的孩子，因为她是他唯一的孩子，从她出生的那一天起，他就深深珍爱着她。

女儿盯着父亲，为他的话着迷，仿佛不想错过他说的每一个字。父亲说，他犯了一个巨大的错误，为了保护她而剥夺了她应得的真相和尊重。他解释说，这些年来来回回的旅途，证明了他有多爱她，也证明了他有多害怕伤害她。母亲似乎松了口气，但也对父亲说的话感到惊讶，这暗示着他们那天还没有讨论过要把真相告诉女儿。主要是父亲一直坚持要隐藏秘密，而母亲也一直默许这种情况。因此，由他来披露真相是必要的。

安多尔菲祝贺了这位父亲表现出承担全部责任的勇气，以建立一个尊重和真正有爱的家庭氛围。安多尔菲还感谢女儿前一天允许他与父母单独交谈，并感谢她如此专注地倾听父亲说话。然后，安多尔菲问女儿是否愿意以最符合马来西亚的方式向父亲表达感激之情，感谢父亲对她的尊重。

安多尔菲： 你想感谢爸爸告诉你真相吗？最好的感谢方式是什么？

女儿站起来，拥抱了父亲很久，然后转向母亲，也温柔地拥抱了母亲。然后，安多尔菲转向女儿，告诉她："现在你不再需要用愤怒来满足你的需求了！”

为了促进家庭的转变，安多尔菲建议他们准备一个奖项，颁发给女儿，以纪念从保护到尊重的转变，并在一个特殊的场合颁发它。当他们离开时，他要求家人写信给他，并对这次咨询作出反馈。

两周后，这位母亲给安多尔菲发了一封电子邮件，里面有一张他们颁发给女儿奖项的照片和一张新的家庭画像。母亲说，在第二次治疗后，她注意到咪咪看起来轻松多了，也不那么生气了。她对父亲的态度发生了巨大的变化，她可以坦率地和他聊天，吃饭时坐在他旁边，经常拥抱他。母亲反馈道，在治疗后的两周内，咪咪对父亲的行为一直保持着这些变化。她说，在咨询之前，这种情况是绝对不会发生的。她说，咪咪也经常提到安多尔菲，并表示她很高兴遇到了他。母亲说，咪咪对她的态度也改变了很多，咪咪在家里变得更快乐了，并愿意公开谈论她的想法和感受，还询问她对父亲在新加坡建立新关系的看法。

她还附上了一张获奖的照片，上面写着：

致我们深爱的女儿，

这是我们为女儿制作的特别卡片，以纪念她在珀斯的一个特别日子，我们在那里进行了一次家庭会谈，当我们与你分享了真相，就是把我们对你的爱从保护转变为尊重。卡片上还有两张父母拥抱女儿的图片。有一幅画着一颗红色的心，上面写着：“在珀斯值得纪念的特别的一天（写有会谈的日期）。”落款写着：永远的爱，妈妈爸爸。

母亲说，咪咪收到这个特别奖项非常高兴，并说她非常希望将来能获得更多像这样的奖项。咪咪还给安多尔菲写了一条简短的信息：

“嗨，安多尔菲教授，我感到非常高兴。我的家庭现在很好。”她还用《小宠物店系列》(*Little Pet Shop Collection*)里的形象画了一张全家福，在画里她甚至把安多尔菲画作了一只浣熊。

4个月后，安多尔菲收到了母亲的另一封电子邮件。咪咪对他们更加亲昵和温柔了，想知道更多关于离婚的事情。她似乎能够将自己小时候生活中的不同片段串联起来，并曾表示自己正在把拼图中缺失的部分拼凑起来。母亲还说，她相信女儿现在知道了真相，需要一点时间来消化并接受分居和离婚带来的痛苦。母亲也辛酸地承认，她自己也需要时间来接受这种情况，她不希望女儿继续保护自己。父女之间的关系好了很多，但有时仍然会冷战，谁也不愿先迈出一步，因为他们都是非常骄傲的人。她说，他们经常回忆在珀斯的会谈，特别是对他们深爱的女儿从保护到尊重的变化。她还说，如果安多尔菲能再来马来西亚吉隆坡参加研讨会，那么她和丈夫还有女儿将非常希望并高兴再次与他会面。安多尔菲给这位母亲回了一封电子邮件，希望她转告父亲，他非常欣赏父亲在向女儿透露真相时所表现出的勇气，并表示他十分愿意在未来再次见面。

实践案例：一个巨大的谎言——母亲的自杀

在另一个案例中，一位父亲带着两个儿子来找安多尔菲咨询，其中一个孩子在学校中表现出轻微的问题。在电话咨询的过程中，他问父亲孩子们的母亲在哪里，在停顿了一会儿后，父亲告诉他，孩子们的母亲自杀了，但孩子们不知道这个悲伤的事实。安多尔菲凭直觉将话题更直接地转向了母亲的神秘死亡。孩子们给出了一个非常模糊的答案，说母亲在4年前因某种疾病在医院去世了，但随后的几年里，他们从未要求父亲做出解释。他鼓励父亲像与两名成熟的少年一样和孩子们交谈，而不是像与两名小男孩一样。他觉得很安心、很安全，所以可以敞开心扉，详细描述她自杀的情况。在某个时刻，他鼓励父亲坐到两个儿子中间，公开地安抚他们。孩子们终于听到了这个非常悲伤的事实，但这比一直保持着秘密要好得多。

直截了当是一种非常重要的治疗技巧，因为它可以帮助我们消除疑虑，并允许人们开诚布公地谈论痛苦的问题。当然，由于家庭成员之间及其与治疗师之间缺乏相互信任，家庭秘密不可能总是那么容易被解决。强迫人们透露秘密或谎言可能是具有破坏性和不恰当的。治疗师必须了解正确的时机，并且治疗环境必须是一个允许家庭转变的安全场所。治疗师需要感到舒适和专注，以便能够保持真实和直接。

参考资料

[1] ACKERMAN, N.W. (1958). *The Psychodynamics of Family Life: Diagnosis and Treatment of Family Relationships*. Basic Books, New York.

[2] ADDAZI, A., MARINI, R., RAGO, N., editors. (2009). *Metodo e risultati di una comunità per tossicodipendenti. L'esperienza di Citta della Pieve*. Franco Angeli, Milan.

[3] ALONSO-FERNANDEZ, F. (1999). *Le altre droghe*. Edizioni Universitarie Romane, Rome.

[4] ANDERSEN, T. (1991). *The Reflecting Team*. W.W. Norton, New York.

[5] ANDOLFI, M. (1979). *Family Therapy: An Interactional Approach*. Plenum Press, New York.

[6] ANDOLFI, M. (2000a). "Tre generazioni in terapia: un modello evolutivo di terapia familiare," Gruppi, vol. 2.

[7] ANDOLFI, M. (2000b). "Terapia con l'individuo e terapia con la famiglia," *Rivista di Psicoterapia Relazionale speciale: Terapia sistemica con la famiglia e l'individuo, vol. 11.*

[8] ANDOLFI, M. (2002). "Panta rei: la filosofia del divenire di Carl Whitaker," *Terapia familiare*, vol. 68, pp. 68–69.

[9] ANDOLFI, M. (2003). *Manuale di psicologia relazionale. La dimensione familiare*. A.P.F., Rome.

[10] ANDOLFI, M. (2005). "Il ritorno al sociale; un utopia o una necessità per i terapeuti familiari?," *Terapia Familiare*, vol. 77, pp. 79–92.

[11] ANDOLFI, M., ANGELO, C. (1985). "Famiglia ed individuo in una prospettiva trigenerazionale," *Terapia Familiare*, vol. 19, pp. 17–24.

[12] ANDOLFI, M., ANGELO, C., D'ATENA, P. (2001). *La terapia narrata dalle famiglie*. Raffaello Cortina, Milan.

[13] ANDOLFI, M., ANGELO, C., DE NICHILO, M. (1987). *The Myth of Atlas: Families and the Therapeutic Story*. Brunner/Mazel, New York.

[14] ANDOLFI, M., ANGELO, C., MENGHI, P., NICOLÓ-CORIGLIANO, A. (1983). *Behind the Family Mask: Therapeutic Change in Rigid Family Systems*. Brunner/Mazel, New York.

[15] ANDOLFI, M., CALDERÓN, L. (2008). *The Oaxaca Book: Working with Marginalized Families and Communities in the Trenches*. A.P.F., Rome.

[16] ANDOLFI, M., D'ELIA, A., editors. (2007). *Le perdite e le risorse della famiglia*. Raffaello Cortina, Milan.

[17] ANDOLFI, M., FALCUCCI, M., MASCELLANI, A., SANTONA, A., SCIAMPLICOTTI, F., editors. (2007). *Il bambino come risorsa nella terapia familiare. I seminari di Maurizio Andolfi*. A.P.F., Rome.

[18] ANDOLFI, M., HABER, R., editors. (1994). *Please Help Me with This Family: Using Consultants as Resources in Family Therapy*. Brunner/Mazel, New York.

[19] ANDOLFI, M., STEIN, D., SKINNER, J. (1977). "A system approach to the child, school, family and community in a urban area," *The American Journal of Community Psychology*, vol. 5, no. 1, pp. 33–43.

[20] ANDOLFI, M., ZWERLING, I. (1980). *Dimensions of family therapy*. Guilford Press, New York.

[21] ANDREOLI, V. (2006). "La violenza della metamorfosi," *Terapia Familiare*, vol. 81, pp. 5–15.

[22] ARDOVINI, C., LIBERTI, S., RAMACCIOTTI, A., CAPUTO, G. (1998). "Indicazioni alla psicoterapia." In BOSELLO, O., editor. *Obesità: un trattamento multidimensionale*. Kurtis, Milan.

[23] AUERSWALD, D. (1968). "Interdisciplinary versus ecological approach," *Family Process*, vol. 7, pp. 202–215.

[24] AUERSWALD, D. (1972). "Families, change, and the ecological perspective," *Family Process*, vol. 10, pp. 263–280.

[25] AVENI, F., CAPUTO, G., CUZZOLARO, M. (1998). "La dimensione psichica del soggetto obeso." In BOSELLO, O., editor. *Obesità: un trattamento multidimensionale*. Kurtis, Milan.

[26] BALDASCINI, L. (1993). *Vita da adolescenti*. Franco Angeli, Milan.

[27] BANK, S., KAHN, M.D. (1982). *The Sibling Bond*. Basic Books, New York.

[28] BARRETO, A. (2008). "Community Therapy: building webs of solidarity" (Abstract). In ANDOLFI, M., CALDERÓN, L. *The Oaxaca book.Working with marginalized families and communities in the trenches*, A.P.F., Rome.

[29] BAUMAN, Z. (2000). *Liquid Modernity*. Polity Press, Cambridge, UK; Blackwell, Malden, MA.

[30] BECKER, S., CURRY, J.F. (2008). "Outpatients interventions for adoleszcent substance misuse: a quality of evidence review," *Journal of Consulting and Clinical Psychology*, vol. 76, no. 4, pp. 531–543.

[31] BELL, R.M. (1980). *Holy Anorexia*. University of Chicago Press, Chicago.

[32] BLAZER, D.G. (2005). *The Age of Melancholy: "Major Depression" and its Social Origins*. Routledge, New York.

[33] BOSZORMENYI-NAGY, I., SPARK, G. (1973). *Invisible Loyalties: Reciprocity in Intergenerational Family Therapy*. Harper & Row, Hagerstown.

[34] BOWEN, M. (1978). *Family Therapy in the Clinical Practice*. Jason Aronson, New York.

[35] BOWLBY, J. (1980). *Loss: Sadness and Depression*. Basic Books, New York.

[36] BOWLBY, J. (1984). "Violence in the family as a disorder of the attachment and caregiving systems," *American Journal of Psychoanalysis*, vol. 44, no. 1, pp. 9–27.

[37] BRAET, C. (1999). "Treatment of obese children: a new rationale,"*Clinical Child Psychology and Psychiatry*, vol. 4, no. 4, pp. 579–591.

[38] BRUCH, H. (1973). *Eating Disorders: Obesity, Anorexia Nervosa, and the Person Within*. Basic Books, New York.

[39] CARETTI, V., LA BARBERA, D. (2001). *Psicopatologia delle realtà virtuali*. Masson, Milan.

[40] CIGOLI, V., GIULIANI, C. (1997). "La possibile trasformazione," *Famiglia Oggi*, vol. 10.

[41] CLARK, D.M., & FAIRBURN, C.G. (1997). *Science and Practice of Cognitive Behaviour Therapy*. Oxford University Press, Oxford.

[42] CRISP, A.H., JOUGHIN, N., HALEK, C., BOYWER, C. (1996). *Anorexia Nervosa: The Wish to Change*. Psychology Press/Taylor & Francis Group, Hove, UK.

[43] CUZZOLARO, M. (2002). "Disordini alimentari in adolescenza." In AMMANITI M., editor. *Manuale di psicopatologia dell'adolescenza*. Raffaello Cortina, Milan.

[44] DAMASIO, A. (1999). *The Feeling of What Happens: Body and Emotion in the Making of Consciousness*. Heinemann, London.

[45] DEAS, D., THOMAS, S. E. (2001). "An overview of controlled studies for adolescent substance misuse treatment," *American Journal of Addictions*, vol. 10, no. 2, pp. 178–189.

[46] DEVEREUX, G. (1980). *Basic Problems of Ethnopsychiatry*. University of Chicago Press, Chicago.

[47] DE LEO, G. (1989). "Per un'analisi sistemica dell'azione violenta," *Terapia familiare*, vol. 30, pp. 21–35.

[48] DE SHAZER, S. (1985). *Keys to Solution in Brief Therapy*. W.W. Norton, New York.

[49] DIETZ, W.H., ROBINSON, T.N. (2005). "Clinical practice: Overweight children and adolescents," *The New England Journal of Medicine*, vol. 352, no. 20 (May 19), pp. 2100–2109.

[50] DI NICOLA, F. (1990). "Tipologia familiare ed epistemologia sistemica: i due punti di vista che si fronteggiano a Milano," *Terapia familiare*, vol. 32, pp. 61–71.

[51] DUNN, J., PLOMIN, R. (1990). *Separate Lives: Why Siblings are so Different*. Basic Books, New York.

[52] EDWARDS, M., RUGGERI, G.C., WEIQUI, Y. (2004). *Measures of Obesity for Canada and New Brunswick*. Working paper. University of New Brunswick, NJ.

[53] EHRENBERG, A. (2000). *La fatigue d'être soi: Dépression et société*. Odile Jacob, Paris.

[54] EHRENBERG, A. (2010). *The Weariness of the Self: Diagnosing the History of Depression in the Contemporary Age*. [English translation of preceding.] McGill University Press, Montreal.

[55] ELKAIM, M. (1990). *If You Love Me, Don't Love Me: Constructions of Reality and Change in Family Therapy*. Basic Books, New York.

[56] EPSTEIN, L.H., VALOSKI, A., WING, R.R., MCCURLEY, J. (1994). "Ten-year outcomes of behavioral family-based treatment for childhood obesity," *Health Psychology*, vol. 13, no. 5, pp. 373–383.

[57] FALCUCCI, M., MASCELLANI, A., SANTONA, A., SCIAMPLICOTTI, F., editors. (2006). *La terapia di coppia in una prospettiva trigenerazionale*. A.P.F., Rome.

[58] FIVAZ-DEPEURSIGNE, E., CORBOZ-WARNERY, J. (1999). *The Primary Triangle: A Developmental Systems View of Mothers, Fathers, and Infants*. Basic Books, New York.

[59] FRAMO, J.L. (1992). *Family of Origin: An Inter-generational Approach*. Routledge, New York.

[60] GORDON, R.A. (1990). *Anorexia and Bulimia: Anatomy of a Social Epidemic*. Blackwell,

Cambridge, MA.

[61] GRIFFITHS, M.D., HUNT, N. (1995). "Computer game playing in adolescence: prevalence and demographic indicators," *Journal of Community Applied Social Psychology*, vol. 5, no. 3, pp. 189–193.

[62] HAINER, V., TOPLAK, H., MITRAKON, A. (2008). "Treatment modalities of obesity: who fits whom?," *Diabetes Care*, vol. 31, no. 2, pp. 269–277.

[63] HALEY, J. (1973). *Uncommon Therapy: Psychiatric Techniques of Milton Erickson, M.D.* W.W. Norton, New York.

[64] HALEY, J. (1980). *Leaving Home: The Therapy of Disturbed Young People*. McGraw-Hill, New York.

[65] HALEY, J., HOFFMAN, L. (1967). *Techniques of Family Therapy*. Basic Books, New York.

[66] HARRISON, T.R., FAUCI, A. (1998). *Harrison's Principles of Internal Medicine*. Manual, 16th edition. McGraw Hill, New York.

[67] HAWKINS, A.J., CHRISTIANSEN, S.L., SARGENT, W.P., HILL, E.J. (1995). "Rethinking fathers involvement in child care: a developmental perspective." In MARSIGLIO, W. Fatherhood: *Contemporary Theory, Research, and Social Policy. Research on Men and Masculinities Series,* 7. Sage Publications, Thousand Oaks, CA.

[68] HOFFMAN, L. (1981). *Foundations of Family Therapy: a Conceptual Framework for System Change*. Basic Books, New York.

[69] HORWITZ, A., WAKEFIELD, J. (2007). *The Loss of Sadness: How Psychiatry Transformed Normal Sorrow into Depressive Disorder*. Oxford University Press, New York.

[70] KLEIN, M. (1959). *La psychanalise des enfants*. P.U.F., Paris.

[71] LA PERRIERE, K. (1999). "Terapie con coppie in una società disgregante." In *La crisi della coppia*. Raffaello Cortina, Milan.

[72] LAMB, M.E. (1981). *The Role of the Father in Child Development*. Wiley, New York.

[73] LAMB, M.E., PLECK, J.H., CHARNOV, E.L., & LEVINE, J.A. (1987). "A biosocial perspective on paternal behavior and involvement." In LANCASTER, J.B., ALTMANN, J., ROSSI, A., SHERROD, L.R., editors. *Parenting Across the Lifespan: Biosocial Dimensions*. Transaction Publishers, New York, pp. 11–42.

[74] LIDDLE, H.A. (2004). "Family based therapies for adolescent alcohol and drug use: research contributions and future research needs," *Addictions*, vol. 99, pp. 76–92.

[75] MAGGIOLINI, A., PIETROPOLLI CHARMET, G. (1994). *Manuale di psicologia dell'adolescenza: compiti e conflitti*. Franco Angeli, Milan.

[76] MARSIGLIO, W. (1995). *Fatherhood: Contemporary Theory, Research, and Social Policy*. Thousand Oaks, Sage Publications.

[77] MINUCHIN, S. (1974). *Families and Family Therapy*. Harvard University Press, Cambridge, MA.

[78] MINUCHIN, S. (1999). "Where is the family in the narrative therapy?," *Journal of Marital and Family Therapy*, vol. 24, no. 4, pp. 397–403.

[79] MINUCHIN, S., MONTALVO, B., SCHUMER, F., ROSMAN, B.L., GUERNEY, B.G. (1967). *Families and the Slums: An Exploration of their Structure and Treatment*. Basic Books, New York.

[80] MINUCHIN, S., ROSMAN, B.L., BAKER, L. (1978). *Psychosomatic Families*. Harvard University Press, Cambridge, MA.

[81] OSTUZZI, R., LUXARDI, G.L. (2007). *Un boccone dopo l'altro*. Baldini Castoldi Dalai, Milan.

[82] PARKE, R.D. (2002). "Fathers and families." In BOORSTEIN, M.H. (editor). *Handbook of Parenting: Being and Becoming Parents*, vol. 3. Lawrence Eribaum Associates, Mahwah, NJ.

[83] PIETROPOLLI CHARMET, G. (2000). *I nuovi adolescenti*. Raffaello Cortina, Milan.

[84] ROUSTANG, F. (2004). "Che fare delle proprie sofferenze?," *Terapia Familiare*, vol. 76, pp. 5–18.

[85] SANTONA, A., ZAVATTINI, G.C. (2007). *La relazione di coppia*. Borla, Rome.

[86] SATIR, V. (1964). Conjoint Family Therapy: *A Guide to Theory and Technique*. Science and Behavior Books, Palo Alto.

[87] SCABINI, E. (1985). *L'organizzazione della famiglia tra crisi e sviluppo*. Franco Angeli, Milan.

[88] SCABINI, E. (1997). *Giovani in famiglia fra autonomia e nuove dipendenze*. Vita e Pensiero, Milan.

[89] SCHEFLEN, A. (1973). *How Behavior Means*. Gordon & Breach, New York.

[90] SELVINI PALAZZOLI, M. (1977). *Self-starvation: From Individual to Family Therapy in the Treatment of Anorexia Nervosa*. Jason Aronson, New York.

[91] SELVINI PALAZZOLI, M., BOSCOLO, L., CECCHIN, G., PRATA, G. (1975). *Paradox and Counterparadox: A New Model in the Therapy of the Family in Schizophrenic*

Transaction. Jason Aronson, New York.

[92] SELVINI PALAZZOLI, M., CIRILLO, S., SELVINI, M., SORRENTINO, A.M. (1989). *Family Games: General Models of Psychotic Processes in the Family*. W.W. Norton, New York.

[93] SELVINI PALAZZOLI, M., CIRILLO, S., SELVINI, M., SORRENTINO, A.M. (1998). *Ragazze anoressiche e bulimiche*. Raffaello Cortina, Milan.

[94] SLUZKI, C.E., RANSOM, D.C. (1974). *Double Bind: The Foundation of the Communicational Approach to the Family*. Grune and Stratton, New York.

[95] SPECK, R.V., ATTNEAVE, C.L. (1975). *Family Networks*. Pantheon Books, New York.

[96] STERN, D. (2004). *The Present Moment in Psychotherapy and Everyday Life*. W.W. Norton, New York.

[97] STIERLIN, H. (1981). *Separating Parents and Adolescents: Individuation in the Family*. Jason Aronson, New York.

[98] SULLIVAN, R. (2000). "Fathering and Children: The Contemporary Context." Paper presented at the Focus on *Fathering Symposium at 7th AIFS Conference*, Sydney, July 24–26.

[99] UGAZIO, V., DIXON, R. (2013). *Semantic Polarities and Psychopathologies in the Family: Permitted and Forbidden Stories*. Routledge, New York.

[100] VARELA, F., THOMPSON, E., ROSCH, E. (1991). *The Embodied Mind: Cognitive Science and Human Experience*. MIT Press, Cambridge, MA.

[101] VEGETTI FINZI, S. (2008). *Nuovi nonni per nuovi nipoti: la gioia di un incontro*. Mondadori, Milan.

[102] WALSH, F., editor. (1982). *Normal Family Processes*. Guilford Press, New York.

[103] WATZLAWICK, P., BEAVIN BAVELA, S.J., JACKSON, D.D. (1967). *Pragmatics of Human Communication: A Study of Interactional Patterns, Pathologies, and Paradoxes*. W.W. Norton, New York.

[104] WHITAKER, C. (1958). "Psychotherapy with couples," *American Journal of Psychotherapy*, vol. 12, pp. 18–23.

[105] WHITAKER, C. (1989). *Midnight Musings of a Family Therapist*. W.W. Norton, New York.

[106] WHITAKER, C., KEITH, D. (1981). "Symbolic Experiential Family Therapy." In GURMAN, A.S., KNISKERN, D.P. (1981). *Handbook of Family Therapy*. Routledge, London, pp. 187–225.

[107] WHITAKER, C., SIMONS, J. (1994). "The inner life of the consultant." In ANDOLFI, M., HABER, R., editors. *Please Help Me with This Family*. Routledge, New York, pp. 66–70.

[108] WILLIAMSON, D.S. (1981). "Personal Authority via Termination of the Intergenerational Hierarchical Boundary: A 'New' Stage in the Family Life Cycle," *Journal of Marital and Family Therapy*, vol. 7, no. 4, pp. 441–452.

[109] WOODSIDE, D.B., SHEKTER-WOLFSON, L. (1991). *Family Approaches in Treatment of Eating Disorders*. American Psychiatric Press, Washington, DC.

[110] YOUNG, K.S., ROGERS, R.C. (1998). "The relationship between depression and internet addiction," *Cyberpsychology and Behavior*, vol. 1, no. 1, pp. 25–28.

[111] ZATTONI, M. (2009). "Accettiamo la tristezza dei figli," *Famiglia Oggi*, vol. 1, pp. 36–42.